金苑文库
中国特色高水平高职学校建设系列成果
浙江中华职教社 2021 年立项课题（ZJCV2021B45）成果
浙江金融职业学院现代学徒制改革项目成果

产教融合背景下高职文秘人才培养探析

凌云志　著

中国轻工业出版社

图书在版编目（CIP）数据

产教融合背景下高职文秘人才培养探析／凌云志著
．— 北京：中国轻工业出版社，2024.4
ISBN 978-7-5184-4152-5

Ⅰ.①产… Ⅱ.①凌… Ⅲ.①高等职业教育—秘书学—人才培养—研究—中国 Ⅳ.①C931.46

中国版本图书馆 CIP 数据核字（2022）第 180953 号

责任编辑：张文佳　　　　　责任终审：李建华
文字编辑：李金慧　　　　　责任校对：晋　洁　　封面设计：锋尚设计
策划编辑：张文佳　李金慧　　版式设计：砚祥志远　责任监印：张　可

出版发行：中国轻工业出版社（北京鲁谷东街 5 号，邮编：100040）

印　　刷：三河市国英印务有限公司

经　　销：各地新华书店

版　　次：2024 年 4 月第 1 版第 1 次印刷

开　　本：710×1000　1/16　印张：13.25

字　　数：282 千字

书　　号：ISBN 978-7-5184-4152-5　定价：45.00 元

邮购电话：010-85119873

发行电话：010-85119832　010-85119912

网　　址：http：//www.chlip.com.cn

Email：club@chlip.com.cn

版权所有　侵权必究

如发现图书残缺请与我社邮购联系调换

210748K6X101ZBW

前　言

随着我国教育事业的高速发展，高等职业教育已经成为中国高等教育的半壁江山，为我国的社会主义现代化建设事业培养了一大批急需的高端技能型人才，成为经济发展的助推器，为高等教育的普及化、大众化做出了独特的贡献，在社会经济发展中具有不可替代的地位和作用。产教融合是我国近年来为提高职业教育人才培养质量而提出的指导思想，它的提出为解决职业教育人才供给与产业人才需求不相匹配的问题提供了新的思路。

产业转型升级以来，各行各业对技能型专业人才有大量需求，但人才供给存在不足。

历年人才需求调查数据均显示，文秘专业人才需求排在前五位。作为一种全球性的职业，文秘工作越来越趋于现代化、科学化和专业化，它在辅助各级领导进行综合管理、树立企业形象、沟通内外关系、处理信息交流等方面发挥着越来越重要的作用。文秘承担了企业大量的日常工作，面对如此多的工作要求，文秘必须具备多方面的综合能力，如沟通协调能力、写作及文书处理能力等。

针对新时期企业对文秘人才的需求情况，本书提出了产教融合背景下文秘专业人才培养模式的改革创新，对文秘专业这一领域的人才培养模式进行了尝试性的探索和研究，将理论与实践相结合，论述了深基础、厚素养、强技能的文秘人才的培养途径。

本书分为三个部分，第一部分——第一章阐述产教融合的理论基础，第二章阐述国内外产教融合的发展现状；第二部分——第三章阐述高职院校的人才培养模式概况，第四章阐述文秘专业的行业特点与人才培养，第五章阐述产教融合背景下现代学徒制人才培养模式；第三部分——第六章阐述产教融合背景下文秘专业人才培养模式的架构设计，第七章阐述产教融合背景下文秘专业人才培养模式的课程体系改革,第八章阐述产教融合背景下文秘专业人才培养模式的实践教学体系改革,第九章阐述产教融合背景下文秘专业人才培养模式的实现途径,第十章阐述产教融合背景下文秘专业人才培养模式的创新性与实施效果。

  由于本书撰写时间较为仓促,笔者水平有限,书中疏漏和不足之处在所难免,敬请广大读者和研究者批评指正。

著 者

目 录

第一章 产教融合的理论基础 ... 1
第一节 相关构想界定 ... 1
一、产教融合 ... 1
二、产教融合生态圈 ... 7
第二节 产教融合的相关理论 ... 8
一、杜威的"从做中学"理论 ... 8
二、陶行知的"教学做合一"理论 ... 10
三、福斯特的"产学合作"理论与巴洛夫的人力资源理论 ... 15
第三节 产教融合的功能与作用 ... 19
一、有益于技术专业定位和基本建设 ... 19
二、有益于课程建设 ... 20
三、有益于毕业生就业 ... 23

第二章 国内外产教融合的发展现状 ... 24
第一节 国外产教融合的发展历史及现状 ... 24
一、德国的"双元制"模式 ... 24
二、英国的"三明治"模式 ... 28
三、美国的"CBE"模式 ... 34
四、日本的产学融合模式 ... 37
第二节 国外产教融合发展的经验借鉴 ... 40
一、政府的主导保障了校企合作的有效开展 ... 41
二、健全的法律制度保障了校企合作的育人环境 ... 41

三、合作模式的因地制宜促进了校企产教融合 …… 41
四、校企的深度对接促进了产教融合的良性循环 …… 42
第三节 我国高校产教融合发展现状 …… 42
一、关于产教融合的相关法律法规 …… 43
二、我国产教融合发展的新趋势 …… 47
三、产教融合中的国家骨干高等职业院校发展 …… 52
第四节 我国高校产教融合存在的问题 …… 54
一、合作不稳定，整合渠道不通 …… 54
二、合作方式单一，合作内容不深 …… 57
三、选择合作伙伴时存在一定的误区 …… 59
四、校企合作经费难以保证 …… 61
五、双师资队伍建设滞后 …… 62
六、缺乏产学结合水平的保障机制和评价体系 …… 62

第三章 高职院校的人才培养模式概况 …… 63
第一节 人才培养模式的概念与基本要素 …… 63
一、人才培养模式 …… 63
二、人才培养模式的基本要素 …… 64
第二节 高职人才培养模式的特点与发展 …… 69
一、高职人才培养模式的特点 …… 69
二、高职人才培养模式的发展趋势 …… 70

第四章 文秘专业的行业特点与人才培养 …… 79
第一节 文秘的行业特点分析 …… 79
一、宏观层面 …… 79
二、微观层面 …… 81
三、外部层面 …… 82
第二节 我国文秘人才需求特征分析 …… 83
一、注重写作基本功和办事能力 …… 83
二、注重思想品德和工作经验 …… 84

三、注重电脑、英语和调研能力 …………………………… 85
四、注重效率意识和心理素质 ……………………………… 85
五、注重经济和法律知识 …………………………………… 86
第三节 文秘工作的发展趋势 ………………………………… 86
一、文秘工作的范围进一步扩大 …………………………… 86
二、文秘人员的聘任进入市场化的轨道 …………………… 87
三、文秘工作的参谋性职能将继续加强 …………………… 88
四、文秘人员的工作平台进一步现代化 …………………… 88
第四节 文秘专业人才培养要求调整 ………………………… 89
一、以市场需求为导向，培养复合型文秘人才 …………… 89
二、以能力培养为主线，积极创新教学形式 ……………… 90
三、以长远发展为目标，努力加强自身的培养 …………… 90

第五章 产教融合背景下现代学徒制人才培养模式 ………… 91
第一节 现代学徒制人才培养模式概述 ……………………… 91
一、传统学徒制的历史沿革 ………………………………… 91
二、现代学徒制人才培养模式的特点 ……………………… 92
第二节 现代学徒制人才培养模式的构建 …………………… 95
一、现代学徒制人才培养模式的思想理论基础 …………… 95
二、构建中国特色现代学徒制人才培养模式的基本框架 …… 97
三、中国特色现代学徒制人才培养模式实施中要解决的
问题 ……………………………………………………… 102
四、构建中国特色现代学徒制人才培养模式的对策和建议 …… 105
第三节 产教融合的现代学徒制人才培养的价值 …………… 107
一、现代学徒制提高高等职业教育水平的分析 …………… 107
二、现代学徒制促进产业发展的实践分析 ………………… 108
三、现代学徒制推动产教融合的路径分析 ………………… 109
第四节 产教融合的现代学徒制人才培养模式改革路径 …… 110
一、培养目标多元化、复合化 ……………………………… 110
二、课程体系动态化构建 …………………………………… 110

三、建立互动式教学活动 …………………………………………… 110

第六章　产教融合背景下文秘专业人才培养模式的架构设计 …… 112

第一节　文秘专业人才培养模式的培养背景与教育理念 ……… 112
一、高职文秘专业人才培养的现状 ………………………………… 112
二、高职文秘专业人才培养的问题所在 …………………………… 113
三、高职文秘专业人才培养模式重心分析 ………………………… 114

第二节　文秘专业人才培养模式的课程体系 …………………… 116
一、文秘专业人才培养模式课程构成 ……………………………… 116
二、文秘专业人才培养模式课程概要 ……………………………… 117

第三节　文秘专业人才培养体系架构 …………………………… 120
一、"三能" ……………………………………………………………… 120
二、"三通" ……………………………………………………………… 121
三、"三体" ……………………………………………………………… 122

第四节　文秘专业人才实践育人架构 …………………………… 123
一、金苑秘书节 ……………………………………………………… 123
二、薪酬式工学交替 ………………………………………………… 126

第七章　产教融合背景下文秘专业人才培养模式的课程体系改革 …………………………………………………………………… 129

第一节　文秘专业课程体系改革的总体思路及原则 …………… 129
一、文秘专业课程体系改革的重要性 ……………………………… 129
二、高职文秘专业课程体系现状分析 ……………………………… 130
三、文秘专业课程体系改革的总体思路及原则 …………………… 131

第二节　文秘专业人才培养模式下的课程体系构建 …………… 133
一、课程体系设置背景 ……………………………………………… 133
二、课程体系的构建 ………………………………………………… 134

第三节　文秘专业写作能力课程体系的改革与实践 …………… 136
一、高职文秘专业学生写作能力现状分析 ………………………… 136
二、文秘专业写作能力课程体系的改革与实践 …………………… 137

第四节　文秘专业实务课程体系的设计与实施…………… 140
　　　一、文秘专业实务课程体系的设计………………………… 140
　　　二、课程内容设计…………………………………………… 141
　　　三、课程教学设计与实施…………………………………… 141
　　第五节　文秘专业职业素质课程体系的设计与实施………… 143
　　　一、设置职业素质课程体系的重要性……………………… 143
　　　二、文秘岗位所需的职业素质……………………………… 143
　　　三、职业素质课程体系的具体实践………………………… 145

第八章　产教融合背景下文秘专业人才培养模式的实践教学体系
　　　　改革………………………………………………………… 148
　　第一节　文秘专业实践教学体系的重要性…………………… 148
　　　一、文秘专业实践教学的主要内容………………………… 148
　　　二、文秘专业实践教学存在的若干问题…………………… 150
　　第二节　文秘专业实践教学体系的设计……………………… 152
　　　一、文秘专业实践教学体系优化原则……………………… 152
　　　二、文秘专业实践教学体系的内容………………………… 153
　　　三、文秘专业实训教学体系改革…………………………… 156
　　第三节　文秘工作室的运行平台……………………………… 161
　　　一、文秘工作室的服务项目与流程………………………… 161
　　　二、文秘工作室人员配置…………………………………… 161
　　　三、文秘工作室运行过程中应注意的问题………………… 163

第九章　产教融合背景下文秘专业人才培养模式的实现途径…… 165
　　第一节　建立在职业性格共性基础上的个性培养…………… 165
　　　一、文秘人员性格的共性要求……………………………… 165
　　　二、克服文秘职业性格的不良"个性"…………………… 167
　　　三、文秘职业性格培养的途径与方法……………………… 169
　　第二节　建立在规则基础上的创新培养……………………… 171
　　　一、文秘专业培养创新思维的意义………………………… 171

二、影响文秘创新思维能力发展的因素 …………………………… 172
三、文秘创新思维能力的培养 …………………………………… 173
四、创新思维在文秘工作中所发挥的作用 ……………………… 174
第三节　文秘专业人才培养方式变革的具体路径 ………………… 176
一、文秘专业人才培养方式改革方向 …………………………… 176
二、文秘专业人才培养的具体对策 ……………………………… 176
三、文秘专业职业素质的培养途径 ……………………………… 178

第十章　产教融合背景下文秘专业人才培养模式的创新性与实施效果 …… 182

第一节　文秘专业人才培养模式的创新性 ………………………… 182
一、教育观念创新 ………………………………………………… 182
二、教育内容创新 ………………………………………………… 184
三、教育方法创新 ………………………………………………… 185
四、教育评价创新 ………………………………………………… 187
第二节　文秘专业人才培养新模式实施效果评估 ………………… 188
一、文秘人才需求调查工作扎实 ………………………………… 188
二、文秘人才培养方案科学合理 ………………………………… 195
三、构建校内外贯通的实践教学环节 …………………………… 196

参考文献 ………………………………………………………………… 198

第一章
产教融合的理论基础

第一节 相关构想界定

一、产教融合

1. 产教融合的含义

产教融合作为一个新出现的相关构想，目前尚无统一的定义。通过调研发现，我国最先提出产教融合的是江苏无锡市技工学校，该学校是高等职业教育的典型代表。产教融合最早由高等职业院校根据其人才培养特点提出，现在已经扩展到各个层次的教育之中。

江苏无锡市技工学校之所以提出产教融合与其自身的发展探索密不可分，是因为他们在办学过程中结合高职人才培养的特殊性和实效性对已有的教学方案和人才培养模式进行了专门的改革。该学校通过不断的改革与探索提出了一个重要的论断："千方百计寻求与生产实习紧密结合的产品，以提高学生产教融合的水平意识、产品意识、时间观念及动手能力。"笔者在调研中了解到，上面所提到的产品就是学生实习，虽然从范围和层次上来说这个相关构想所涉及的面比较窄，但这毕竟是中国职业教育第一次提出产教融合这一全新的相关构想。

教育部曾在2011年的《教育部等九部门关于加快发展面向农村的职业教育的意见》中提出一个要求，就是要促进产教深度合作，这个时候产教融合才开始逐渐被国家教育部门所重视。在随后的教育改革和发展中，产教融合逐渐成为大家所关注的重点。产教融合的相关构想是一个从无到有、从模糊到具体的过程，这不仅符合事物发展的一般规律，还更加符合教育发展的规律。我国的一些学者对产教融合进行了专门的研究，但是由于缺乏一手材料，所以研究所取得的成果非常有限，仅仅是按照时间顺序对产教融合的发展进行了简单的梳理。

为了深度研究我国产教融合发展的实践,笔者进行了大量的专门调研,调查了成果丰富的高校,也对理论进行了专门的研究,从而在前人的基础上取得了一些成果。在我国教育体系中,产教融合的两个主体是学校与产业行业,通过产学研一体化的深度合作,可以提高人才培养和产教融合的水平,从而实现双赢。传统的人才培养中学校也非常重视校企之间的合作与协同培养,但是校企合作的层次有限,无法实现深度的人才培养和发展。

产教融合与校企合作的最大区别主要在于双方合作的程度。产教融合的形式多种多样,最核心的就是双方要形成稳定、高效、深层次的合作关系,通过提升人才培养和产教融合的水平,促进企业发展和办学实力的提升。在笔者的调研中发现,有的产教融合助推校企双方建立新的实体创新人才培养模式,也有的产教融合侧重研发和学术升级。从调研的结果来看,不论哪种形式的产教融合最终都会提升学生的个人素养和就业能力,企业也因此获得了更多宝贵的人才,缩短了人才与企业之间的磨合期。最终所能产生的连锁效应会不断助推区域经济向前发展,从而实现共赢。产教融合让越来越多的用人单位与高校看到了机会和希望,并且也非常愿意参与其中,所以产教融合的发展也逐渐进入了快车道。

通过对历史资料、文献和调查结果进行分析可以发现,虽然职业院校在产教融合方面取得了比较好的成绩,但是不同地区、不同类型的职业院校存在着比较大的差异。在笔者的调研中发现,经济发达地区的产教融合发展得非常深入和全面,对地方经济的发展有着重要的助推作用。由此也探索出了丰富的产教融合经验,这些经验具有比较强的地方性和产业性,要想大面积地复制和推广存在一定的困难。笔者在对调研对象的经验进行抽象和提炼之后总结出了本研究中的观点。

产教融合对于学生、学校、产业和社会来说是一个多方共赢的机制,尤其是对于学生来说,既能够提升专业能力,又能够为以后就业提供保障。传统的职业院校虽然给学生提供了实习的条件和场所,但是由于各种条件的限制导致实习缺乏针对性和激励性。产教融合中有大量的实习、实践机会,而且这种实践是经过专门设计的、有针对性的,与在校期间所学知识融会贯通。传统职业院校学生实践的一个很大弊端就是缺乏针对性,这导致了学生所学与所用之间无法实现无缝对接,而产教融合能够弥补这个缺点。

产教融合的学生实践就是把课堂上学到的知识应用到实践之中,在课程设计上存在着对应性,这是一个非常好的现象。产教融合会涉及每一门课程,

第一章 产教融合的理论基础

学校与企业从专业培养目标入手,在充分合作的基础上共同制定培养目标以及课程标准,所涉及的课程均是理论与实践的高度结合,这可以让学生带着问题学知识,并且在实践中解决问题,形成一个遇到问题、解决问题的良性循环。通过产教融合培养出来的学生在实践能力和解决问题的能力方面具有更强的优势,他们可以更加灵活地对问题进行分析,并且选择合理的解决方案。这种人才培养模式的改变还在很大程度上改善了学生的三观,从而培养出更多能够为社会主义建设服务的优秀人才。不仅如此,产教融合还会激发出学生创造、创新的愿望和热情,激励他们在实践中不断探索、不断创新。而这种创新意识、创新能力、创新人才的培养正是职业教育的办学方向。

产教融合不仅可以让企业参与其中,还可以在有条件的企业创办培训学校,以学生为主体进行发展;学生在整个过程中可以取得一定的报酬,这客观上也为学生工读结合、勤工俭学创造了条件,还能够解决贫困学生的学费和生活费用问题,为精准扶贫提供支持和保障。

产教融合在更多层面上能够为地方经济发展提供专门的服务,因为我国的职业院校多为地方性的,其主要的作用就是服务于地方经济发展。我国当前的职业教育是以就业为导向的教育,在社会主义市场经济制度之下主要以培养技能型人才为主要目标。技能型人才的特点非常明显,指的是生产、建设、管理和服务第一线需要的高技能人才。这类人才具有鲜明的职业性、技能性、实用性等岗位特点,简单地说就是工作在第一线,懂技术、会操作、能管理的技术员。

产教融合的培养思路正是在上述背景之下产生的。为了满足需求而改进相应的教育策略,这是我国教育不断改革、发展和完善的重要体现,应当受到更加广泛的关注。产教融合的重要参与对象是企业,在融合的过程中要格外注重对企业需求的满足,只有充分调动企业的积极性和资源才能实现产教融合效果的最大化。据调研显示,当前进行产教融合的企业多数为生产制造型企业,这对学校提出了新的要求,学校应针对企业所需的产品与技术进行开发,以实现学校培养人才、研发产品和技术服务的三大功能。为使企业需求与学校教学无缝衔接、与技术发展方向合拍,学校必须依靠和吸收企业技术骨干、学者专家参与培养目标的研讨、教学计划的制订。产教融合的基础是"产",即必须以真实的产品生产为前提,在这样的基础和氛围中进行专业实践教学,学生才能学到真本领,教师才能教出真水平。这样的"产"不能是单纯的工厂生产,必须与教学紧密结合,其目的是"教",在产教融合比较成熟的情况下,再逐步向"产、学、研"发展。学校真正形成了"产、学、研"的能力,职业学校适应了市场的需要,形成的发展能力就落到了实处,做强做优也就有了基础。

目前已经有的产教融合主要是根据学校和企业的情况进行深度融合,正如前面所提到的,全社会还没有形成一套完整的、可以通用的经验,只根据已经完成的调研总结出当前教育界比较常用的一些做法。产教融合的发展实际上经历了一段时间的摸索,学校和企业在探索中寻求最佳的解决途径。在产教融合中学校和企业始终坚持"双赢"原则,实施责任共担,这就形成了一种具有约束力的制度保障。一些比较主流的做法就是引入社会上管理和技术较为先进的企业,企业愿意加盟,校企合作,通过利用该校的设备进行产品生产,在生产过程中引入教学内容,校企共同制订产教融合的实施性教学生产计划,让教师学到技术,让学生加入生产,让生产产生效益,学校和企业共同发展、共生共荣。

在经济发展的大背景之下,应用型本科教育加入了高等职业教育的大家庭。在实践型人力资源理念的指导下,培养合格师资的任务将会更加艰巨。应用型本科教育要想实现发展目标,就要提升校企合作的产教融合的水平,增加校企之间的合作。经济的发展和社会的进步对教育提出了更高的要求,这主要体现为对人才产教融合水平要求的不断提高。应用型本科教育要能根据社会经济发展的需要灵活调整人才培养方案,提供可供经济社会发展需要的社会服务,并能开展科学技术研究,为相关行业提供前沿的技术指导,为社会经济的发展提供技术支持。总之,应用型高校要不断调整自身的发展以适应经济发展的需要,并且争取成为经济发展的助推力量。

正是基于此,在社会主义市场经济背景下,高等职业教育的"产教融合"是一种"'产、学、研'三位一体"的融合模式,它不仅具备教育和企业的多种功能,还具备随时应变产业结构调整和参与市场竞争的能力,是在学校、企业、行业以及社会相关部门的不同程度参与下形成的一种新的社会组织结构,肩负着助推高等职业教育改革和社会经济发展的重任。从这个角度来说,产教融合的发展在很大程度上会影响经济发展,进而也会影响"两个一百年"奋斗目标的实现。

2. 产教融合的特性

产教融合在中国和海外经历了很多年的发展,并获得了一些相对成功的经验,在整理世界各国产教融合发展趋势工作经验的基础上能够汇总出其所具备的一些特性。根据参考文献整理和国际性工作经验比照发现,德国的双元制、美国的协作教育模式以及英国的工读更替方式都值得学习。我国在产

第一章 产教融合的理论基础

教融合层面也获得了一些成绩,初期的产教融合以校企合作办学的方式存在,其中典型的方式有"学校+自主创业核心区""技术专业+大中型企业""技术专业+龙头企业+企业同盟""技术专业+校办企业""技术专业+产业协会",这五种方式全是高等职业院校结合本地社会经济状况造就出来的,具有基本的产教融合特点。

这些方式都推动了高等职业院校教育的发展和产教融合的深入,但主要偏重于"产、学"融合,而融合的内容没有达到"产教融合"的深度与广度,也没有反映出高等职业院校职业教育的高度和校企合作办学的深度,总体绿色生态难以达到"产教融合"的实际效果,其成功案例无法推广和复制。笔者在过去的科学研究中,曾经明确提出过"四位一体"技术性服务平台的校企合作办学实体模型,其大部分具有了"'产、学、研'三位一体"的作用。可是,在当时的科学研究仅限于职业教育集团企业的情况下,并没有将其列入社会主义市场经济情况下进行科学研究,也无法融入社会主义市场经济发展趋势转变的需求。科学研究的院校也仅限于职业教育的中专与专科方面,没有将应用型本科院校列入其中。为融入社会主义市场经济中产业布局的持续调节和转变,高等职业院校的"产教融合"务必是行业、产业、企业和专科及其应用型本科院校等多行为主体主题活动特性的融合和反映,并具备新的特性和作用。

(1)立体式融合。社会主义市场经济追求的是多样化,产教融合服务于社会主义市场经济,因此也必定要受到社会主义市场经济的影响。产教融合在发展过程中也更为重视立体式融合。立体式融合有别于平面式融合,从融合的层级而言,校企合作办学属于层级较低的融合,也就是平面式融合。产教融合是高层次人才的融合,一定程度上属于立体式融合,它摆脱了原来单一协作或双重协作的局限性,从"产、学、研"三个层面开展全方位、深层次的协作,融合后的机构结合了生产制造、课堂教学和科学研究的特性,不但本身是生产制造的行为主体,具备企业创造经济收益的作用,并且能提供产业发展规划所必需的专业技术人才,为产业的可持续发展给予源源不断的智力支持。比照产教融合培育出的优秀人才与传统模式培育出的优秀人才,可以发现二者存在着较大的差别,产教融合方式下培育出的优秀人才具有更强的可持续发展能力。从另一个视角看,企业的要求也可以为院校的教育改革指出方向和总体目标,确保高等职业院校教育能够满足相关行业的具体需求。融合的机构将科学研究、配备内部资源并进行基础研究、应用研究和开发性科学研究合为一体,为产业发展规划给予强有力的技术支持,为学校教育内容的升级提供前沿的信息资源,确保教育能够不断开拓创新。三者融合在一起,产生一个良好的循环系统管理体系,进行课堂教学、科学研究、生产制造等服务项目主题活动,在推动内部发展趋势的同时,持续向外辐射,充分发挥其更高的社会效应和功效。这类立体式的融合对社会经济和社会进步都有很重要的推动价值,也推动了教育在更深层次的发展与进步。

（2）社会主义市场经济产业化发展的融合。社会主义市场经济产业化发展的趋势就是指某类产业在社会主义市场经济标准下,以相关行业和企业的真正需求为导向,以完成经济效益为总体目标,借助专业服务和产教融合的管理方法,产生通用化和特色化的运营模式和组织架构,其基础特性是走向市场、发挥行业优点、规模化经营、分工协作、有关领域相互配合、市场化运行。针对不符合市场需求的新项目,要遵照市场进退机制,立即停止多余的资金投入,防止产教融合运行过程中体制的片面化。因此,社会主义市场经济产业化发展的产教融合是一种真正面对市场需求的融合,在产、学、研三个层面发展壮大、分工协作、强强联手,形成其他组织无法复制的核心竞争力,产生出自身的知名品牌,在市场中具有竞争优势,而且能达到一定的经营规模,推动别的项目合作持续广泛开展,严格依照经济规律、市场规律来举办活动。

（3）以企业需求为立足点。初期的教育在人才的培养中并不是十分重视与企业间的连接,产教融合只停留于人才培养计划层面,其显示的培养技术明显领先传统式的教育。产教融合的立足点是企业的要求。企业在参与人才培养的整个过程当中,可以将本身的要求以利润最大化的方式表现出来,而且在课程设计中逐一考虑并满足。传统的高等职业院校教育在产教融合实践过程中流于形式,且院校"一头热"的状况比较多。每所高等职业院校在产教融合实践活动中都会碰到这种情况。根据剖析能够发现,造成这种状况的原因有许多,主要是彼此在协作的初期仍未寻找到可以双赢的途径。许多企业在现行政策的压力下或者是基于院校的单方面意向,在没有寻找彼此协作的相关需求点时就盲目跟风,进行形式上的校企合作办学,协作之前彼此欠缺认真、细致的调研。

这样的产教融合违反了社会主义市场经济的导向性,难以真正产生有利的实际效果。真正完成产教融合的机构,可以以企业、院校和有关协作单位的要求为前提条件,融合各种市场已经产生的转变,确立市场的供求情况,明确各自的具体要求,通过寻找权益契合点进行有关协作,在考虑本身要求的基础上,能为市场的供给和需求的平衡做出一定的贡献,并能依据供给和需求的变化调整自身的要求和战略定位，从而解决协作的随机性、被动性的问题，也提升了协作双方的主动性与自觉性。

（4）多主体管理的融合。产教融合是一个再次建立机构行为主体影响力的全过程，也是在社会主义市场经济条件下产教融合主题活动得到法制保障的重要因素。过去许多校企合作办学活动难以达到产教融合的重要原因，是没有确立每个行为主体之间的权利和义务关联，关联的不确立造成了协作的难题，进而对校企合作办学的发展产生了影响。产教融合的行为主体已经悄悄地发生了转变，早已从院校迁移到企业和行业。这种转变既与当今的社会经济发展相关，也与教育的发展相关。因此，在合理的产教融合机构中，院校、企业、政府部门、产业协会等分工协作、一同管理，在进行一切活动以前，都应确立自身的权利和义务，并对其不良影响担负最后的法律责任。这样不但能够提高机关事业单位对各项任务的担当意识，充分发挥其主人翁意识，还可以让院校和协作企业在该项活动中的管理工作更加井然有序，有效避免了产教融合管理方面的零乱性。

二、产教融合生态圈

对产教融合生态圈的研究是本书最为创新的地方，产教融合生态圈的关键取决于把相关的产业、教育、社会经济发展等有关利益群结合到一起，进而搭建出一个全新升级的圈子。这一生态圈的搭建有益于推动总体教育水准的提高。

产教融合生态圈是指高等学校以本身为主体，在当地政府的支持下，紧紧围绕本地区产业发展趋势，积极主动与本地区工业区进行深层次的战略合作。

产教融合生态圈的搭建需要几个部门协同参与。政府机构的综合参与，一方面为高校开展校企合作办学拓宽渠道，另一方面为促进企业参与校企合作办学颁布大量现行政策。在整个过程中，高校为地区经济提供智力方面的驱动，企业为地区社会经济进步提供经济方面的驱动。通过有效的校企合作办学，高校人才培养的产教融合的水准得到提升，院校把握住市场的脉搏，形成相应的办校特色，另外也使大量的社会资源转换为教育资源；使企业实践型人力资源的空缺获得弥补，企业经济收益得到增加；使区域经济获得不错的发展，当地政府经济实力获得一定的提升；促进院校与企业实现更深层次与全方位的协作，从而搭建一个平稳、长久和高效率的合作平台，构成一个相互依存、双赢的产教融合生态圈。

产教融合背景下高职文秘人才培养探析

第二节 产教融合的相关理论

一、杜威的"从做中学"理论

美国著名教育学者、专家杜威在教学的过程中把教学的过程看作是一个"做的过程"。他认为：人们"做"的兴趣和冲动都是以人为主体的。人们对知识经验的来源基本上基于主体与客体经验的总结。正是基于此，他强调学校在教育的过程中应该设置一些类似于雏形社会的地方，即开设各类工厂、实验室、农场、厨房等，让学生们能够在学校这个"小型社会"环境之中学好自己所感兴趣的专业和课程。为此，他还提出了在教学的过程中要安排和编创实践生产场景的教学方式，即在场景教学之中激发学生们的创造性思维，根据资料策略，从场景活动中入手，解决学生们在场景活动中所遇见的问题。这就是杜威所提出来的"从做中学"的教学理论。从杜威对整个教学的主张来看：他主张学生们需要在学校里获得生活和工作中的全部知识，他的这种教学理论对当时社会教育来说具有很好的创新性，缺点是在其开展的过程中有一定的局限性。在对地方工科院校产教融合培养实践型人力资源的研究中，产教的深度融合需要真正把产业与教学对接，强调"做"与"学"相结合的重要性。工科型地方类院校在实践型人力资源的培养上要把理论与实际对接，加强实践和学生动手能力，杜威的"从做中学"理论贯彻了从做中学、从经验中学，要求以活动性、经验性的主动作业来取代传统书本式教材的统治地位。他的"从做中学"理论贯彻到我国的教育方面，对我国教育中的管理理念、师生关系、教学方法、教学的评估方式等都具有非常深远的指导意义。

当代美国教育家杜威基于"教育就是生活""教育就是成长""教育是经验的转化"，讨论了知识与行动之间的关系，并提出了世界闻名的"从做中学"理论。理论的本质是增强学生的实践技能，发展学生的探索和解决问题的能力，以及发展学生参与和适应实际工作的能力，这也是我国高职培训需要的理论和既定的培训标准。杜威以他的哲学——实用主义为出发点，提倡"实用性"并将其纳入教育中，形成了一种实用的教育理念。他提倡学生体验研究过程，与现实世界建立联系，引导学生实现从被动观察到主动实践的转变。学生通过这项活动逐渐形成对世界的了解，充分体现了学习与做事的结合。

杜威认为，对人们而言，最重要的事情是获得解决问题和研究的能力，而这种能力应该通过科学的教学方法来发展。同时，他认为教学活动的要素与科学思考的要素应相同，并以这些理论为基础提出了"思考的五个步骤"或"问题的五个步骤"教学：首先，学生必须具有真实的经验，并有能够对活动本身产生兴趣的连续性活动，也就是说要有能够实现"做"的具体情境；其次，在这种情况下，会出现一个真正的问题，并被用作思考的刺激物，也就是说必须存在一种可以"做"的内容；再次，学生必须掌握知识材料并进行必要的观察以解决该问题，即实现"做"所需的支持；从次，学生必须逐步扩展他想出的解决问题的方法，即必须有一个完整的"做"的过程；最后，他必须能够使用自己的想法进行测试，阐明这些想法的含义并允许他找出它们是否有效，即检验"做"的结果。基本上，"五步法"教学是"培养"学生的过程，但是在做的过程中实现的实际上是学的积累。高等职业教育的目标是培养生产、服务和管理领域的高素质人才。这里指的高素质人才就是在当地岗位和工作场所做实事较强的实践型人才，即适应"前线"的专业化高科技人才。这种"一流人才"不能仅凭学术教育就在学校得到发展，他们必须在生产实践中获得能力的提升。在此基础上，高等职业教育应更加重视和强调学生专业技能的有效发展，在实际教学中重视与实践活动的集合，从而真正实现学生的做，引导学生完成学的任务，以提高学生适应职业岗位的能力，缩短从学校到实际工作的距离。

结合杜威的"五个思维步骤"，不难看出"从做中学"理论在高等职业教育中的应用体现在师生关系的精确定位和教学方法的合理使用上。在实施"从做中学"的早期阶段，通常会误以为教师是"从做中学"的开发者，即为学生准备所有材料和设备，以及在学生真正进行"从做中学"的过程中，教师只是局外人。以这种方式处理"从做中学"会导致学生盲目地"做"，学则无从谈起。当然，强调"从做中学"并没有忽视教师的作用，无论是将课程转移到实验室还是工厂，无论使用哪种教学方法，教师都不容错过。只是教师不再采取一言堂的教学和管理方式，而是成了"方向标志"。此时的教师具有三个特定作用：首先，创造真实的学习情境，并提出可以激发学生兴趣的问题。其次，给予学生有目的和明智的建议。当学生在真实的"做"过程中犯错、怀疑、困惑或者出现争论的时候，教师要有目标且有技巧地引导学生，要在他们具有操作经验之后进行相关的总结。否则，学生的所有操作都可能是无效的行为或者是低效的行为。最后，给学生创造一个机会来测试他们"做"的结果。"从做中学"理论的核心是学习者本人，通过"做"形成"思想"并最终形成"学",这是一个让学生自己获得知识和发展技能的过程。在这个过程中,必须要发挥教师的指导作用,而学生本身的活动和思考也是必要的。只有通过实践和集思广益,分析和处理问题,学生才能在"做"中体验知识的使用。

随着我国高等职业教育的发展,教学方法越来越注重实用性,注重与社会的融合以及与用人单位的需求的吻合程度,着重培养学生的实践技能。不管使用哪种教学方法,具体运用的过程仍然专注于"教学与学习"。

在传统观念中,所谓的"教学"是指教师站在讲台前,以语言和行为展示教学内容,并带有教具、多媒体课程等,而"学习"则是指学生坐下来听、看、写。在这一思想观念当中,必须是教师做出有效的讲解、教授的行为才是完成了"教",否则将被视为懒惰且不负责任,这过于强调"教学行为"。至于教师的"教学行为"是否对学生的"学习"有实际影响则不在研究范围之内。

"从做中学"是另一种"教学"方式。作为一种人性化的解释,"从做中学"并不意味着单纯地让学生去"做",而是必须在教师的指导下进行"做"和"思考"。它实际上将"教学"过程整合到实际情况中,教师在学生不断做的环境中教学。为了在"做"中实现"思考","思考"必须构建在平等与对等的层面上。

二、陶行知的"教学做合一"理论

我国著名现代教育家、思想家、学者陶行知先生具有美国留学的经历,在留学过程中师从杜威、克伯屈等美国极具影响力的教育学家。他在回国之后,便积极地将其在美国所学习到的先进的教育思想与中国当时的国情结合起来进行教育工作。1926年,陶行知先生开创了自己的生活教育理论。陶行知先生提出了三大教育理论,即"生活即教育""社会即是学校""教学做合一"的教育理论,而"生活即教育"则是重中之重。在陶行知先生看来,教育如果脱离了生活,那么教育就是死的,没有生活作为中心的学校教育是一种死的教育。他的生活教育理论在当时中国社会中的反传统与反对旧教育中具有非常重要的意义和作用。他的"教学做合一"理论深刻地批判了旧社会教育中所存在的不足之处,同时给出了相应的解决问题的具体办法和方式。这种教学理念的改革和践行对于当时的社会来说具有非常好的作用。同时,他还强调,教学应该同实际的生活方式结合起来,这就需要教师们运用好的新的教学方式,根据学生学习的方法来进行教学。教与学都应该以"做"为中心，只有"做"才能够让学生们获得全面的知识能力。陶行知先生的理论同样适用当前以市场需求为导向的产教融合培养学生的模式。"生活即教育"五个字明晰地体现出知识结构与市场以及社会发展同步的理念。对当今部分地方工科院校的应届毕业生出现综合素质能力低下、职业意识缺乏、动手能力比较差的现象，解决办法是在借鉴陶行知先生理论基础之上，使学校所传授的知识能够适应社会经济发展的需求。

陶行知的生命教育理论有"生命就是教育""社会就是学校"和"教学做合一"三个主要方面。遗憾的是，相关研究人员缺乏对这三个方面的历史发展的系统研究。作为生命教育理论的一种方法，"教与学的结合"在生命教育理论体系中占有重要地位。本书试图在教学方法层面上评述"教与学的统一"，以期能更好地还原该理论并从中学习。作为陶行知生命教育理论的重要命题和方法论，"教学做合一"大致经历了以下六个阶段。

1. 初期（1917—1925 年）

1901—1915 年，中国已开始系统地引进日本的教育学说，教育法、教学方法、教育历史和学校管理已得到最充分的体现。基于此，学校采取了行动。在教学方法的改革中，一般采用从日本移植过来的赫尔巴特五段教学法。这种教学方法简单易行，在教师中颇受欢迎。但是，这种方式太过机械和形式化，会不自觉地将教与学分割开来，忽略学生的兴趣和个体差异。1917 年，陶行知返回中国，担任南京师范大学教育系主任。他非常敏锐地关注到国内的教师只管教学，而学生只负责受教。陶行知提议将"教师教授的方法"更改为"教学法"，但这在当时是不被接受的。1919 年，陶行知发表了《教学合一》一文，认为教学方法应基于学习方法。陶行知把所有的教授方法都变成了教学方法，这就是"教学做合一"的起源。"教学做合一"正是在当时教育界的专家试图改变忽视学生主体地位与实际需求的背景下提出来的。

随着欧美教育理念的逐步引入，陶行知陆续介绍了基于儿童活动的各种新的教学方法，如设计教学法和道尔顿制，并于 20 世纪 20 年代初在中国的国立学校对其进行了正式测试。这些新的教学方法更着重于学生的兴趣和活动，经过测试，它们引起了巨大的轰动。但是，经过全面的测试，人们逐渐意识到这些新的教学方法没有充分考虑中国的现实，其缺点逐渐显现出来。例如，尽管设计教学法接近现实生活，但该计划是由教师制订的，有时与学生的生活无关，并且有偏差；尽管在道尔顿体制下学生相对自由，但他们对书本的评价过高，仍然与学生的真实生活无关。陶行知认为，这已经从"中国旧的刻板印象"变为"外国的刻板印象"。我国的教育方式仍处于"教育是教育，生活是生活，但两者不相关"的形势下，并没有反映中国的现实情况。在这种情况下，陶行知将"做事"引入"教学统一"，并倡导事情该怎么做就怎么学，该怎样学就要怎样教；教学方法必须基于学习方法，学习方法必须基于做的方法。当时，"教学做合一"的理论基本成立，但该名称尚未真正出现。直到1925年，陶行知在南开大学演讲的时候，张伯苓先生提出可以将其改成"学做合一"以后，陶行知才确定下了"教学做合一"的名字。这一名称的正式提出代表着此思想的初步形成。

2. 成立时期（1926—1938年）

1926年，陶行知系统地解释了"教学做合一"的理论。1927年3月15日，晓庄师范学校正式成立，该学校的座右铭便是"教学做合一"。7月2日，陶行知接触了一些仍不理解学校口号含义的同志，于是就"教学做合一"发表了演讲，并撰写了一篇特别的论文，自此之后这一思想正式确立。陶行知秉承学校"教学做合一"的座右铭，特别重视"做事"，强调事情该如何做就如何学，该如何学就如何教的方式。晓庄师范学校明确指出，"只有这所学校有指导员但没有教师"，强调学生在做，师生之间共享教与学；晓庄师范学校的教师不是按班授课，而是采取"院务教学做""农事教学做"等方式。

3. 扩大时期（1939—1948年）

1939年7月20日，育才学校在重庆正式成立。经过长期的实践，与晓庄师范学校时期相比，育才学校的"教学做合一"有了新的内涵，与杜威的"从做中学"的理念完全没有关系，并真正从"做中学"理念中脱离。这体现在以下方面：通过关注集体生活，表明学生在集体中实现自我管理并追求真理，创造新价值；要求学生具备基本技术能力和基本知识。育才学校课程分为普通课程和特修课程，普通课程的目标是让学生掌握中文、外语、数学和科学四种内容；特修课程的"重点"是将特修课程分为六类——文学、音乐、戏剧、绘画、自然与社会，目的是为有特殊能力的儿童提供特殊的教育。育才学校通过普通和特修两种课程一同打下儿童深造的基础。育才学校非常重视教师的作用，聘请了来自各行各业的专家担任各个专业团体的负责人，以加强对学生的有效指导。育才学校不再拒绝班集体授课的方式，并认为"汉语、数学和外语这三种课程，在早期根据级别对班级进行分类是最经济和有效的"。该校为教师和学生创建了一个公约，以此来维持学校的秩序，并将课堂教育活动与社会方面的相关活动融合起来。此外，学校按照学生的年龄与工作经验，将学生分成了若干个服务队伍，专门到附近的村子进行社会层面的服务，通过对外的服务活动，真正实现在做中学，在做上教学。

4. 批判期（1949—1977年）

陶行知先生于1946年去世后，许多文章证实了"教学做合一"的重要价值及其体现的辩证唯物主义。例如，徐特立指出陶行知是一元论哲学，"教学做合一"就是"辩证唯物论"。1950年纪念陶行知逝世五周年时，各地出版了纪念特刊和文集，称赞其生活教育思想具有"巨大革命意义和创造性"。但也有论者指出"教学做合一"只适应于当时环境，在"今天民主、科学、大众的教育中应用则已经不妥当"。

1951年5月后，批评者指出陶行知教育思想是脱离于实用主义的，"教学做合一"是错误的教学法，忽视系统科学知识而只适合于生活中零碎经验的传授。"教学做合一"将书本作为工具以及一切从经验出发的做法是错误的，劳力上劳心也是典型的唯心观点。此时，对陶行知的评价批评多于肯定。

1957年，陶行知的教育思想又进入了短暂的重评期。2月7日，《文汇报》发表梁忠义的《陶行知生活教育思想与杜威实用主义教育思想的根本区别》一文，认为生活教育理论是中国近代民主革命阶段建立的民主主义教育思想体系。邓初民在《陶行知先生在中国教育史上的地位和作用》一文中指出，"教学做合一"打破了封建社会"死读书"的方法，而是将理论与实践相结合，具有劳动教育的意义。学界从1958年开始对陶行知"教学做合一"的教育思想又进行了一轮批判。例如，白韬指出，"教学做合一"是错误的教学法，但认为陶行知仍是"最值得尊敬的一位人民教育家"。《安徽史学通讯》成为批判"教学做合一"的主战场。杨刚认为，尽管陶行知先生的思想在摆脱封建成见、促进教育与生活和劳动之间的联系方面具有优势，但系统的理性知识已经被取消，有领导的课堂教学被取消，教师主导的角色也被取消，在这样的形势下，生产和教育在实际教学中的融合程度将降低，学生将无法获得系统的理论知识，而且他们将无法了解整体生态和社会发展的规律，成为缺乏远见的庸俗商人。方与严还指出，陶行知先生的思想有过分强调"做"的危险，虽然对反对"死读书"有一定的作用，但无疑减少了课堂教学的作用，无视了系统性知识的转移。凌汉如也持这种观点，指出邓初民的文章只肯定了陶行知的正确和进步的一面，而没有批评其错误和落后的一面。从理论上讲，程志宏认为陶行知先生的思想是一种资产阶级的经验主义教学方法，必须加以批评。赵文衡认为，陶行知先生思想的实施必然会取消教学，也会取消学习，到最后只剩下盲目地做，这降低了教师在教学中的领导作用，将教育与生产性劳动相结合，教育政策从根本上有所不同。从1959年开始，陶行知已成为中国研究的禁区，其思想研究陷入长期低迷和停滞状态。

5. 重评期（1978—1984 年）

1978 年，中共十一届三中全会召开，研究人员开始客观地评论和运用陶行知的生命教育思想。当然，在 1979 年和 1980 年，一些研究人员仍然担心"教与学的整合"的缺点。李桂林等在《陶行知的生命教育》一文中指出，"教与学的统一"是大胆的尝试，但具有鲜明的实用主义特征，"从一个极端到另一个，解决问题是错误的"。因此，生产和教育的融合程度被降低了。根据这种方法，"受过训练的人才只能是对现实没有多大贡献的平庸人"。

到 1980 年中期，研究人员普遍同意陶行知的"教与学融合"是基于人们现实的创新，具有革命性和科学性。陶行知的"教与学的统一"的思想与杜威的"边学边做"明显不同，它不是杜威教育理论的中文版本。陶行知通过自己不断的实践、经验和总结形成了"教学做的统一"的生活理论方法。

6. 运用期（1985 年至今）

1985 年后，随着《中共中央关于教育体制改革的决定》的颁布，对陶行知的研究进入了一个新阶段。研究人员基本上肯定了其思想，并将其广泛应用于课堂教学、教师力量的培训等教育教学的实际领域。

自 1985 年以来，陶行知先生思想的研究方向主要表现出以下特点。

第一，它强调了教学做合一思想的实际应用，但对相关理论的讨论比较薄弱。研究人员普遍认同教学做合一思想的优势和巨大价值，并将其广泛应用于师范生的培养、儿童道德能力的培养、课堂教学的改革、学科教学、高等职业教育和教学改革。其中，教学做合一思想应用自 2007 年以来更加突出，至 2011 年即陶行知诞辰 120 周年，教学做合一思想得到了更加广泛的应用。

第二，一线教育者已经成为关注、讨论和使用教学做合一思想的主体。由于大多数理论工作者已经认识到教学做合一思想的教学实践的价值，因此许多前线教育工作者已开始结合他们自己的观点与实际教学工作积极参与这一思想的实践研究。

第三，研究者在教学做合一思想的讨论中提出了新的特征，或是理性地解释了教学做合一思想的理论内涵，或是在实践运用中形成和丰富自己对教学做合一的进一步理解。

陶行知将教学做合一的思想作为教学方法的一种，深深根植于特定的环境下，辅之以合适的课程和配套的教材，力求做到方法与内容的有机统一。例如，在育才学校，结合培养特殊人才的目标，以教学做合一的思想为辅，开设了不同的课程。通过内容和方法的有机结合，教学做合一的教学方法得以发挥无限的生命力。教学方法的改革必须与环境、课程、教材等相协调，否则将破坏方法和内容的有机统一。我们应充分强调当前学校教学方法改革应与环境、课程和教材相协调的价值取向。教学方法的改革必须与特定的环境紧密结合，支持相应的课程、教材等，否则只能是无源之水，在实践中不会起到长期作用。

三、福斯特的"产学合作"理论与巴洛夫的人力资源理论

福斯特是英国著名的科学家和教育家，他的产学合作理念在教育发展中具有战略意义。福斯特认为，当前的许多职业教育与培训计划都难以实施，主要原因是学习者缺乏必要的基本理论知识和基本技能知识。基于此，福斯特认为，在产学合作的过程中，应该首先从专业课程的开发入手，以理论基础为起点，最后建立就业平台。同时，相关职业院校中中低层次人才的培养应注重"产学结合"的路径。在此基础上，学校应在制订各种职业教育与培训计划时发展和改革以下方面。

第一，有必要根据当地社会经济发展的实际情况，控制地方工科院校的发展规模，扩大学生的学习机会，提升学生的学习能力。

第二，需要改革本地工科院校的课程，并开设更多的"三明治"课程，这些课程应该以工读交替的形式进行。

第三，有必要控制地方工程学院学生的比例，并在可能的情况下使在职人员成为地方工程学院学生的主要来源之一。

福斯特的产学合作理论为包括中国在内的发展中国家的教育提供了很好的参考。

福斯特是在国际职业教育和培训理论领域非常有影响力的学者，多年来一直致力于职业教育和培训理论的研究。他毕业于伦敦大学经济学院，曾是芝加哥大学教育学和社会学教授，也是澳大利亚麦夸里大学教育学教授兼院长和美国纽约州立大学教育学和社会学教授。福斯特以他的文章《发展规划中职业教育的谬误》而闻名。《发展规划中职业教育的谬误》发表于1965年，其中包含有关职业教育与培训发展的许多重要思想。世界银行就借鉴了福斯特的许多职业教育培训思想，他的思想也成为指导各国发展职业教育培训的政策文件的重要组成部分。

20世纪60年代是西方"发展经济学"盛行的时期。这一理论表明，发展中国家的经济增长"使政府能够发挥重要作用"，可以采用"集中的、非市场导向的计划模型"。受此影响，托马斯·巴洛夫提出了"人力资源理论"，

即学校可以根据政府的经济发展计划和"长期劳动力预测",分配一定数量的劳动力储备来为经济发展服务。在教育发展战略方面,学校主张发展中国家通过着重于对学校职业教育和培训的投资并将职业教育和培训的内容渗透到主流学校课程中来促进经济发展。这一主张已被联合国教科文组织和世界银行等国际组织认可,并成为当时发展中国家教育和经济发展的主要理论。在这之后,致力于研究发展中国家基础理论的专家福斯特撰写了这部杰作——《发展规划中的职业学校谬误》,文中系统地阐述了他关于教育发展中一些关键问题的职业教育思想,并提出了许多以巴洛夫为首的流派不同的观点,这些观点和思想导致了长达四分之一世纪的职业教育理论大辩论。最终,福斯特成为当今职业教育中相当有影响力的主流学派。福斯特关于职业教育培训的思想反映在其杰作《发展规划中的职业学校谬误》及其随后的文章中。他的主要思想和观点可以概括如下。

(1)职业培训必须基于劳动力市场的需求。福斯特认为,劳动力市场中受训人员的就业机会和前景是发展职业教育最重要的因素。在此基础上,职业技术教育的发展必须基于实际的劳动力市场需求。

(2)"技术浪费"应成为评价职业培训计划的重要内容。福斯特指出,发展中国家许多职教毕业学生的职业状况与他们的职业培训不符,因此他提出了职业教育与培训中的"技术浪费"问题。他认为,"技术浪费"通常是由三个原因造成的:首先,国家对某些类型的人才进行预培训,以刺激经济发展,但当前的经济无法利用和消化这些人才;其次,市场需要这些人才,可是这些人才却被安排到了与训练完全没有关联的职位;最后,市场需要这样的人才,但是相应的职业前景和职业奖励并不理想,因此职教毕业生选择了非教学职业。在缺乏此类"技术浪费"资源的发展中国家,应对此给予足够的重视,并将其纳入对职业教育计划的重要评估中。他还认为,尽管发达国家也存在"技术浪费"现象,但在发展中国家更为严重,鉴于发展中国家的资源有限,应更多地关注这种"浪费"。

(3)职业学校课程既不能设定学生的职业志向,也不能解决失业问题。以巴洛夫的思想为主的流派认为,学校课程的专业化可以帮助学生实现职业追求,从而避免了学生对就业的不切实际的渴望并从源头减少失业。福斯特认为,学生的职业理想更多取决于他们对经济交流部门就业机会的个人看法,并且学校课程本身对这种选择过程没有什么影响;失业不仅仅是因为学校的课程存在一定的缺陷,主要是由于劳动力市场对实习生的实际需求不足所导致的。

(4) 基于简单预测的"人力规划"不能成为发展职业培训的根据。20世纪60年代是"人力规划"最流行的时期。大规模劳动预测的结果被用于各级教育和人才培训,对职业教育的影响尤为明显。福斯特对此持批评态度。首先,他对劳动预测的准确性表示怀疑。他说:"很难准确估计经济交换部门的增长率。"其次,他对劳动计划的后果表示关注,因为经济增长不足以吸收和消化劳动计划中发展出来的人才,这不仅浪费劳动和物质资源,而且还会增加社会失业率。应该指出的是,在计划经济时代,大规模的计划是不可行的,但仍应鼓励与实际发展密切相关的小型培训计划。福斯特认为,脱离市场所制定的大规模人力规划是行不通的。在劳动力计划中,他支持"与实际发展紧密相关"的"小型"职业教育与培训计划。他还强调,"职业教育与培训的发展必须基于实际的劳动力市场需求"。

(5) 职业学校的谬误论。巴洛夫等人认为,发展中国家应该利用职业学校来培训初级人才和中级人才。根据职业学校内部体制,福斯特指出,学校形态的职业院校办学方式对职业教育与培训的开展存在局限性以及一些不可克服的缺点,包括职业学校的高昂成本,教学设备难以满足现实要求;发展中国家的职业学校学生并未放弃升学的希望,只是将职业课程作为升学的跳板,学生的期望与职业教育和培训计划者的愿望背道而驰;学校开设的课程通常与就业所需的经验不符,并且所学的技能通常不能满足职业的实际要求,职业培训与专业工作状况无关,因此很难找到合适的教师,等等。此外,职业学校的学制相当长,通常为三年左右,因此无法迅速、灵活地应对劳动力市场。基于上述原因,福斯特认为,从长远来看,学校职业教育与培训将失败。在此基础上,就成绩而言,职业学校只能是"谬误"。

(6) 职业学校培训是非正规的在职培训。企业的职业培训优于学校的职业培训。福斯特认为,与正规职业学校的发展相比,企业在职业培训计划的发展中"具有更高的成本效益"和"更少的浪费"。由于企业比职业学校对培训"产品"的标准和要求有更好的了解,因此企业很适合组织在职培训。

(7) 倡导"产学合作"。福斯特认为,人才的职业培训具有规模经济的特性,但是鉴于一些不可克服的缺点,需要对职业学校进行改革。重要的举措是产学合作的道路。例如,重新设计课程格式,多设置以工读交替为主的"三明治"课程;为了减少正规学校职业培训与实际工作情况之间的距离,应尽可能在企业中进行实践教学。此外,就学生资源而言,可以加大在职员工的招收力度。简而言之,职业培训正在逐步从学校教育转移到产学合作。

(8) 职业培训与通识教育之间的联系是互补的,而不是替代的。福斯特强调，职业教育的成功实施需要通识教育。随着社会生产力水平的提高，生产过程需要具有深厚文化知识的人才。具有深厚文化知识的学生还有助于改善未来的进一步学习和职业变化。在此基础上，职业教育应以扎实的普通教育为基础。

（9）反对"通识教育的专业化"。巴洛夫认为，除了积极发展职业学校外，还应在主流学校增加职业课程，以实现"通识教育专业化"。但福斯特认为，这种形式的职业培训不应在发展中国家使用。他认为，"通识教育的专业化"无法实现通识教育或职业培训的目标。

（10）农村职业教育是关键点。福斯特非常重视农村职业培训，并在这方面提出以下要点。

第一，农村职业教育的目标是农民而不是学生。

第二，农村职业教育的主要任务是向农民推广生产知识和新技术。

第三，农村职业教育需要关注农民的学习知识热情。农民非常务实，只有在看到技术的真正好处后才想学习；只有农村职业培训与当地发展和对农民的利益直接相关，它才可能成功。

福斯特长期从事职业教育理论研究，并在许多研究的基础上提出了自己的职业教育思想，具有扎实的理论和实践基础。尽管福斯特的职业教育思想大部分是在 20 世纪 60 年代中期发展起来的，但其中许多方法仍然可行。例如，职业培训必须基于劳动力市场的需求，在简单预测的劳动力计划不能成为职业培训发展的基础上，职业教育与培训必须基于扎实的通识教育等思想，仍然与职业教育与培训的最新发展保持一致。福斯特认为，"职业学校的重建以及坚持产学结合的道路"是一种先进的战略政策，因为职业教育培训与基于研究的高等教育不同，不需要太多的超前性质的理论，而且更着重于实践知识的教学，即技能比研究更重要、实践操作比理论思维更重要。因此，注重"产学合作"，加强职业学校学生的实际发展能力是永恒的主题，是世界范围内职业教育的重点认识。但是福斯特的职业培训理论在很大程度上是基于当时在几个非洲发展中国家发展职业培训的实践，不可避免地有其局限性，其局限性的实质是，它几乎完全否定了职业教育与培训的"学校形式"。福斯特对学校职业教育与培训的消极态度显然说明这一教育理论不符合我国的现实，这是毫无疑问的。

《中华人民共和国职业教育法》明确规定，学校职业培训是我国的主要教育形式，实际上，职业学校仍然是我国的主要职业教育机构。学校形式的职业教育培训有其自身的优势，难以被取代。除了人才发展规模的优势外，最重要的是，就学生的文化背景和人文特征而言，其他形式的职业教育培训是无与伦比的。即使在发达国家，学校职业培训仍然是当今职业教育与培训的关键部分。尽管校本职业教育有其弊端和不足之处，但可以通过改革校本形式、课程体系和教学方法来弥补。另外，在不同社会、不同国家和同一国家的不同地区，人们的职业培训需求也各不相同，应鼓励采用不同形式的职业教育模式。

第三节　产教融合的功能与作用

产教融合是将生产制造与文化教育有机结合起来，完成基础知识的教学与实践活动专业知识传授的有机结合，提升学习者的实践活动能力。通过产教融合、校企合作，可以为学员在基础理论学习之余，提供大量的实践活动机遇，塑造和提高学生的职位能力和实践活动水准。产教融合将企业、院校、政府部门、社团组织等融合起来，开展整合资源与提升配备的活动，完成扬长补短、互利共赢以及提升教师素养的目标。产教融合对高等职业院校教师明确提出了新的机遇与挑战，高等职业院校教师只有持续提升自己才能符合产教融合的教学要求。因此，产教融合对提高教师的教学水准大有益处，能够在一定程度上推动教育改革。产教融合是高等职业教育的新方式和新理念，是对高等职业教育的一种自主创新。在对产教融合教学方式开展探寻与发展的全过程中，高等职业院校的课程内容、点评方法等都面临着调节和转型，从而推动高等职业教育改革创新向更深层次进步。产教融合的基本方针是根据教育创新方式，融合教育科研的资源，提升文化教育产教融合的水准，从而实现提升学生职位专业技能和实践活动能力、满足社会发展的相关需求的目标。另外，产教融合有益于企业的技术创新和生产制造水准、效率的提高，推动企业的高速和高质量发展。不难看出，产教融合是完成院校和企业相互发展、全方位提高的关键方式和重要途径，是高等职业院校教育价值、社会价值和经济价值的充分体现。产教融合促进高等职业院校依照企业的要求培育人才，并将基础理论学习与实践专业知识的教学和科研融合起来，为企业发展给予强大的优秀人才支持和智力支持，在提高我国企业的整体实力、推动社会主义市场经济体制的高速和高质量发展方面起到重要作用。

一、有益于技术专业定位和基本建设

企业和高等职业院校密不可分，当社会发展的途径产生变化时，企业可

以第一时间认识到,然后必须将所需要的人才的培养规范立即传递给高等职业院校,高等职业院校立即做出回应,使技术专业定位自始至终紧跟时代的脚步。从文化教育层面看,近一段时间我国职业教育的一大特点是以职业技术学院为行为主体塑造初入职的技能型人才,经济发展行业企业相对脱离优秀人才的正规职业准备教育,出现了高等职业院校对产教融合、校企合作共同教书育人和产品研发的要求分外明显,可是困难也特别多的情景。企业有着多种类型的技术能手,针对行业必需的优秀人才定位非常清楚,可以准确把握专业定位与学科发展的脉络。产教融合、校企合作塑造技能型人才是国际性职业教育取得成功的国家的一致规律。

产教融合、校企合作培养技能型人才在中国拥有深厚的文化教育和经济发展背景。从经济发展领域看,我国正在进入现代化中后期,在努力创造产业结构升级转型发展、创建创新驱动发展的当代产业链管理体系的过程中,需逐步推进行业企业对复合型和技术创新型人才的要求做出转变。发展中所遭遇的体制机制创新窘境、关键技术和技能型人才发展过程中出现的实践活动问题,都具备非常重要的研究意义与使用价值。

在现代化理论的具体指导下,效仿国际性比较工作经验,科学研究职业教育的多元化治理行为主体的责任、推行管办评分离、多元化治理专用工具、健全的治理制度体系、治理评价指标体系、治理的规章制度包与工具包等,具有极大的经济发展和社会发展实际意义。首先,健全职业教育治理体系,完成职业教育整治能力先进化,将有利于我国数以亿计的技能型人才的塑造和可持续发展,有利于职业教育成功突破上述牵制短板和窘境,提高职业教育服务项目产业结构调整、经济发展相关方式转变的针对性与有效性。其次,对职业教育治理体系和治理能力先进化的科学研究有利于推动我国社会发展的全方位提高,提供人民大众学有所教、学有所用的终身学习方式和机遇,借助职业教育提高人民素质和发展能力,实现体面就业、幸福生活的和谐局面。

二、有益于课程建设

课程设置是课程发展的媒介,企业职位的各类专业技能都必须根据课程设置来完成,根据相对课程内容来塑造相匹配的职位专业技能。笔者曾经就校企合作中存在的不足及校企合作参与各方对现行政策的需求做了一次全国的调查,主要是选择社会经济发展较快、当地政府了解较充足、政府政策环境比较宽松、经费预算资金投入幅度很大、企业参与职业教育的观念较强的

第一章 产教融合的理论基础

地域作为样板开展调查。

调查发现，相关职业院校的校企合作中不只有老调重弹的旧难题，也有发展趋势全过程中的新难题，政府部门必须综合考虑处理的方法，总体推动协作的发展趋势。企业对岗位工作职责有较为全方位的掌握，可以对各岗位人员工作目标、岗位职责做出总体规划，随后将岗位工作职责规范转换成教学大纲、企业新项目案例转换为课程内容课堂教学。在我国，职业教育校企合作存在政府部门、行业、企业、学校、学生五大方面的难题，这种难题是系统塑造高端技能人才以融入经济发展方式转变和产业布局升级面临的非常大的阻碍，是当今我国职业教育宏观经济政策亟须破译的焦点难题。

职业教育校企合作中存在的不足主要是企业行为主体缺乏、行业企业参与不足，体现出经济发展行业缺乏适用产教融合的配套规章制度。产教融合不仅应该是教育体制，还应该是经济体制、产业规章制度的构成部分。

1. 政府部门功效的界限与市场管理体制的功效充分发挥

当今，在经济发展行业中的法律法规大部分没有涉及产教融合、校企合作的规章制度内容，教育行业的相关法律法规主要出自1996年执行的《中华人民共和国职业教育法》，但至今都还没有两者之间配套实施的下位法，只有地区制定的地方性法规及国务院办公厅有关部门制定的行政法规，覆盖范围不够。近些年，我国高度重视职业教育校企合作的规章制度和机制建设，全国各地持续探寻实践活动，校企合作取得了明显成就，但我国各地方在职业教育校企合作方面的法治建设依然十分欠缺。在国家角度，存在的有关难题主要表现在以下几个方面。

第一，政府部门本身对怎样充分发挥主导地位了解不够，对完成主导地位的方式和途径缺乏深入探索和工作经验累积，有关校企合作的法律法规和政策规章制度不完善，正确引导功效尚需提升。

第二，校企合作的管理方案和方式尚不健全，政府部门以及单位参与的职责权限尚需确立。

第三，政府部门主导不够，造成校企合作多方参与、沟通交流会话、经费预算资金投入正确引导和保障体系、监管评价指标体系等还不健全，整合资源幅度不足，对参与职业教育政策优惠宣传策划幅度不足。

第四，政府部门适用的社会性评价指标体系不完善，参与协作的企业资质欠缺明文规定和评定，企业参与协作的实际效果欠缺总体评价。

第五，岗位准入条件、岗位职业资格证与人才的培养的关联性不足，校企合作的文化教育标准和规范不成熟。

2. 行业具体指导能力的缺少与填补

我国法律法规没有明文规定行业研究会在职业教育发展趋势中的影响力和功效，导致行业机构的指导意义没有获得充分运用，在制定行业职位规范、教学大纲中的主导地位发挥不足，行业机构对职业教育的校企合作的监督制度并未创建，行业研究会与职业教育的沟通交流规章制度尚需进一步健全。

我国职业教育的发展对行业寄托了巨大的期望，教育部创立了59个行业职业教育教学指导委员会，相关的教育部门颁布了充分发挥行业功效的政策，可是事实上行业机构具体指导职业教育的功效还远远没有显现出来。对于我国经济行业，行业机构本身的能力和功效并未呈现良好的发展趋势，行业具体指导职业教育的管理权限不够明确，激励行业机构参与职业教育和学习培训的现行政策尚不完善。除此之外，从总体上看，我国行业本身单独发展趋势的水准比较有限，具体指导职业教育发展趋势的能力不够，本身能力有待提升，不具有像德国等资本主义国家那样的公会制定规范、主持人考试、授予职业资格证的支配权和能力。

3. 企业缺少作为教书育人行为主体的功效和义务

企业作为社会文化载体的一个重要部分，应承担培养人才的责任。相对而言，社会对一个人的成长影响更大，所就业的企业尤其是职业生涯中的第一个企业，对他的影响不言而喻。

第一，企业应当变成职业教育和塑造未来职工的行为主体，但我国职业教育处在市场管理体制发展趋势的前期环节，企业界表达意向的机遇和标准尚不成熟，参与职业教育学习动机不足。

第二，企业欠缺发展战略的相关理念，参与校企合作驱动力不够，社会发展担当意识不足，合作关系大多数靠情感维持。

第三，目前的协作组织协调不完善，在实际课程发展趋势、课程评价及对学生就业前实践活动的管理等阶段中，企业大多数处在被动情况，培训教育缺少规范和标准，协作流于表面。

第四，存在很多以体力依靠为主导而非专业技能依靠为主导的企业，企业转型发展并未进行，欠缺技能人才塑造的基础驱动力。

4. 职业院校校企合作教书育人和产品研发的规章制度并未及时到位

近年来，高等职业院校不断深化校企合作，在推动人才培养模式改革、增强服务社会能力、促进学生就业创业等方面发挥了积极作用。但有许多院校并没有形成规范校企合作长效机制，影响了人才培养质量。

第一，欠缺当代学校制度核心理念，校企合作的治理体制、协作发展趋势体制不完善,资源整合能力不足。

第二,知名品牌建立观念不足,技术专业水准和技术性专业技能累积不够,无法推动行业发展。

第三,技术咨询与服务能力较差,无法吸引企业参与。

第四,人才的培养方式自主创新不够,无法建立被校企双方彼此重视的文化教育标准和规范,无法融入产业链要求。

第五,学生见习管控不及时,无法确保见习产教融合的水准。

5. 学生实习主题活动特性移位与改正

学生就业前实践活动应该属于文化教育阶段,其主题活动的特性是课堂教学,这一点毋庸置疑。在具体的工作中无法立即替代学生就业前实践活动,也不等于学生就业前实践活动。在中国职业教育的具体实施中,一是学员的职位实际操作和实践内容、规定与企业的优秀人才精准定位与岗位规定不太相符;二是学员在企业见习的内容、场所安全性、上班时间等没有明确的要求;三是学员责任感、任劳任怨能力等方面的塑造没有清楚的规范。

三、有益于毕业生就业

企业参与人才的培养的整个过程是依照本身的优秀人才精准定位开展的,这样学生可以第一时间把握行业全新技术,毕业之后即能在有关企业就业,有益于提高就业人数和产教融合的水准。

第二章
国内外产教融合的发展现状

第一节 国外产教融合的发展历史及现状

校企合作办学在国外尤其是在欧美国家十分普遍，校企合作办学、产教融合依据不一样的国情，从基础理论到实践活动都构建了完善的、相对固定的模式，为推动世界各国的社会经济发展起到了相当重要的作用。例如，德国的"双元制"模式、英国的"三明治"模式、美国的"CBE"模式等，对我国的校企合作办学、产教融合的进步有着十分关键的借鉴作用。

一、德国的"双元制"模式

德国阿克塞尔·格林格的《合作教育大学——卡尔斯鲁厄：德国高等教育的双重体制》对德国的"双元制"开展了论述，彼查德·罗莎琳德的《德国双元制：教育的乌托邦》阐述了"双元制"的优势及缺陷，他认为"双元制"的优势取决于国家对教育方面的保障，以法律法规的方式具体呈现，院校培育人才是以企业为基础的，缺陷取决于学习者、学校、企业、同一领域的其他单位、企业领导干部以及其他有关的企业通常会出现不一样的教学理念，这样的状况会使互相的关联处在相对紧张的形势下。

1. "双元制"的职业教育内涵

"双元制"高等职业教育是指职业技术学校与企业协作搭建职业教育，企业和职业技术学校、教师一同培养学生，学生具备多重身份，致力于最大限度地运用学校和企业所具备的条件和优点，是一种将理论研究与实践活动紧密结合，从而塑造既具备技术方面的专业基础知识，又具备专业技术和专业技能及处理岗位具体难题能力的高质量技术人才的教育体制。"双元制"的职业教育内涵主要表现在下列几个层面。

（1）两个培训行为主体，即企业和职业技术学校。

(2) 两种课程内容。企业主要培养职业能力和与之有关的专业技能和岗位工作经验；职业技术学校的课程内容除技术专业基础知识外，还包含一般文化知识。

(3) 两种教材内容，即实践训练教材内容和基础理论教材内容。培训企业应用的是德国联邦高等职业教育研究室撰写的全国各地统编教材，便于保证实现统一的培训标准，并提升产教融合的水准；而职业技术学校应用的基础理论教材内容则是由各出版社组织权威专家撰写的，没有统一的全国各地或全州县统编教材。

(4) 两种执行方法。企业遵照德国联邦政府所制定的职业教育培训规章来开展培训活动；职业技术学校则遵照所属州文教部施行的教学工作计划开展课堂教学。

(5) 两大类教师，即实践训练教师和基础理论教师。负责企业培训的实践训练教师是企业的员工；职业技术学校的基础理论教师属于国家公务员的范畴。

(6) 两种真实身份，即企业学徒工和职业技术学校学生。

(7) 两大类考试，即技能考试和职业资格考试。技能考试是针对企业培训的，考试科目和内容以学生在企业接受的实践训练内容为主，考核的目的就是考查学生对所教专业技能和专业知识具体把握的水平，一般由行业内学会承担执行责任；职业资格考试则是针对职业技术学校的学生学习的与技术相关的专业基础知识，内容包含所教每科，考核方式包含笔试题目和口试，由院校组织实施。

(8) 两大类资格证书，即考试资格证书、培训证书和毕业证。考试资格证书一般与学习培训的机构不相干。凡是能够成功通过相对的职业技能培训毕业考试者，都可以得到由产业协会授予的、受世界各国认可的资格证书——技术工人资格证书、商务办事员资格证书等。培训证书和毕业证则是由培训企业和职业技术学校授予的与培训和学习机构相关的学历方面的证书。

(9) 两种经费的具体来源。在企业的培训费全由企业担负，企业除了要承担学习培训设备、器械等花费外，还务必承担学徒在学习培训期内的补贴和实践训练教师的薪水等；职业技术学校的经费则由国家和当地政府来承担，一般是当地政府承担教职员工的薪水和养老保险金等花销，以及教学楼及机器设备的修建安装费用。

(10) 两个学习培训机构各自受两种不同种类法律法规的约束。企业培训受德国的《职业教育法》的约束，职业技术学校同时也要遵照《义务教育法》。

由此可见，德国的"双元制"职业教育在总体的培养目标上是合二为一的，但在实际的教学环节中则是一分为二的，表现出显著的双元特性。"双元制"职业教育最大限度地运用各自的标准和优点，可以帮助学生在实践过程中获得有实用价值的社会经验，通过在学校系统的专业知识学习打下厚实的理论基础，培养敏捷的思维能力，掌握科学的方法，从而很快适应毕业后的工作。

2. 职业教育的技术专业设定

职业教育是否考虑社会发展需求的最为直接的体现便是职业教育的技术专业设定是否与产业布局及社会经济转变相一致。因此，职业教育的技术专业设定应具体体现以下三项基本准则。

（1）企业需求准则：技术专业设定应考虑行业领域内全部企业的广泛规定。

（2）相对稳定准则：技术专业设定应考虑长时间内职业发展的要求。

（3）广泛适应准则：技术专业设定应真正适应较为宽泛的职业领域，具备一定的综合性。

为了从根本上保障技术专业设定的合理性、科学性与稳定性，反映技术专业设定的综合性，德国以科学研究的方式——职业剖析为指导，明确"双元制"的培训职业。职业剖析就是指确定、界定、叙述社会职业所含具体任务及项目作业的科学分析与论证的过程，也是运用行为科学理论把握相关从业者的现场个人行为以及个人行为方法的素材收集全过程。根据职业剖析，一般将一个或数个社会职业归纳为一个职业群，一个职业群匹配一个专业，即德国所指的"培训职业"。这样既能够清晰地掌握任何职业的关键内容，从本质上辨别出支撑该职业的专业知识与专业技能，又可以明确相邻社会职业的专业技能和专业知识的连接点，为社会职业分类及职业群的明确打下了坚实的基础，也为职业教育的技术专业设定提供了一定的依据。

随着科学技术的不断发展，产业布局持续转变，社会职业出现了向综合化发展的趋势，很多传统式的职业逐渐消失，新起的职业、交叉式的职业持续出现，客观上规定职业教育的技术专业设定务必与社会经济发展的趋势相一致。因此，德国政府每过一段时间要重新对培训职业进行相应的界定。1950 年，德国"双元制"职业教育的培训职业为 776 个，到 1994 年已降至 370 个。

"双元制"基础理论课程内容的具体设计是以职业主题活动为中心挑选教

学内容的,并明确了以职业主题活动为中心的阶梯性课程结构。这一构造是一种创建在相对深厚的专业培训基础上的、综合性的、以职业活动为中心的课程结构。横向来看,它重点围绕着职业主题活动这一中心,可以将其综合为相对具体的三门课程——技术专业基础理论、技术专业绘图、技术专业测算,几乎覆盖了技术专业需要的全部基础理论,知识层面广、深浅适当、综合性较强,有益于提升学生综合分析难题和解决困难的实践能力。纵向来看,全部课程内容又都分成基础培训、专业培训和特长培训三个层级,呈阶梯性慢慢升高。不管哪一梯度的培训,三门专业课程自始至终都是紧紧围绕着职业实践活动从泛到精、循序渐进地进行。"双元制"的实践课程设计更是凸显了以职业活动为中心的特性。职业专业技能、职业工作能力的训练与习得是一种典型的社会实践活动,具备显著的过程特性。也是因为这一点,"双元制"实践活动课程内容的编辑与挑选更重视直接的职业工作经验。职业专业技能的训练是根据一系列的产品工件制作来完成的,而每一产品工件都是该职业中实际会遇到的具体的职业活动。这样以职业活动为中心的培训过程能实现提升学生职业专业技能、职业工作能力的目的。一切教学内容只有通过课堂教学活动才可以转换为学生的专业知识与专业技能。以职业能力为本的培养计划必定构建以学生为行为主体的课堂教学活动。因此,自 20 世纪 70 年代至今,德国职业教育界一直在探寻以教师和职业院校学生为行为主体的课堂教学的组织架构与方式。

"双元制"职业教育方式不论是基础知识的讲解还是实践课堂教学,均能体现以学生为行为主体的观念。基础知识的讲解由传统式的讲授法向研讨式、讨论法、小组学习法等变化。实践训练课堂教学由传统式的四环节学习培训法向新项目法、导向性课文法、新项目运用法及学习岛(工作场所学习的一种新形式)等不断过渡。换句话说,课堂教学的组织形式由以教师为管理中心转为了以学生为行为主体。这类以学生为行为主体的课堂教学更改了传统式课堂教学中教师与学生的地位,在教学环节中教师已经不是单纯的专业知识的讲解者、解读者,而是学生学习活动的引导者与咨询者;学生也不再是处于被动地位的接受者,而是积极主动的获得者,其自觉性、主动性获得了充分的发挥。比如,对于某一"新项目",学生能够依据现有的及新获得的专业知识、专业技能和工作经验制订出多个不一样的实施计划,而在这种计划方案的制订与执行中,不但学生的专业能力获得了训练,而且独立工作能力、创新创造能力、与别人协作的工作能力及其综合能力等均获得了全方位的培训和提升。以学生为行为主体的课堂教学在当代职业教育中有着一定的主导性，它重视学生工作能力的塑造，是当代职业教育能力本位观念的必然趋势。

德国"双元制"在当今世界享有盛名，关键是由于其培训产教融合的水准高，而这一高品质的培训也是以客观性、公平性、规范性的考核管理体系为基础的。为了更好地保证考试的客观公正性和不会受到培训学校相对独立性的影响，"双元制"职业教育考试由与培训无直接关联的产业协会组织。产业协会特别设立考试管理协会，该管理协会由雇主协会、工会及职业院校教师三方代表构成，其中雇主和工会的人数大致相同且最少需有一名职业院校的教师，三方的代表务必是所考评职业的权威专家。该管理协会的关键任务是制订或组织制订试卷、监督学生考试及评卷判分。考试由产业协会组织实施，有益于依照《职业培训条例》的考试要求开展，而不是依据哪一个培训组织（企业或职业院校）中所讲解的主要内容开展，这样能更为客观地点评职业教育的培训品质。"双元制"职业教育考试注重统一规范化，同一职业或不一样职业的相同学科的考试在同一时间举办，并依照统一标准得分。因为"双元制"职业教育考试的客观性与公平性，其培训证书不但在德国获得认可，并且在欧盟的部分国家也获得认可。

二、英国的"三明治"模式

英国的波德斯塔和帕特尔在《英国的大学和产业的联系：什么是与产业互动的各种因素》一文中提出，在探讨产教融合的问题时，常常应用的是协作科学研究、依托企业等几类方式。莱特等在《英国大学与产业的联系：知识类型和中介机构的作用》中，从教师的技术把握程度分阶段研究了与企业合作方式的挑选，提出在技术处于初始阶段的情况下应当采用共同研究的方式，处在中级阶段即走向市场的时候要采用协作与授权委托的方式，处在高级阶段即宣传策划环节的时候应当不断加大宣传的力度。

对于英国的产学研合作教育模式，现阶段许多人所熟识的主要是这三大类："三明治教育模式""教学企业方式""沃里克教育模式"。其中，三明治教育是英国发展最开始、影响最为长远的产学研合作教育模式，因此被作为英国产学研合作教育模式的代称。时至今日，英国的三明治教育发展超过了一百年，早已融进了英国高等教育管理体系中，变成英国高等教育必不可少的关键构成部分。本书从历史的视角进行了剖析，对英国三明治教育完整发展史开展了整理和总结。在这个基础上，对"三明治教育"不同发展阶段的特性、关键的现行政策文本及政府部门的定位进行了深层次分析，以求从规章制度和环境建设层面为我国现阶段高速和高质量发展的产学研合作教育提供相关的借鉴。之所以将三明治教育称为"三明治",是对其半工半读、学工更替式课程内容设置的一种较为形象的比喻。三明治教育的演变与发展趋势有一个相对较长的历史时间,能够分成下列多个环节:

(1) 20 世纪初至 50 年代:三明治教育的萌芽期和艰辛发展期。

(2) 20 世纪 60 至 70 年代:三明治教育的迅速发展期。

(3) 20 世纪 80 至 90 年代:三明治教育的完善增长期。

(4) 21 世纪初迄今:三明治教育的兴盛稳定期。

20 世纪初,伴随着社会发展对技术工人的极大需求,英国一部分技术学校开始试着以三明治教育模式开展教学活动。作为极少数院校的单方面个人行为,这类不同于传统式讲解的教育模式在发展之初并没有获得产业界的认可与配合,发展困难重重。直至 20 世纪 50 年代,英国政府建立国家性质的技术教育管理体系,三明治教育才真正开始发展起来。

20 世纪初,英国早已有一部分技术学校开始了对"工读交替"教学方式的探寻,较为有象征性的是桑德兰技术学校(现改名为桑德兰大学)。办校之初,学校管理人员就意识到片面的重视文化知识和传统式教育模式已无法适应社会发展对优秀人才提出的新的要求,提出学生在课程学习时应另外获得一些工作经历。因此,英国首先在机械设备工程学校导入了一种称之为三明治教育的工读交替教学模式,到 1908 年已有 25 家机械专业企业参与该课程设置;到 1910 年,历经更新改造后的晚间课程内容早已能够接受 2 年预科后的技术型专业工作人员。报名参与三明治课程的学生能够在白天工作、晚间学习并进行培训,以获得更高层次的资质评定。但因为社会对该阶段的三明治课程发展认同度较低,学生参与的整体规模相对较小,如 1956 年布鲁内尔大学在应用物理学中设立的三明治课程,第一期只有 9 名学生参与,尽管院校费尽周折营销并推广三明治课程,以求获得企业、学生和社会的认同,但依然进度迟缓。在这样的发展趋势下,1956 年英国政府颁布了《技术教育白皮书》,宣布开始建立"国家技术性教育管理体系"。

《技术教育白皮书》的颁布不但提高了技术学校的影响力,也高度肯定了三明治教育的地位,强调"政府部门坚信,针对技术性教育,三明治教育毫无疑问是非常合适的"。接着于 1959 年 12 月公布的《克罗瑟报告》也对三明治课程提出了非常高的点评,它强调"三明治课程内容将变成 16~18 岁青年人唯一行得通且符合规定的(技术性)教育模式。为了更好地应对这一发展趋势,各产业理应依据本身的规定设置相对的标准"。同一年,三明治课程的学位认证难题获得处理。国家技术性学士学位管理协会宣布将三明治教育列入技术性学士学位的学历教育，这在三明治教育发展历程上是十分关键的里程碑。三明治教育学位认证难题解决后，三明治课程发展快速。1955—1956年，全国各地只有52人报名参与以学士学位为总体目标的三明治课程，到1958年，报名参与三明治课程的学生总数升高至1800人。为保障院校塑造的学生能更接近产业发展规划要求，相关的产业界开始积极地与院校协作，三明治教育经营规模急速扩张。为保障迅速扩大中的三明治教育产教融合的水准，英国政府采用了帮扶加规范的双向对策为其服务。该阶段，英国中小型企业发展快速。早在1958年，英国产业界的相关代表们建立了一个第三方组织"产业链培训管理制度研究会"。但是，这一缺乏政府部门干预的中间组织却显得非常无力，很难实现提前设定好的目标。因此，雇主们只能舍弃以前对政府部门干预的抵触心理，继而由企业家同盟、贸易同盟代表及产业界的相关代表提请英国劳工部向国会提交相关的申诉报告。

报告指出，英国工业正面临严峻的国际挑战。随着英国科学技术的不断进步，熟练技术人员的短缺日益严重，工业专家团队的建设已远远落后于其他国家。该报告产生了深远的影响，并为1964年《产业培训法》的诞生做出了直接贡献。该法案规定在英国成立工业培训委员会和中央培训管理协会。工业培训委员会由一定比例的劳动、管理和教育专家代表组成，它可以从所属系统的行业雇主那里收取营业额的1.5%，用于企业培训活动，并阐明培训设施和建立培训协调机构的相关法律要求。该法案的主要贡献是解决培训费用问题，并且从制度和法律两个层面上解决了一直以来阻碍英国产业界参与三明治教育的困境，它提高了英国企业参与人才培训的热情。此外，三明治教育也得到了中央政府的大力支持。

1965年，英国工程培训管理协会成立。成立后不久，管理协会出版了第一期《信息报》，以促进实现1964年《产业培训法》中列出的目标，并承诺不定时出版更多的《信息报》，为对校企合作感兴趣的企业和组织提供帮助。在随后出版的第三期《信息报》中，该管理协会明确表示，它将为技术学院当中与国家高等证书、学位或者是国家学位管理协会证书相关的三明治课程提供财务支持，并承诺将向企业提供部分资金以保证三明治课程中企业培训期的资金投入，包括内部员工培训和使用企业培训设施的大学生培训，这大大减轻了参与企业培训的学生的财务压力。

1966年1月，英国工程培训管理协会明确列出了企业的补贴标准：当企业在与国家学位管理协会证书相关的三明治课程中培训学生时，在培训的前52周内，每个企业将获得5~6英镑的补贴。在为学生提供与国家高级证书和学位相关的三明治课程方面的培训时，他们可以得到每位学生每周5英镑的补贴，并具体列出了工业培训应具有的四个阶段——基本工作介绍、基础车间培训、技术车间培训以及持续22周的特殊培训，用于规范工业培训管理。基于此，一旦工业培训委员会批准企业的培训，政府将为三明治课程的深入发展提供强有力的经济支持。在英国国家财政部的财政支持和工业用人单位的特殊税收支持下进行培训，形成了"政府-工业"联合投资的资本链。

1972年，英国成立了"三明治教育大学委员会（UCSC）"。该委员会每年通过举办论坛和研讨会来促进大学之间的交流，同时与政府建立工作联系，并为推广三明治教育模式做了很多工作。1976年，英国成立了"三明治教育多科技术学院委员会（PCSC）"。该委员会在多科技术学院中推广三明治教育模式，组织学校交流经验，并就如何为学生找到合适的工作提供了建议和指导。这两个管理协会的工作得到了英国政府就业部人事服务管理协会的大力支持。

1979年，英国成立了"三明治教育与培训教育协会（ASET）"。作为一个全国性组织，该协会每年在学校、雇主和学生之间举行一次交流会议，发行反映三明治教育和培训发展情况的出版物，为学生和雇主进行配对并提供及时有效的供求信息。在政府、工业界和学校的共同努力下，这一时期的三明治教育发展迅速。1964年，参与三明治课程的学生人数达到3000人。到1968年，在被国家学位管理协会认可的机构中参与三明治课程的学生人数达到11000人，这可以说是很有成效的。

1972年，由国家学位管理协会管理的16所学院开设了23门与应用物理相关的课程，其中包括10门三明治课程、4门全日制课程和9门晚间函授课程。在此期间，英国企业的员工接受三明治教育（通常是工程专业）也很普遍。可以看出，三明治教育在当时已经为社会所认可。但同时，英国高等教育部门内部和外部环境的许多变化使三明治教育的发展成为难题。

英国政府针对这一难题已采取了一些措施，如增加投资，以帮助在危机期间顺利进行三明治教育，并成功推动三明治教育进入成熟的发展阶段。进入20世纪80年代后，英国政府实施了大幅削减大学经费的政策。大学必须努力寻求与产业的合作，并在此基础上加强大学与产业之间的联系。在同一时期，英国的人口增长迎来了第二次世界大战后的高峰期。面对大学入学人数激增，原本充满活力的行业无法提供大量的实习工作，但是参与三明治课程的学生总数不断上升，这给学生的就业造成了困难。在颁布了《1988年教育改革法案》和《有限学生贷款计划》白皮书之后，英国的高等教育资助政策由长期实施的"免费加助学金"变为"缴学费上大学,贫困学生贷款,学生以分期的方式定额还款,银行回收相应的贷款",学生学习的经济压力进一步增加。

20世纪90年代,英国经济经历了严重的下滑,这使得学生的就业情况更加糟糕,三明治教育也面临着严峻的挑战。政府投资和吸引更多企业为学生提供就业机会已成为三明治教育发展的重中之重,在这种情况下,英国发布了一系列政府白皮书,从政策取向和资本方面加大对三明治教育的支持。

1981年,《一个新的培训框架:行动项目》催生了"青年培训框架",具体表现为独特的"工学联合"培训模式。在新的框架下,学生将接受两种培训,即实践培训和脱产知识讲授。政府对提供实习职位的企业给予一定的补偿。在实习培训过程中,学员可以进入政府资助的企业进行学习,并获得一定的薪水。1982年,针对企业给予的实习工作不够的难题,英国政府决定为报名参与三明治文化教育的学员提供每星期45~52英镑的补助,而且无论是厚三明治还是薄三明治的课程内容,都一律给予补助,用以安置数量之外的学员补贴。1987年,英国政府在白皮书《高等教育——应付新的挑战》中提出,更合理地服务项目于社会经济,并与工商界创建更密不可分的联系,这也是20世纪最后10年高等教育改革创新的关键总体目标之一。白皮书强调,政府部门以及关键的资助组织将竭尽全力,激励和资助高等学校采取一定的有效措施,使他们与企业界更为贴近。政府部门还将帮助商业界意识到与文化教育的紧密配合对他们更为有益。在1988年公布的《90年代的就业》白皮书中,提议创建一个由本地商业界的各大代表构成的学习培训和商业服务联合会,这从根本上提升了企业对三明治文化教育的参与热情。到1995年,英国有104个学习培训和商业服务联合会。在1991年《高等教育的框架》白皮书中,英国政府进一步提议推动企业参与高等教育试点,致力于根据高等院校与企业之间的合作关系,培养具备劳动者技术性专业知识和企业精神实质的大学毕业生。

另外,英国政府还执行了各种各样的计划,以处理三明治教育带来的就业压力。1987年,英国政府启动了"高等教育创业计划(EHE)",它是政府部门颁布对于学生的双向自主双创教育现行政策的开始,也是对三明治教育的有力补充。该计划致力于塑造学生创业工作能力的可转移性,并规定将与工作中有关的学习培训列入课程当中。在第一批准许递交申请书的20所高职学校中,有14所高校设立了三明治课程。经准许的高校将于每一年获得20万英镑左右的资金方面的资助,总共持续5年。这毫无疑问对三明治教育的进一步发展提供了非常好的促进功效。这种高校早已开始将高等教育创业计划（EHE）与学员在三明治课程中的就业问题紧密结合，为三明治教育的进一步发展开拓了宽阔的空间。

英国政府在20世纪80年代和90年代采用的一系列积极主动对策获得了优良的实际效果。在当时英国经济不景气的状况下，三明治教育不但没有被弱化，反倒出现了进一步的发展趋势。到1990年，英国有30所多科技术性学院、26所高校、49所再次教育学院和16所学院均在开展三明治课程。从1981年到1990年，报名参与三明治课程的学员数量提升了50%。在政府协助产学合作的大趋势下，三明治教育进入了繁荣稳定的时期。它已成为英国职业技术教育最高阶段最常用的人才培养模式，具有高度的社会认可度和国际影响力，是英国吸引国际学生的亮点。

21世纪，为了促进高等教育成为巩固国家竞争力以及社会和经济创新发展的核心单元，英国政府将促进产学界之间更紧密的合作，并将其作为政策制定的重点。为实现以"世界一流技能"为主轴的发展，英国政府提出了高等教育改革计划。教育和技能部在2003年发布的白皮书《高等教育的未来》中指出，教育必须具有高度的灵活性，全日制课程、非全日制课程、三明治课程和远程课程都应包括在内，以此顺应经济社会发展。会议还提出了加强产学合作的具体措施，指出"政府还将出资建立20个'知识交流中心'，以支持和鼓励高校与企业之间的合作"，提出"通过在职培训和产学合作来培养高素质的创新人才"。这些计划的推出呼应了英国政府的改革口号，即"21世纪英国的整体生态资源是其高素质的人才"，体现了政府为加强校企合作，建立"政府、产业和学术界"三位一体的国家创新体系所做的努力，这也为三明治教育留下了广阔的发展空间。现阶段，英国高等职业学校的三明治教育发展非常广泛，英国大多数大学都提供三明治课程供学生选择。

三明治课程可根据入学和教学类型分为以下4种类型：

（1）学生每隔半年接受一次职业技术教育和工作培训。

（2）接受四年制课程的学生将接受两年的正规学校教育和两年的行业培训。

（3）在四年制课程中，安排学生第二或第三年在企业实习。

（4）在年度教学计划中，安排9个月的学校正规教育和3个月的实习，或者进行一年的工业培训，然后是两年的正规教育和一年的工业实习。

在三明治教育的整个发展过程中，它的出现始于技术学院对社会需求的反应。三明治教育已经从个别高校无法识别的行为演变为整个行业的积极响应和参与，从技术学院的特色培训模式发展到各种类型的高职学校一致实施的人才培训模式。在一百多年的历程中，英国政府在三明治教育发展的每个转折点都发挥了重要作用。在发展三明治教育方面，英国政府具有合理的定位，并采取了有效的措施。从指导者和管理者的角度来看，英国政府从宏观层面上坚持"有所为，有所不为"的系统设计理念，并采用"顺时引、逆时推"的规范性监督和鼓励策略，为三明治教育提供法律政策引导、教育费用投入和组织机构协调三重保障，从而为三明治教育的跨世纪的高速和高质量发展营造了良好的制度环境，在助推三明治教育模式快速扩张的同时，保障了三明治教育实施产教融合的水平。

三、美国的"CBE"模式

美国职业教育实施机构主要由综合性质的高中和社区学院两部分组成，社区学院是美国职业教育系统的显著特色。由于美国职业教育的普遍性，美国的职业教育主要由学校或学院之类的公立高等职业学校进行。在美国，雇主参与职业培训的比例一直很低，这与美国职业流动性相对较高有着一定的关联。在美国职业培训领域教授的人才是"宽专多能型"，这与其社会特征相符。它的训练模式主要是"CBE"模式，即"以能力作为基础的教育体系（Competency Based Education，CBE）"。该模式是在第二次世界大战后诞生的，现已在美国和加拿大等北美国家的职业培训中广泛使用，是当今职业培训中比较先进的模式。"CBE"模式的特点之一是相关院校会以职业群需要的职业能力为核心进行人才的培养，实际上这种模式是从根本上坚持开放办学的模式，在培养人才的过程中非常重视学生实践能力的发展，在教学师资方面会加大聘请企业技术相对较高、经验比较丰富的技术型人员来保证教师队伍中实践训练教师的比例，以确保学生实践技能的发展。

基于能力的职业培训（Competency Based Vocational Education，CBVE）是美国高等职业培训的典型模型，其关键是 CBE 理论。简而言之，CBE 理论基于能力的教育和培训的思想框架，重点是能力建设与发展。以 CBE 为核心的能力本位职业教育是一种旨在满足企业需求并着重于实践技能发展的职业培训，它以深入分析职业角色为起点，并为行业和社会提供了使主体能够履行其职责的指导原则，这突出了学生在学习过程中的主导地位，重点是如何让学生真正掌握从事某一项具体职业所必须具备的能力。

1."CBE"模式产生的背景

（1）在第二次世界大战期间，美国出现了实用技能教育。当时，美国渴望生产武器。许多制造商从民用转向军事用途，无法进行军事生产的工人和技术人员必须接受培训。时间短，技能要求严格。"CBE"模式便应运而生。

（2）经济发展需求。在20世纪70年代至80年代，教育部门更多地听取了行业观点，以满足他们对各种类型的工人进行培训和再培训，以适应日趋精确和专业化的分工需求，这引起了很大争议。这些矛盾的出现导致了"CBE"模式的出现。

（3）"CBE"模式的理论基础可以分为三点：一是系统理论和行为科学，研究认为人类的需求、动机、信念、态度和期望在人类行为中起着至关重要的作用；二是美国教育家布鲁姆提出的"有效的教学始于期望的确切目标"；三是教育目标的分类，该目标提出"只要提供恰当的材料，并在进行教学的过程中给予一定的帮助和充足的时间，就有90%的学生可以实现既定目标"。

2. "CBE"模式的特点

（1）在"CBE"模式中，专业能力被视为教育基础、培训目标和评估标准；通过专业分析确定的综合能力为具体的学习科目；根据专业能力分析表中指示的特定能力，培训从易到难进行。

（2）"CBE"模式以相关的能力为培训的基础，也就是说，要以职业能力分析表所具体列出的专项能力为基础，从易到难，按照一定的顺序安排相关的学习计划。

（3）将学生的专业经验和能力作为入学标准。

（4）在实施培训时，"CBE"模式强调学生的自主学习和自我评估。模块化的"学习包"和"学习指南"用于集中设置学习信息室。学生应该遵循学习指南对自己负责，教师则要根据他们的实际情况制订学习计划，并引导学生进行自我评估，最后教师负责对学生进行考核。

（5）"CBE"模式强调灵活多样的教学方法以及长短不一的严格科学的管理课程。该模式随时可以招收不同级别的学生，学生可以自己决定学习方法和时间。例如，全日制、半日制、个人、小组学习、听讲或自学等，每个学生的毕业时间也不同，并且很容易实现小批量、多品种、高水平的产教融合。由于学生的入学水平、学习方式和个性化程度不同，因此需要严格而科学的管理系统，以最大程度地提高教学满意度并真正发挥设备的作用。

3. "CBE"模式的实施

实施"CBE"模式的工作程序如下。

（1）职业分析。

（2）技能分析，是从事特定职业或工作所需的一系列技能（通常由1到

12种综合技能组成），每个"综合能力"都由几种"专业技能"组成，并且是一种特定能力，它包括与专业相关的四个方面：知识、态度、经验和时间。

（3）设置访问条件。

（4）知识任务分析，以明确学习掌握专项能力的知识领域。

（5）制定课程目标。

（6）明确学习任务。

（7）成绩测试，其中第一项是诊断评估，用于检查学习者的入学水平；第二项是形成性评估，用于向学习者提供反馈；第三项是总结性评估，用于检查技能是否已掌握；第四项是测试教材，用于检查教学过程、教师与培训者是否适合。

（8）笔试，以测试学习者对重要思想的掌握程度。

（9）制定学习包和学习材料，学生能够在列出的特定能力的情况下掌握各种技能模块。

（10）试验，基于学生反馈。测试和教学问题，改善学习参考资料，并解决和纠正当前阶段的所有教学问题和困难。

（11）创建一个学习管理系统，学生可以选择时间，根据自己的情况决定和调整学习计划，并以不同的顺序完成学习任务。

（12）根据培训需要确定课程的实施和评估，不断调整课程，修改内容并评估技能内容。

4."CBE"模式与传统职业教育模式的比较

与基于传统学科课程的职业培训相比，"CBE"模式更注重系统、科学的方法，将教学过程视作一个完整的系统，注重输入和输出过程，并及时调整、反馈。美国的高等职业教育模式反映了以学生为本的思想。"CBE"模式强调个性化，以学生为中心，并侧重学习而不是教学。通过教学可以识别学生的个体差异，并为学生提供足够的教学材料、设施和时间。学生可以根据自己的基础和接受能力来组织学习进度，并选择比较适合自己的学习方法。学习内容、学习时间、学习计划、进度和深度因人而异，所以要灵活地掌握它们。

美国高等职业教育模式的教学目的反映了以职业能力为本位的理念。"CBE"模式可以培养专业能力，并且整个教学目标的重点是如何使受过教育的人从事特定的职业。所有必要的技能，即教学的基础知识、学习目标、教学过程、教学策略和评估标准都与专业技能紧密相关。它不仅强调职业技术培训应着重于综合专业技能的发展，而且强调关键能力的培训和与他人合作能力的发展。美国高等职业教育模式的培训集中于实践技能的发展。"CBE"

模式的培训活动基本上在实践培训课中完成，其形式与实践讲习班相似，但其设备和工具符合时代的要求。"CBE"培训着重于实践技能的发展，没有区分理论知识，而是基于服务专业技能和"够用"的原则，其理论知识的程度也取决于所需职位的具体要求。与传统教学相比，仅需删除和压缩过时的理论内容和课程即可节省实践技能的开发时间。美国高等职业教育模式的先决条件是集中于学校内部和外部的教育和培训资源的整合。"CBE"模式在整合教育和培训资源方面的重点取决于其培训目标。"CBE"培训的目的是发展学生的综合专业技能和能力，所以每所职业学校都必须建立实验室、实践工厂（区域）并允许学生进行操作，学生通过训练提升其实际工作的能力。同时，"CBE"模式与相关的业务部门建立了长期稳定的合作关系，为学生提供了参与实际工作的机会，以实现进一步发展学生专业技能的目标。

美国高等职业教育模式的教学方法着眼于师资队伍的建设，并且对高等职业教育教师有严格的资格标准，要求教师具备教育家、专业技术人员和熟练工人所要求的三种素质。同时，对教师的职业技术培训能力提出了更高的要求。教师不仅要执行教学任务，还要具备管理学校、组织开发、与外部培训企业打交道以及与学生沟通的能力。

在"CBE"模式教学中，教师的角色是给予学生有效的指导、判断、建议和评估，要考虑课程的制定，教师从以课堂教学理论的讲解为主到亲自演示、指导和发展学生的能力。教师需要经常进行研究，有自己的实验示范基地，并经常在生产线上为学生提供指导，不断提高他们的实践技能。

四、日本的产学融合模式

当前，大力发展职业培训已成为增强国家竞争力和实现社会稳定的重要国家战略。中国应该充分学习和借鉴先进技术以及世界其他国家的经验，更加开放地融入国际职业培训的改革和发展中。该部分研究旨在分析和讨论日本的职业培训经验以及促进产业发展的措施。

自 1871 年以来，日本进入了现代职业培训阶段，"工学寮"在东京成立。一个多世纪以来，日本的职业培训发展迅速，具有鲜明的特征，并在刺激国民经济方面发挥了重要作用。日本职业教育系统的法律为职业教育提供了相关的法律和规则。1899 年颁布的《实业学校令》是日本第一个职业培训法令。工厂执行法令于 1916 年至 1947 年实施，强调了对工人进行教育和培训的必要性。1947 年日本颁布了《教育基本法》，其中规定了劳工标准和职业培训的目的。同年，颁布了《职业安定法》。1951 年日本颁布了《产业教育振兴法》,这是第二次世界大战后相当全面的日本职业培训法。1958年日本颁布了《职业训练法》,它是实施职业培训的主要法律,其目的是培训工业和其他行业的合格学员,为经济发展创造条件,以实现工作稳定和提高人才水平。此外,日本根据产业结构、经济和社会变化以及职业培训发展的需要,陆续颁布了其他一些相关法律,以确保职业培训的可持续发展。日本的职业培训为适应其产业结构提供了人力和智力支持,并有效地刺激了经济发展。

  第二次世界大战结束时,日本经济遭受重创。1946年,日本第一产业、第二产业和第三产业的份额分别为38.8%、26.3%和34.9%。到了1955年则为38.8%、28.7%和32.5%。尽管在此期间,三大产业的结构没有发生显著变化,但随着整体经济的快速增长和生产的扩大,行业对技术人员的需求已大大增加。1956年日本已经开始对产业结构进行调整,第一产业的份额一直下降,到1989年降至2.9%;第二产业的份额迅速增加,1989年达到39.2%;第三产业的份额逐渐增加,直到1983年,上升至60.8%。经济的发展和变化对职业培训提出了新的要求。

  20世纪50年代中期至70年代中期,第一产业的职业高等教育学生人数没有实质性变化,而第二、三产业的学生人数持续增长。在此期间,日本的职业培训很好地适应了工业发展的变化,并且满足了由于经济的快速增长而形成的对人才的大量需求。

  20世纪初期,日本的职业培训形式主要是学校教育,包括徒弟学校、实业学校、工业实践学校、专修学校、实业专科学校等。当时,有500多家职业学校共75000名学生,这为日本工业的发展提供了技术人员支持。20世纪70年代的全球石油危机给日本重化工业带来了沉重打击。20世纪80年代,日本工业进入了结构调整的新阶段,其经济发展战略是建立一个技术型国家,并逐步将工业从重化工、汽车制造业转型为金融、电子通信、生物工程、医学和医疗保健以及新能源等行业。因此,各职业培训学校也开始逐步开设相关专业。

  日本将最初的综合学科划分为几个小学科,如将商业学科划分为管理学科、商业学科、信息处理学科、秘书学科、营业学科和贸易学科。1966年至1978年,学科类型从218种增加到251种,仅工业就达到117种。职业培训的新专业从1985年的67种增加到1991年的247种,旧专业的数量从1980年的88个增加到1991年的230个。日本的职业学校主要是私立学校,通常只有不到800名学生,但是由于就读学校的灵活性和多样性、课程的实用性和针对性以及严格的学术精神,教育出来的学生与当地产业的发展相契合,为相

第二章 国内外产教融合的发展现状

关行业输送了迫切需要的各种专业人才。

日本的职业培训办学主体呈现出了多样化的特点,除职业学校外,企业还非常重视根据其需要进行职业培训。日本的《职业能力开发促进法》规定,企业必须积极支持自发性和计划性的人才培养。日本企业在实施员工职业培训方面投入了大量资金。2008年,日本的雇佣能力开发研讨会对教育培训市场资金投入进行了推算,总计当年投入了17.5亿日元。其中企业投资8800亿日元,占总资金的50.3%,比财政投资多40%,比个人投资多10%。企业规划员工的职业生涯,并支持员工参与各种专业培训,以提高他们的生产技能和管理水平。这种企业职业培训是企业和行业需求驱动的职业培训的一种模式,极大地提高了日本的社会劳动生产率,并刺激了日本的经济发展。产学合作是日本职业培训的典型特征。日本使用这种方法开发了许多高级实用人力资源,这些人力资源在经济复苏中发挥了重要作用。日本发布的《大学等技术转化促进法》详细规定了如何将高职院校的研究成果向企业转化,以推动日本产业结构的调整。

日本企业与学校积极合作,以获取必要的技术人才和研究服务;职业学校加强与企业的联系,以提高就业率并提供良好的培训。最终,这在雇主和大学之间建立了互惠互利的良好合作关系。产业界和学校也在全力合作进行人员培训。一方面,企业向学生提供奖学金,学生在毕业以后需要到企业工作,而企业也给予员工到学校参与培训的机会,然后再回到企业工作;另一方面,企业职员可以在学校工作,进行讲学或者给予实验方面的指导,学校教师还担任相关企业职位,为企业发展提供智力支持。另外,日本还设立了学术促进基金、研究补助金等,为产学合作项目提供一些资金。学校可以接受企业的订单,也可以与企业进行相关的项目研究工作,这样可以快速地传输研究结果,并将其转化为生产力。日本通过建立同等的职业培训和通识教育发展体系,大大提高了职业培训的地位。同时,日本还是世界上较早提倡终身学习概念的国家之一,其重点是离开校园进入社会后的教育和培训,如通过企业支持的职业培训、社区支持的职业培训、通识教育、自发学习会议或研究会等更新知识和技能,此类职业培训通常由企业提供。从初始培训到晋升培训,它分为不同的级别,以确保员工的综合素质不断提高并适应新技术的应用和企业发展的要求。

1995年,东京都教育委员会于第19届会议发表了《关于在终身学习社会期待的职业教育》的咨询报告,并提出了要建立终身学习社会,将走上社会之后的学习作为人生的重要环节。这一系列法律法规和权威报告有效地促进了终身职业培训概念的普及。此外，日本还通过职业资格证书制度来提高职业培训的社会地位，并鼓励发展终身职业培训。

第二节 国外产教融合发展的经验借鉴

通过分析上述经济发达国家中学校与企业之间的合作模式，政府、企业和大学已成为一个坚实的铁三角，各国根据国情建立具有国家特色的人力资源培训实用模型。在我国实施生产和教育一体化的背景下，这种成功的经验非常重要，对我国人力资源的实际培训具有指导性意义。

国外在探索与发展校企合作理论的时候研究并发现了产教融合的理论，实际上产教融合是校企合作的进一步深化。国外相关研究人员从不同角度对校企合作进行了相关研究。最初，通过研究经济学领域的创新理论提出了校企合作的概念。熊彼特在其《经济发展理论》中提出了这一观点，该理论首先提出了校企合作的概念。《滑铁卢大学提高教育与职业服务的经验》指出，滑铁卢大学在学校和企业合作教育方面处于加拿大领先地位。经过多年的发展，加拿大已经开发出一种成熟的校企合作模式，使企业、高校和学生能够共同有效地参与。

20世纪80年代后期，美国经济学家甘地首次使用数理分析法对校企合作行为和过程进行了全面的分析和描述，这标志着校企合作研究分析的系统性阶段已经到来。从那时起，外国学者就在不同时间系统地研究了产业、学校和企业之间的协作关系。阿特朗将校企合作分为六类：一般性质的研发与资助、研发合作、研发中心、校企合作发展联盟、大学的行业协调单位、创业孵化中心和科学园。教科文组织提出的UNISPAR计划（即大学、企业、科研院所合作计划）是在世界范围内促进和实施校企合作的主要动力。国际经济合作与发展组织于1998年总结了校企合作关系的主要类型，即辅助一般性研究、非正式研究合作、合同研究、知识转让和培训计划、政府资助的合作研究计划、合作社和合作研究中心，并对此进行了具体的描述及分析。以托宾和盖洛特为代表的研究人员从宏观系统的角度研究了校企合作的具体形式，并分析了不同机构环境下合作的具体内容。贝蒂特和费舍尔运用现代制造商理论，从很小的项目层面研究了在不完全的市场环境中协作项目的最佳制度结构。古尔布兰德森对产学合作的好处进行了研究，通过对挪威的深入研究与分析得出的结论是，如果大学讲师与企业的科学技术人员合作进行研究，则将更容易宣传他们的研究成果并更好地服务于市场,在为服务企业的发展做出贡献的同时,研究成果也比以前更加丰富。

一、政府的主导保障了校企合作的有效开展

从各国校企合作的发展可以清楚地看到,政府在校企合作方面的积极指导对校企合作的发展至关重要。在这一过程中,外国政府采取了更加务实的态度与举措,积极宣传并推广校企合作的重要性和意义,各级政府部门相互配合,以减少对校企合作的抵制。在政府的不断努力下,校企合作得到了公众的认可和赞赏,校企合作的方向也更加明确。政府部门制订和完善了各种发展计划、政策和法规,以促进学校和企业生产与教育的融合。

为了确保校企合作的水平和有效性,政府加大了基础设施建设,逐步形成了由政府首脑、企业、研究机构和其他大学的负责人共同研发的产业体系。政府不仅高度重视发展规划,而且高度重视科学合理规划的研究与开发以及校企合作项目的评估和管理。目前,我国校企合作也比较欠缺这一方面的内容。

二、健全的法律制度保障了校企合作的育人环境

这些国家制定了符合国情的政策法规,通过多年的理论积累和实践总结以及自身的发展,促进了校企合作的发展,而且做到了从国家层面不断健全法制保护机制。这样一来,在校企合作不断进步的过程中,就真正做到了有法可依、有章可循,保证了双方的合法利益,为校企合作提供了良好的发展环境,规范和指导了校企合作的健康发展。在校企合作的同时,市场经济发展日新月异,整个社会也在高速发展,这就导致不可避免的矛盾始终存在。强有力的法律框架和严格的执法消除了参与校企合作的各方的担忧,能够使学校和企业全力投入到实际的合作当中,从根本上提高了各方的积极性与主动性。但在我国,校企合作的相关政策法规几乎没有,这就限制了我国校企合作的健康且快速的发展。

三、合作模式的因地制宜促进了校企产教融合

复制经济发达国家的成功模式并不能帮助我国实现经济的快速增长,主要原因是每个国家都有自己的基本国情,每个国家都有自己的社会经济特征。只有以本国的国情和社会经济特点为基础,制定符合该国发展法律的政策,才能够促进该国经济的快速可持续发展,校企合作模式也是如此。德国、英

国、美国等国家并没有将思路局限在某一种成功的校企合作模式上，而是不断创新，以此适应本国的实际情况与当地条件。选择适合本国国情和社会经济特点的校企合作模式，认真发挥合作伙伴各自的优势，不仅能够保障各方的利益，实现资源共享和增值，还能够确保校企合作的质量与效果，从本质上推动产教融合的发展。

四、校企的深度对接促进了产教融合的良性循环

通过分析上述国家校企合作模式可以看出，在整个校企合作中，学校从最初的职业培训、人才培养目标的制定到教师的培养、课程的布局和教学条件的建设，一方面创造条件主动走向市场并进行调研，另一方面行业企业的充分参与确保了学校在学科专业设置方面与市场紧密联系，真正实现了课程内容与行业标准的对接，从而促进了与教学、与企业生产过程的对接。校企合作的深入融合不仅促进了产教融合的进一步发展，而且促进了校企合作的良性进步，从而有效地促进了各国产教融合的进程。

第三节　我国高校产教融合发展现状

职业教育与产业之间的联系是平行的——它们之间的关系不仅是对产业细化的需求，而且是产业细化逐渐向专业化进程发展的必然结果。产业的细化在很大程度上促进了职业培训作为一种独立的教育形式的出现，并提高了职业培训的效率。但是，非常专业化的分工在某种程度上也切断了教育与产业之间的自然联系，职业教育者与产业环境逐渐分离开来，并且越来越远。要想缩小两者之间的距离，让它们在新的发展阶段重获新生，将不可避免地需要社会力量的支持，尤其是政府和有关部门的支持，这将成为必不可少的关键支持力量。但是，当前有一些政策在促进产教融合融入职业教育方面并没有发挥实际效果，不管是学校和企业之间的宏观合作或者微观的工作和学习的结合都没有取得理想的结果。这表明，整理并研究现有政策的历史变化情况、分析政策背景和存在的问题对于完善产教融合的政策支持系统至关重要。

"产"是"产业"的缩写。在传统意义上，产业主要是指经济社会物质的生产部门。随着产业的细化和生产力的不断发展，行业的内涵不断丰富，规模也在不断扩大。这时，产业指的就是利益方面的相互联系与具备不同分工的各个具体行业所组成的业态的总称，泛指所有生产物质产品并提供劳务活动的集合性合作组织。

"教"是指"教育"，在本书特指职业培训，具体指的是通过将人类产业细化提高到一定水平以适应社会再生产和发展而建立的独立单位，它能够满足行业对专业化人才的具体要求，其实质目的是为各行各业培养必要的人才。

所谓的融合实际上指的就是将两种或者多种不同的事物融合为一体，具体指相关事物之间发生质的变化并形成新鲜的事物，这种新鲜的事物不管是形式还是内容都与原有的事物不同，产教融合水准的提升与改变正是在此基础上进行的。"产教融合"是指职业培训、物资生产、社会服务等行业共同开展生产、服务和教育活动，形成与单纯的教育和产业不同的组织结构。该组织的基础是从事教育、物质生产或社会服务活动，并为工业部门提供合格和成熟的人才。这与通过学校与企业之间的协作在雇主和大学之间分配权力、责任和利益不同，而是产生了一个不同于学校或者企业功能的新的组织。这个新的组织承担着使学校毕业生顺利转职并胜任工作的重要任务，是学校与行业之间的有效桥梁，在此基础上制定适当的政策对促进产教融合的进步至关重要。

一、关于产教融合的相关法律法规

职业教育与培训属于社会公益事业的范畴。政府是最大的受益者，产业是社会主义市场经济的重要组成部分，市场既是经济发展的驱动力又是受益者。因此，职业教育政策的变化受政府和市场双重管制的影响，形成了两个主要范式，即国家本位与市场本位的政策范式。从新的制度经济学的角度来看，"规则的更新换代是创新主体在一定的目标基础上进行制度重新安排与对制度结构的再次调整，是用社会效率更高的系统代替效率低下的系统"。更新规则的目的是提高系统效益，并为推动制度更新的人带来最大的收益。因此，产教融合相关政策的变迁旨在最大程度地提高产业和职业教育的收益。

1. 《中华人民共和国职业教育法》颁布前与国家本位的政策范式

1978年至1996年，中国的职业培训经历了恢复、发展和停滞的过程。从现代职业教育与培训体系的构成来看，这一时期可归因于在中国职业教育与培训的发展初期，国家政策的主要目的是促进中等职业教育的市场化。1978年之后，政府出台了相关文件，并在《关于中等教育结构改革的报告》阐明了中等职业学校的发展方式，即对普通高中与中等职业教育进行改办，也正是在此基础上，职业教育与培训得到了一定程度的恢复与发展。

自 1983 年以来，中央财政已安排数亿元用于职业培训补助，尤其从 2012 年来投入更是逐年大幅度增加。一直以来，政府是职业教育的重要决策者和推动者，旨在树立职业教育的法律地位，吸收办学的资源，并将毕业生推向市场，以服务国家的经济和社会发展，具备较强的计划培训的特性。国家和政府主导的政策曾经在将产教融合融入职业培训方面取得了可喜的成果。例如，中等职业教育的学生人数持续增加，1996 年总人数为 1889100 人，毕业生和雇主的要求非常吻合，受到了市场的热烈欢迎，甚至出现了提前预订和争夺的情况。但是，根据国家政策，职业培训在很大程度上依赖于政府。由于政府政策和相关改革的落后，职业教育的发展在 20 世纪 90 年代后期开始停滞甚至下降，学习者的数量持续下滑。1998 年，中国大约有 2200 所中等职业学校，不包括普通中学的 1200 名学生，其他几种类型学校的平均规模只有 500 名学生。职业教育与行业之间的联系越来越弱，职业教育的发展陷入了前所未有的困境。

2.《中华人民共和国职业教育法》颁布后与国家本位的政策范式

为了更好地突破职业教育中出现的窘境，从本质上推动职业教育的发展与进步，1996 年施行了《中华人民共和国职业教育法》（以下简称《职业教育法》）。为了更好地贯彻实施此项法律法规，教育部后期又公布了《有关执行〈职业教育法〉加速发展职业教育的实施意见》，为了更好地落实产教融合，部署有关的工作目标。紧接着颁发的相关文件能够具体体现出产教融合工作的开展，如在 2002 年颁发的《国务院关于大力推进职业教育改革与发展的决定》中提议，企业应提升与职业技术学校的协作，还要以企业为基础进行职业教育。2010 年颁发的《国家中长期教育改革和发展规划纲要（2010—2020 年）》明确提出了校企合作的有关法律法规，以推动校企合作系统化。2014 年颁发的《国务院关于加快发展现代职业教育的决定》提出"深化产教融合和校企合作"，这是产教融合的相关要求首次在国家层面的文件中出现，是对产教融合的具体要求的提升与进步。

从产教关系的发展过程中，我们看到了国家对行业和企业参与职业培训的要求以及他们在职业培训活动中的角色变化。这不仅为行业提出了参与职业培训的建议，而且阐明了行业在职业培训发展中的地位和作用。这些文件完善了"产业参与职业培训的宏观层次（生产与教育的融合）、中观层次（校企合作）和微观层次（工学结合）的要求"，极大地推动了高等职业教育培训的发展，最终形成中等、高等职业教育并行的良好发展趋势。但是这些文件不是与《职业教育法》相匹配的二级法律文件，它们的权威性和稳定性是有限的，对于产业部门参与职业教育的相关行为没有相应的约束力，也并未清晰地认识到政府应该发挥自身的主导作用，并且对于参与者之间职责分工不明确，这意味着职业教育部门和行业部门对如何处理产教融合的相关事务没有明确的依据，政策实施的效果并不明显，国家政策的失灵较为普遍。总的来说，产教融合缺乏良好的基础。

3.《中华人民共和国高等教育法》与市场本位的政策范式

作为经济结构改革创新和发展的一部分，高等院校整治体系和方式的改革创新及其体系的确保已纳入议程安排。1993年公布的《中国高等教育改革创新与发展计划》确立说明高等院校要真实变成可以面向全国、独立办校的法定代表人实体。这一总体目标的明确提出也意味着高等教育现行政策从国家到市场的发展。1998年，伴随着《中华人民共和国高等教育法》的施行，市场本位的现行政策宣布建立。高等教育的管理方法已从中央政府迁移到地区，有着独立办校权利的高等教育慢慢扩张，这也代表着高等教育系统的内部自然环境发生了一定的转变。伴随着市场整治实体模型的发展，政府部门的文化教育职责相对降低，高等教育项目投资也逐渐降低，院校与政府部门、工商界中间的关联也发生了重大转变。

2006年，依据《国务院关于大力发展职业教育的决定》的有关部署，为了更好地在全国各地范畴内创建高等职业院校的改革创新与发展示范的典型代表，推动高等职业教育与经济和社会发展的紧密联系，提升高等职业文化教育的生产制造教育水准，持续促进高等职业文化教育的身心健康发展，国务院办公厅已决策执行国家示范高等职业院校基本建设计划。该计划致力于资源整合、改革创新和与时俱进的体制，按照以地方为主导、中央为引导，突出相关重点，进行协调发展的相关原则，同时兼顾地区、产业、办学等多种因素的影响，选择100所定位准确、办学条件较好、社会声誉较高且产学结合较为紧密、制度环境好、成绩优秀且辐射性较强的职业院校，给予重点支持，并不断完善这一系列的政策，从而推动工学结合的重点学科的发展，通过以点带面的方式引导全国的高等职业院校达成教学改革的认识。

通过该项目，许多高等职业院校在创新人才培养模式、专兼结合课程小组建设、服务社区、服务地方、服务企业和学校特色以及加快职业教育改革等方面取得了优异的成绩。在这样的背景下，高等职业院校的实力、教学产教融合的水准、管理水平和学校管理效率得到提高。一大批重点性的专业应运而生，并制订了专业人才培训计划，将全国各地的重点行业聚集在一起，有效地促进了省级示范和工业示范等一群具有卓越专业特色的高等专业学院脱颖而出。这些院校着重于国家和地区发展战略，将目光聚焦于建设实体经济，在促进战略性新兴产业和先进制造业的健康发展、加速传统产业的转型和发展等方面提供了相关的技术人才，发挥了必不可少的作用，同时带领高等职业教育走上了与普通大学不同的路，展示出了前所未有的生机与活力。

联合国教科文组织产学合作组织主席查建中教授对我国示范性高等职业院校建设项目为实现高等职业教育改革带来的好处表示赞赏，并用六个标志描述了示范性高等职业院校建设项目的示范意义，包括逐步成熟的面向工作场所的模型、不断深化的产学合作的关系、两师课程的理念和机制、紧跟市场的概念和框架、对工作场所中层人才的理解和感知以及服务业的企业意识。中央政府的专项投资基金对该项目的实施产生了重大的激励作用，地方财政真正认识到了发展高等职业教育的重要性。每个学生的预算拨款水平已显著提高，示范高职建设院校基本实现了与本科院校生均财政投入水平大体相当的建设目标，为教育部、财政部《关于建立完善以改革和绩效为导向的生均拨款制度加快发展现代高等职业教育的意见》明确规定2017年各地公办高等职业院校年生均财政拨款水平应当不低于1.2万元，为产教融合的深度发展奠定了实践基础和政策依据。

正是基于产教融合的工学结合人才培养模式的变革，改变了高等职业院校的人才培养观念，提高了高等职业院校专业教学的产教融合的水平，提高了高等职业院校毕业生的就业创业能力，也提高了高等职业院校在教育领域及其在全社会的地位。近几年，一批高等职业院校校长（书记）先后调到应用型本科院校担任党委书记或校长，这也从侧面反映了社会对高等职业院校发展成效的认可。

2015年教育部发布了《高等职业教育创新发展行动计划（2015—2018年）》（以下简称《行动计划》），以着手建设高品质的高职院校。这是高职论坛总结重要的"十二五"规划的经验，确定"十三五"规划改革任务，指导和鼓励高等职业院校形成和实施"十三五"规划的重要行动指南。在颁布的《国民经济和社会发展第十三个五年规划纲要》中，"促进职业教育中生产和教育的融合"被视为教育现代化的一项重要任务，并呼吁建立一种将生产与教育以及校企合作一体化的人才模型，以此提高专业课程内容、教学方法与实践知识的转移和整合，从本质上体现我国的思想和意愿的引导和机制安排。只有发展与该领域的技术进步、生产方法和公共服务的变化以及生产与教育的深度融合相适应，职业培训才可以为社会提供适合工业发展的高质量人力资源，并可以不断为国家和社会创造人才红利。创建高质量学院和大学的先决条件是"正确的学校定位、卓越的专业素养、强大的社会服务能力、领先的办学水平、与当地经济和社会发展需求的高度兼容以及卓越的工业实力",主要建设任务为"深化教育教学改革体制,提高技术创新服务的机会,培养杰出的技术人才,提高工业和企业中专业教师和毕业生的影响力,增加学校对工业发展的贡献并达到更高的国际水平",这也是高质量的院校建设对产教融合提出的更高层次的要求。

二、我国产教融合发展的新趋势

当今,伴随着我国示范性(关键)高职院校的基本建设,我国的高等职业院校早已打造了很多具备产教融合的优势专业,已变成面向全球、中国一流的高品质专业。例如,根据深圳职业技术大学与华为技术有限公司的合作,大中型通信技术企业早已在当今世界处在领先水平。在20位专业教师中,有2位专家教授、14位副教授和7位博士研究生,一共45人报名参与了华为专业技术培训并得到资格证书。2008年,第一所华为合作授权的培训学校在中国创立并完工。在高等职业学校中,华为互联网技术学院出示IP数据信息,互联网和移动课程内容具备显著的产业链优势;在学校的学生中出现了全球高等院校第一位华为光传送验证权威专家,有15名学生获得了华为路由和互换顶尖资格证书(HCIE),超过150名学生成功完成了华为HCNA、HCNP认证。作为华为最高认证水平,HCIE在世界各国高校中处于领先地位。

再例如,湖南铁道职业技术学院紧跟中国中车逐渐面向世界,其高速EPS技术在世界各国具备关键优势。在铁道车辆技术专业中,万人计划的国家级教师有1名、国家级优秀教师有1名,在中国中车及其他企业担任技术顾问的教师有6名,他们领导开发了具有国内外先进技术的综合铁路培训中心,2014—2016年与中国中车开展了9个项目研究和16个技术服务项目,在2016年全国铁路系统EPS技能比赛、车辆技术技能比赛和汽车检查员技术技能比赛的3项比赛中均获得第一名。

又例如,上海出版印刷高等专科学校的印刷媒体技术在国内外也比较有优势。在该专业的15位专业教师中,有2位高级技术人员、2位教授、6位副教授和5位博士;国际印刷标准组织公认的专家有5人、国家级别裁判员有7人,其中包括中国世界技能大赛的唯一1名国际法官和1名国际比赛教练;完成了3个有关印刷媒体技术的国家专业标准的撰写;有2名学生分别在第42届和第43届世界技能比赛中获得了印刷媒体技术项目的第二名和第三名;2019—2021年,共有55名学生在全国一流比赛中获奖,获奖者的数量和程度在全国同类高等专业院校中遥遥领先。

1. 高等职业院校学科和专业设置改革

许多学校将企业管理从工商管理中分离出来，成为独立的教育学科。同时，行业部门和企业组织在职业培训发展中的作用也被削弱，行业定位和企业参与职业培训的比例下降，生产和教育一体化的良好势头没有得到进一步发展，职业培训的市场认可度正在逐步下降。

在《中华人民共和国高等教育法》的实施过程中，市场管理结构被引入高等教育系统。所有学校都需要从市场上获取学校所需的资源，特别是随着其他高等教育机构不断提高自身实力，职业培训的生存和发展空间被挤出教育系统并逐渐缩小。此外，学校的职业培训薄弱、社会地位不高，职业教育体系缺乏全面的发展道路，社会认可度进一步下降。在市场竞争中，它总是处于不利地位，无法从政府和行业部门获得有效的政策支持，生产与教育之间缺乏有效的桥梁，生产与教育的融合不顺畅。

产教融合是高等职业教育为当地的社会经济发展服务的基本要求，是学校与区域内相关行业和企业之间在员工培训、技术研发和成果转换之间的紧密合作、相互支持和相互鼓励，是使学校成为集人才培养、科学研究与服务为一体的经营实体，同时形成了学校与企业一体化的办学模式。产教融合中的"产"可以理解为"生产"或"学习做"，是实践培训的重要形式；"教"是指教育和培训，通常是指实际的培训活动和内容；"融合"意味着消费者互动的需求，是"生产学习"与"学习生产""生产教学"与"教学生产"的有机结合，这是理论与实践相结合的关键要求。"产"与"教"相互融合的前提是"产"与"教"之间要存在一定的内在联系，在职业教育中具体体现为专业性与生产性、专业核心能力与生产技术相关联，这也是对"产"与"教"内容及根本方向的明确规定。同样，学校与企业的合作也应从三个角度考虑：学校为企业服务的能力、企业的教育和学习能力以及学生的专业发展能力。

国家教育部门导向的政策范式曾经促进了职业教育的恢复和发展，以及生产与教育一体化的发展。随着建立以市场为基础的政策范式，高等教育进入市场，职业培训被推到教育系统之外。在此压力下，对工业部门职业培训的认识正在逐渐下降，由于缺乏生产和教育之间的有效联系，生产与教育之间的结合出现了严重的问题。鉴于发展现代职业培训体系的历史需求，与产教融合有关的政策问题已重新出现，并已成为政府、学术界、教育和工业界共同关注的重要问题。产教融合有助于满足区域产业的人力资源开发需求。

高校根据企业的需求,为其培养和输送专业化的人才,满足了不同企业对产教融合的不同要求。同时,企业以较低的成本获得了足够的人力资源,从根本上实现了企业成本的节约。学生所进行的职业实践活动可以降低企业的生产成本,并提高企业的社会竞争力。生产与教育的融合激发了学生的学习兴趣,真正实现了学习与工作的融合。

产教融合有助于动态识别和调整高校的专业设置。高校要根据当地的行业和企业发展趋势以及人才需求状况,调整专业设置和人才培养目标,并说明人才培养标准。这一目标的确立有助于探索人才培养模式,改革人才培养方法和技术,开发适应产教融合的职业课程,系统地提升人才培养水平、产教融合水准和未来人才素质。高等学校邀请一线企业专家参与课程,模拟真实的企业环境,培训学生完成企业的实际工作任务,根据企业产教融合管理的要求评估学生,这将加强专业的社会适应程度并帮助学校培养人才,以满足行业和企业需求。

通过产教融合,学生在教师的指导下将所学的理论知识运用到实际工作中,不仅加深了对理论知识的理解,而且增强了实践能力和解决实际问题的能力。在毕业之前,学生就可以掌握工作中的相关技能,这更有助于提高学生的技术水平和就业能力,人才培养在工作中具备一定的针对性。

2. "双师型教师"是当下产教融合产生的新现象

产教融合非常有利于培养"双师型教师"。高校的专业结构与产业结构紧密相连,经济结构与产业结构的调整和更新将影响对劳动力资源的需求,劳动力资源的变化将进一步影响高校专业结构的变化。专业是高校连接社会、服务社会的基本单位,科学地规划和优化专业布局是高校发展的基础,也是高校产教融合的基础。高校要实现产教融合,在专业设置上,就必须以产业结构为蓝本,准确把握专业的规模、结构与区域经济发展路径的匹配程度,提高专业设置的针对性和科学性;与产业需求相对接,以产业需求状况分析报告、就业率、订单人数和新生报到率为主要依据,控制专业数量,优化专业结构;根据区域内产业的发展状况和趋势,合理定位自己的专业范围和服务行业,从市场的多元需要出发,找到自己的发展定位和生存空间,避免与区域内其他院校重合,实现专业的错位发展;设置有市场需求和发展前景的专业,及时调整没有市场需求、过时的专业,充分实现课程内容与职业标准相对接,提升教学内容的针对性。

通过将行业与教育相结合,教师不仅负责在知识层面上讲解和解决难题,而且还负责理解企业文化,学习新知识,理解和掌握新技术。区域性大学与工商业之间的合作可以帮助专业教师更深入地研究企业，了解最新的设备、技术和相关的工艺，参与企业技术产品的研发和转化相关的技术成果并提高教师的实践技能。在教学过程中，教师可以将在企业获得的新知识添加到教学内容中，以提高教学的针对性和有效性。

职业培训的目的是为经济和社会发展以及人类的全面发展服务。通过在职业环境和行业需求、课程内容和职业标准、教学过程和生产过程之间建立有效的联系，可以实现校企合作，提高学生的实践能力和适应特定职位的能力以及就业竞争力。充分了解专业环境与行业需求之间的联系可以提高人才培训的效率。专业标准是基于相关职业的分类，考虑到具体职业的内容（工作的类型），对从事相关职业的人员工作能力水平的规范要求，是从业人员从事专业活动、接受职业教育和培训、评估专业技能、相关的企业录用和使用相关人员的主要依据。不同职业的具体标准也是大学制定课程目标和选择课程内容的重要基础。教学过程与生产过程之间的联系是打破将理论与实践分开的课程模型。大学和企业共同开发模块化的课程系统，以"基于行动"的教学方法实施基于项目的教学，并在专业实践的背景下进行扩展。学习过程结合了学习和参与，教学情境的构建以及教学过程的设计基于企业实际生产过程的发展，使学生能够通过完成典型产品，建立任务与知识、技能和态度之间的联系来学习相关的理论知识，从本质上激发学生对学习的兴趣，并为学生提供参与生产的机会，强化其适应社会发展的能力。

3. 高校课程内容改革

如果高等职业院校要使课程的具体内容与相关的标准具有一致性，则必须根据对执行工作任务所需的专业标准和质量要求的分析做出有针对性地选择，以使课程内容切合实际、实用且具有一定的针对性，从而为学生的发展奠定坚实的基础。内容开发应遵循技能开发和学生认知的规律，从简单到复杂，从具体到抽象，从个人技能开发到综合技能开发，并将工作所需的专业标准和技术能力纳入相关课程。避免简单地将专业标准解释为实践技能和操作技能，而应着重于在相关岗位的具体情境下培养学生的全部专业技能，以便学生可以及时做出决定并在复杂的工作流程中采取正确的行动，充分了解培训过程与生产过程之间的关系，提高就业适应性。通过加强内涵建设，提高高等职业院校核心竞争力。产教融合的重要性日益凸显，产教融合的具体程度已成为评估高校水平和内涵发展的关键要素。

在此基础上，加深对工业和教育融合概念的理解，改善治理体系和模型保障，并与商业中心、工业园区和其他园区合作开发多样化的工业和教育融合模型,从而使生产和教育进行有效融合,这也是大多高校必须要解决的问题。想实现多元形态的产教联合体,就要真正发挥政府的协调作用。构建教学过程和生产过程之间关系的关键是项目设计必须与学生的实际水平和教学需求相匹配,并确保学生清楚地学习课程标准中规定的任务、知识和技能;必须尽可能真实地模拟企业的生产特征(如环境、流程、管理风格和企业文化),反映生产场所的特征、气氛和组织形式。

高等职业院校要创新和完善政府指导、校企互动、产业协调等产学结合的动力机制、调控机制、保障机制、激励机制和考核体系,建立教学生产共识,即技术资源共享、课程体系共建、专业团队共建、学校与企业利益共赢,以共赢的综合目标吸引企业积极参与学校办学方向等重大问题的决策,加强产学结合的规范化管理,形成以学生满意度、企业满意度、学校满意度、社会满意度为标准的评价体系。工业和教育的融合是一种"有利可图"的合作关系,必须认真处理公共福利与市场、服务与效率、合作与竞争之间的关系。建立多元化的产学结合模式,实现集约化的人才培养。其人才培养模式可以有以下几种:一是高等职业院校以专业或专业团体为主体,开展与多个行业和企业相对应的点对点合作,这是一种将工业与教育相结合的有效方法,对于中小企业聚集地区的本地大学尤其重要。二是特定区域内某个行业领域的多家企业与高等职业院校内的特定专业或者专业群展开相应的合作,并形成具有共同目标的合作平台,从而使学校成为区域产业发展的人才库。三是高等职业院校内部的跨专业群体和跨行业群体与具有该地区领先产业链的国际战略发展优势的龙头企业合作,吸引更多的产业链参与该平台的跨行业和跨专业的合作,通过一站式培养人才,实现各种人才的流通。

在高等职业教育发展的紧要关头,高等职业院校应抓住机会深化教育和培训改革,考虑当地经济和社会发展与趋势,采取主动与工商业合作的方式,使专业环境适应市场需求和学科发展的各个方面,并实行产教融合,加强学生的社会适应能力,最终培养出真正满足社会经济发展需要的高素质技术人才。

另外,必须建立长期的发展框架,以发展"资源共享、增值、互惠互利和全人类受益"的制度,在合作伙伴之间保持合理的分配和利益平衡,以激发协同作用并使其处于压力、互信和真诚的合作与教育之中。依靠创业中心、工业园区和其他园区,鼓励人才培训和社会服务同时转型。大学应根据区域经济发展的特点,了解当地的发展趋势,并根据当地的经济和社会发展需要,加强与商业中心、工业园区等多层次、多方面的合作,进行培训并组织订单,同时合力开办相关的专业，建设用于就业前实习活动的基地和二级学院；学校的教师和企业技术人员可以一起成立课程团队来探索产品教学，将科学技术项目引入教学过程，实施基于项目的学习，并形成一个专业的核心课程体系。基于教育服务理念，人才培养模式的改革是在推动地方经济转型与更新的同时，通过转变社会服务和人才培训，促进当地经济和社会发展，提高创新能力，增强竞争力。

三、产教融合中的国家骨干高等职业院校发展

2010年，在充分认识到国家示范性高等职业院校建设项目成果的基础上，教育部和财政部采取了具体步骤，进一步扩大项目计划，并确定了100所新的主要高等职业院校来加强建设。通过进行高等职业教育金融项目领导的专项改革和发展，鼓励地方政府改善政策、增加投入、创新学校制度和机制，促进合作教育、合作就业和合作发展，提高学校生存能力；通过建立合作机制来克服工学结合改革障碍，形成联合人才开发和联合过程管理、共同成果和共同责任的合作型办学机制，以促进学校与企业的深度合作，扩大学校生存能力并形成新的核心机制。

该大学项目的主要建设文件指出，部分中央财政资源可用于学校运营体系和机制的创新，这已成为政府领导重点建设大学项目促进工业和教育融合以及校企合作的重要信号。国家骨干建设项目学院领导小组普遍认为，骨干建设项目不仅明显改善了学校的绩效，而且更重要的是，在校企合作体系和机制上取得了成功的突破，该机制通过结合工作和学习来改革人才培养模式。该项目中超过90%的学院都建立了校企合作委员会来管理学校。骨干院校的重点建设专业都建立了学科发展指导管理协会，大部分重点专业已经开始了学校和企业合作升级模式的探索与研究。

2018年发布的《中国高等职业教育产教融合年报》是由全国高等职业院校负责人联席会议委托，上海教育学院与麦可思研究所联合编撰的高职质量年报。在过去的几年中，该报告始终遵循以需求为导向的第三方观点和创新发展，它逐渐形成了工业和教育的五维整合，包括学生的成长、学校治理的力量、决策环境、国际影响力和服务的贡献。另外，报告成果还研究和开发了"水平视图"，这是一个用于衡量各种规模的产教融合程度的指标体系，并且一直在指导高等职业教育活动，以提高产学结合的水平。

2018年是我国改革开放40周年。同年，该报告提出，要求创新的内容和完善的体系，力图反映高等教育"改革开放"的过程。中共十九大提出完善

第二章　国内外产教融合的发展现状

职业教育培训体系，深化产学结合，校企合作，为提高高等职业教育的水平开辟了新的机会。到2020年科学技术革命开启新阶段，产业转型面临新局面。随着小康社会的全面发展和"中国制造2025"战略目标的实施，高等职业教育的基础是高水平的观念和高产与教育发展的融合，经过全面的改革和地方实践，该系统在2017年开始构建并处在不断形成中，人才培养取得新进展。报告显示，相关学生自信和自我激励等良好素质已逐步发展，实践训练和俱乐部活动的教育功能日益明显。自学生毕业以来的三年中，诸如毕业生就业率、月收入、职业适合性、母校满意度、自雇与晋升的比率等指标一直在稳步上升，毕业生就业的生产和教育一体化水平进一步提高，职业发展的空间扩大，有助于制止代际贫困。云计算、物联网、大数据、智能制造和其他相关领域的快速、高质量发展，增强了对新兴产业的支持能力。通过深化高等职业院校生产与教育的融合，企业重点放在将先进的工业技术和其他要素整合到教学过程中，并不断发挥企业在教育人才方面的作用。职业教育与思想政治教育往同一方向发展，呈现出综合教育的良好局面。信息化课堂教学逐步规范化，区域和行业优质教学资源的形成与发展开始形成共享机制。高等职业教育服务业显示出脱贫的新趋势，并开发了诸如"职业支持+工业减贫"和"团体扶贫"等特色模式。校村合作和校城合作已成为城乡一体化的新模式，是农村振兴人才发展的新特征。中西部地区的一批高校逐渐成为当地发展的新地标。高质量的机构接受地方政府和相关行业龙头企业的支持，为中国制造的进步不断注入新的活力。具体服务的50所院校的整体水平有了一定程度的提升。高等职业院校的服务呈现出了与"一带一路"倡议相关的特点，开放性的办学活动不断深入，境外的办学形式更是多种多样。职业课程的标准与相关课程逐渐得到境外的认可，但来华留学培训的增长量仍旧处于初始阶段，需要政府的支持与引导。

报告强调，政府责任是高等职业院校发展中影响环境质量的重要方面。通过强化实施产教融合、校企合作、教育减负等政策，建设高水平大学取得了成效，创新发展行动计划继续实施，高等职业教育中每名学生的公共教育支出继续增加。产教融合三级年度报告制度已经开始规范化，社会影响日益增强。高等职业院校发展不平衡、不充分的问题亟待解决，高层建设要加强中央政府的具体指导方针。报告首次发布了50份关于高等职业院校的最佳培训资料，表明东部地区高等职业院校的资源总体水平相对较高；中西部地区教学、研究与培训机构及其他高等职业院校的资源平均价值相对较低，需要更多的投资，在加强建设骨干级职业院校的教学水平和资源方面存在着较为明显的优势,反映了专项财政投资在发展高等职业教育中的重要作用;培训资源在地区与大学之间存在明显的不平衡,政府与大学迫切需要解决这一问题。

第四节 我国高校产教融合存在的问题

中国目前正处于全面建成小康社会的关键阶段。工业化、信息化、城市化和农业现代化同步发展,产业结构正在调整,生产方式正在变化,经济和社会也在变化。这些重大变化将不可避免地导致社会和专业职位出现重大变化。行业和企业迫切需要创新的复合型人才。

但是,高校人才培养与社会需求期望之间仍然存在很大差距。一方面,企业和各种机构迫切需要各种可以发展事业和承担责任的人才,但现实并不令人满意;另一方面,每年有数百万的大学毕业生渴望落实工作单位,但很难找到一个令他们满意的。鉴于就业困难以及就业、生产和教育一体化程度较低,用人单位就算开出高薪也很难雇用到合适的人才,而且中国对中高级技术人才的需求逐年增加。

一方面是"劳动力短缺",另一方面是"很难找到工作"。毋庸置疑的是,大学人才培养与社会需求之间存在很大差距。主要问题绝不是数量上的问题,其本质是人才发展的标准问题,即标准的错位问题。深化产教融合、校企合作以及培养大批熟练、适应、精干的人才是高等教育对经济社会发展的新要求,积极适应新的经济社会发展,真正发挥企业在人才培养中的具体作用,是全面提升产教融合水平、强化学生创新创业能力的重要途径,也是本科院校成功生存与发展的实际需求。

通过职业培训的发展,学校与企业之间的合作以及生产与教育的融合就出现了。与发达的西方国家相比,中国的职业培训兴起较晚,学校与企业之间的合作相对落后。从目前的情况来看,由高等职业院校提升为本科生的本科院校以及较早转型的本科院校在校企合作方面做得很好。在这方面,大多数刚刚开始转型的普通本科院校仍处于起步阶段。中国应用型本科院校的人才培养模式仍然是学校与企业之间的低层次合作,尚未达到产学研深度融合的理想状态,主要体现在以下六个方面。

一、合作不稳定,整合渠道不通

企业和学校在性质、系统、功能和结构上的差异使两者都难以在早期阶段实现真正的合作。企业的发展方向是利润，需要创造经济效益。正是出于这个原因，所以缺乏与学校合作的动力。大多数学校和企业之间建立与维持合作伙伴关系在很大程度上取决于领导者的关系和声誉。以这种方式建立的合作关系通常是短暂的、不规范的，是无法长久的、较为低层次的合作，无法形成统一、协调和有意识的联合行动，合作的效力与水平差距较大。为了真正解决这些问题，有必要尽快建立政府主导的校企合作政策和治理机制，制定校企合作法律或法规，并明确政府、企业和大学与校企合作领域的责任和义务。相关的制度内容是发展综合性职业培训、生产和教育的主要保证，也是职业培训人才顺利发展的基础。

为了改变中国职业教育的发展现状，加快生产和教育一体化政策的实施，各级政府都需要发布配套的法规和框架。尽管地方政府已经发布了许多促进校企合作的地方文件，但政府的鼓励仍然仅限于政策层面，缺乏严格的约束机制。在激励机制上，不同于传统意义上的职业学院教育模式，而是将生产和教育整合到职业培训中，要求各行各业的企业积极参与以帮助职业学院开展教育活动。但是，由于政府机构发布的现行政策在内容创建上相当宏观，且不是强制性的，因此无法规范企业在工业和教育完全融合的发展阶段的参与行为。

许多企业在开展学校与企业的合作教育时只关注自己的利益，并不愿意真正融入职业院校的培养过程当中，所以学校与企业之间如果没有更深入地交流，很难体现出产教融合的实际重要性。在各种制约因素的影响下，现行的职业教育与培训一体化体系的设计仍然存在很多不足，特别是在激励机制、治理机制、法律法规等方面，难以保证产业和教育一体化的顺利发展。虽然自2014年以来，鉴于教育发展的现状，国家在发展产教融合的政策和体系方面投入了大量精力，国务院在《关于加快现代职业培训的决定》中也明确强调了在职业培训中实施产教融合的重要性，充分确认了产教融合的价值，但是促进产教融合的相关法律法规的发展却被拖延了，使得许多地方专业学院无法维持与企业合作时的合法权益。

在系统开发项目的治理体系和模型设计方面，彻底实施产教融合需要三大主体，也就是地方政府和社会、企业之间的协调与合作。作为一个协调组织，政府部门应在实际的发展过程中发挥组织协调作用。通过适当的制度阐明职业学校、行业和企业在生产与教育融合中的地位和职责分工，切实监督学校和执行企业部门的具体工作的开展。尽管颁布了职业培训行业产教融合政策，但教育部在《职业培训法》中只阐明了政府、职业学院和企业的职责，并未具体说明每个组织的具体职责，导致国内行业和教育融合政策缺乏主体或发生了主客颠倒的情况。此外，与其他经济政策一样，将生产和教育结合起来的政策也需要国家法律和法规的保护与支撑。

传统的学校教育体制强调学校本身的发展，却忽视了经济建设的发展，这导致了思想和理解上的许多偏差，而且不同地区的大学在生产和教育融合方面缺乏共识。有人认为校办产业是产教融合，也有人说产教融合是建立"工厂学校"和"学校工厂"。有人认为，营利性企业与学校的公共利益之间存在着无法解决的矛盾，产、教不可能实现融合等。在此基础上，缺乏将生产和教育成功融合到高等职业教育中应有的重视程度。2016年，为帮助高职院校加强内涵建设，促进产学结合、校企合作，国家教育监督管理委员会将高等职业院校评估课题确定为"高等职业院校适应社会的需要能力评估"。评估企业对高等职业院校的治理、人员的一般教育以及经济和社会指标的关注程度，以鼓励高等职业院校提高其开发人才的能力并为当地经济和社会发展服务。但是，从现实的角度来看，该评估主题没有像"高等职业人才发展工作水平评估"和"高等职业人才发展工作评估"那样受到高等职业院校的重视，很难发挥推动的价值。企业的支持政策和评估系统不足，因此企业缺乏动力。

目前，有关职业教育、生产和教育融合的国家与地方法律法规仍然薄弱，有关规定的健全性、充分性和约束性也存在不足。在这种情况下，生产和教育的融合通常是肤浅的，不够深入，缺乏企业参与高级职业培训的动力和效率，存在急功近利的现象。这就迫切需要制定政策框架、标准框架、统计框架和绩效衡量标准，以深化生产和教育向高等职业教育的融合。特别是当前的大数据已成为重要战略资源，在充分利用人力、财力和物力等各种资源的情况下，在全面管理和贯彻方面始终发挥着独特作用。在这种情况下，需要进一步加速改进统计、分析和评价系统，以便及时反映出生产和教育一体化的水平与好处。

关于深化产学结合的若干意见呼吁"积极支持第三方组织评估产教融合，改善统计评估体系"，并"加强监测和评估结果作为绩效衡量，作为试点开展、表彰的相关依据"。如果能够加快实施，将在深化生产和教育融合以及克服障碍方面发挥重要作用。工业与教育的供需之间的双向联系非常困难，卓越的市场力量很难真正进入大学的职业培训。产教融合的教育价值是将先进技术和先进工业现代化技术整合到教育培训资源和教育培训过程中，使职业培训可以与产业发展和服务业发展不断地联系起来。然而，由于高等职业院校教师的专业技能往往难以适应工业现代化和快速、高质量的技术发展的要求，再加上压力很大，专业教师缺乏适应产业发展的能力，也缺乏时间和动力去吸收行业中的项目。企业和社会培训机构在面对市场现代化和技术发展方面具有优势，因为它们存在于系统外部，必须通过快速响应来提供高质量的培训资源和培训服务，以满足市场和行业发展的需求。但是，由于市场治理结构不完善，既没有反映市场合作和产业分工的专业培训服务机构，也没有引入这些特殊的市场力量的动力和保障机制。

二、合作方式单一，合作内容不深

为了实现人才培养、终身学习、技术创新和社会服务的功能，应用型本科院校必须与产业紧密结合，并与当地社会和经济发展取得积极的协同作用。学校与企业之间的合作、生产与教育的整合应在整个人才培训中进行。校企合作的深度和广度与人才发展水平、产教融合、高职教育社会功能的实现直接相关。但是在现阶段，中国针对应用型本科学习的本地课程正处于转型和发展的初期，学校与企业之间的合作主要限于建立学生实习基地，按需培训和进行岗位实操。高校的转型吸引了许多企业成立学校，工厂可以将学校引入企业来建立工厂中的学校，但是总的来说，合作模式很简单，合作的内容不深入、不系统和不实用。出现这种局面的原因是多方面的，主要是校企双方对合作内涵和意义认识不到位，没有建立起长久合作的发展制度和约束机制，企业出于自身的原因对合作缺乏动力和热情，地方高校对校企合作准备不足，没有制定出科学合理的校企合作方案。

政府部门作为政策实施协调机构和监督机构，对职业教育一体化政策的实施具有决定性影响。经济法律文书没有对学校与企业合作以及生产和教育一体化做出具体规定，也没有为学校与企业之间的经济利益分配设定标准。我国在制定工业和教育融合政策方面做出了巨大努力，如2017年12月颁发了《国务院办公厅关于深化产学结合的若干意见》，为加强企业的重要作用做出了适当的努力。但就分工而言，仅遵循宏观规划指导，开发具体系统仍有很长的路要走。当特定系统的发展跟不上产教融合的发展时，将很难指导学校和企业走标准化合作的道路。尽管应国务院的提议，教育部通过要求学校和企业加强交流与合作，进一步改善了产教融合的政策，但在政策实施水平上，学校和企业很难在实施工业和教育融合的过程中建立默契。实践表明，生产和教育一体化的全面发展将不可避免地需要整合不同学科的资源。

在这一过程中，不同的主体将考虑不同的侧重点，这是学校与企业合作之间责任、权力和利益分配的基础。在这些环节上最容易出现分歧，需要国家通过法律法规以提供明确的规定，以确保校企合作更加有序。但是，我国立法机关尚未为职业教育、生产和教育的融合制定一个相当全面的法律框架，只有相关的国务院部门和地方法律法规对此有所提及。此外，实际调查显示，尽管许多职业学院在生产和教育融合方面具有丰富的发展经验，但仍然没有权威机构制定全套指导手册来解释企业参与职业学院的人才培养模式，以此具体表明企业可以享受哪些特权以及需要承担哪些义务和责任。法律、制度和政策的缓慢发展使许多职业学院难以建立与企业进行长期合作以发展生产和教育一体化的机制。从以上情况可以看出，当前政府部门在促进职业教育产业融合发展方面存在许多不足，这就是很多职业院校对产业融合和教育发展的本质尚未完全理解的原因。总的来说，目前政府机构在促进生产和教育融合方面的缺陷主要体现在以下几个方面：

第一，未能根据校企合作的实际情况，迅速建立适当的治理机制来解释校企之间的分工。

第二，在没有体现专业资格和人才培训重要性的情况下，学校与企业之间的合作尚未标准化。

第三，政府机构尚未解释其在校企合作方面的立场，也没有发挥组织和协调作用。

第四，没有根据社会主义市场经济来设计社会评估体系，没有客观地评估参与工业和教育融合的企业的资格，以确保学校与企业之间的合作水平。

许多缺点导致学校和企业在真正的合作中仅成为形式，很难建立默契，无法共同培养出高素质的人才。具体如下：

（1）缺乏法律保护。产教融合与校企合作并没有就学校与企业的责任和义务、风险和利益、资格和范围提供明确的法律法规，相关主体也没有在产教结合中获得合法权益，包括学校、学生和企业，所以这一模式很难有序开展。

（2）缺乏组织保障。学校与企业之间缺乏沟通桥梁和谈判平台，缺乏统一的组织和协调单位，因此很难以广泛、有效和有序的方式整合生产和教育。

（3）缺乏制度方面的保障。一方面，在高等职业院校中缺乏生产和教育一体化的制度保障。许多高等职业院校正处于产教融合的探索阶段，但由于缺乏分配学时、分配教员、投资资本和评价学生的制度规定，生产和教育的融合很难走标准化的道路。另一方面，地方当局由于缺乏企业、事业单位和教育行政部门关于生产和教育融合的指导文件，因此缺乏关于生产和教育融合的理论指导和行为守则。

（4）在传统教学理念和相关办学条件的影响下，一些高等职业院校对产教融合尚不了解，仍遵循"重视理论，轻视实践"的教学理念，与课程设置、学校授课制度和教师有关的条件不能满足生产和教育融合的需要，在开发和实施生产与教育培训的整合模型方面存在困难。

（5）课程的设置不够完善和具体。高等职业院校在专业地位、课程设置和教学结构上存在重大缺陷。比如，在专业的设置方面存在着盲目跟随、过于遵循传统和惯例的问题，导致学科教育根本无法真正满足企业的需要，学生自然无法就业；在课程内容上也存在着一系列的问题，如技术落后、教学内容与企业实际需求不符、知识内容更新慢等，这就导致了理论知识与企业实习呈现出分割的状态；相关的课程严重存在着时间分配不够合理、理论根本无法与实践相联系等问题。

（6）相关院校的办学模式创新程度严重不足。首先，职业院校的办学模式过于强调统一性，缺乏职业特色，这使得学生素质无法满足业务需求；其次，基础设施过于落后，学生无法真正进行实践性的活动；最后，职业院校的战略定位相对落后，并没有将学生带到社会中去，没有让学生真正与工作岗位零距离接触。

（7）没有足够符合实践需求的教师。产教融合要求教师不仅要具有深厚的专业理论知识，而且要具有丰富的专业经验和良好的专业技能。高等职业院校教师需要通过改变思想观念、职位定位和专业机会来满足行业需求，这已成为生产和教育融合顺利发展的关键。

目前，许多企业尚未意识到生产与教育融合可以为企业带来的切实利益，它们认为校企合作是利用企业作为学校教学基地来履行学校的教学职能，无法为企业创造价值，对工业和教育融合在促进业务创新、提高工人素质以及提高生产水平和效率方面的作用并不抱有乐观的心态。

三、选择合作伙伴时存在一定的误区

在社会主义市场经济的大背景下，产业之间的分工越来越清晰，企业的生产功能和学校教育的功能已逐步划清界限。尽管当今行业竞争加剧，许多企业仍缺乏参与行业和教育融合的动力。即使它们为响应国家政策而参与职业院校的产教融合，它们中的大多数人也只是简单地尝试一下，并且不愿与学校进行深入的合作。作为以利润为导向的企业，其主要目标是使利润最大化。在选择合作伙伴时，学校和企业都有实践方面的误区。

在校企合作方面，许多本地应用型本科院校常常会过于渴望获得成功，单方面追求成果，将目光聚焦在区域外的大型企业中，追求轰动效应以满足心理需求。结果，由于自身条件和当地限制，合作的效果并不好。

从商业企业的角度来看，选择合作伙伴时通常会考虑过多，并且寻求短期利益，缺乏长期战略。由于当地的大学正处于转型和发展的早期阶段，它们为企业带来直接利益的能力受到限制。因此短期内，企业不愿承担社会学校和企业人才发展的责任，也不愿支持当地高等学校的发展。即使合作，它们也更愿意选择那些已经在科学和技术方面具有强大研发能力、将生产和教育高水平地纳入人员培训和可以直接带来经济效益的大学。尽管从根本上说人才培训需要大量的人力、物力和财力，但许多企业仍不愿将人才培训纳入行业价值链实际的发展过程中，并且更倾向于利用产教融合来与学校一起合作，通过合作减少培训人才的成本。但证据表明，企业与学校之间的合作并非"免费"，学校需要大量资源和设备来确保职业院校能够开展培训活动。甚至，企业需要定期参与学校组织的实践课程，这也将花费大量金钱。

基于此，与学校合作相比，企业更倾向于将设备和资源用于内部人才培训。许多国内发展相对成熟、资金实力相对较高的企业，除非它们正在考虑塑造企业的社会形象并提高企业的品牌知名度，否则不愿主动加入大学产教融合课程的开发团队中。中国大多数中小企业由于重组和更新阶段运营资金的压力而倾向于仅在需要人才时才进行招聘。它们通常不注意人力资源储备，也不贡献更多的精力，财政资源专用于生产和教育一体化的发展。大型企业的蔑视和中小型企业的力不从心导致职业教育产教融合陷入了两难的困境。

与其他传统学院相比，作为专注于技术和技能人才发展的职业院校，其理论创新相对较弱，企业也很难在结构调整和改进过程中提出具有潜在商业价值的想法。学校的主要目标是通过强调"过程比结果更重要"来培养人才；企业强调"结果比过程更重要"，认为企业的经济利益至关重要。如果将这两个相反的意识形态规则和法规用于同一组学生日常教学中，则不可避免地会发生冲突，从而加剧学校与企业之间的矛盾。受许多因素的约束，企业没有足够的热情和动力来参与职业培训的产教融合。

大型企业愿意为学生提供担任职位的机会，但现阶段具备的技术能力有限，这意味着受过培训后可以继续就业的学生人数相对较少，这就造成了很多企业参与产教融合活动的投入资金与收入难以平衡的问题，而且许多潜在的隐患埋在生产中。学校和企业在协作过程中难以实现互惠互利，导致企业在发展产教融合方面的热情低下，并且不愿意投入太多精力以及资金成本。

第二章　国内外产教融合的发展现状

除上述因素外，学校与企业之间的文化差异也是许多企业不愿积极参与产教融合的主要原因。

四、校企合作经费难以保证

学校与企业之间的协作是一项复杂的系统工程。科技之间的联合研发以及建立共同的研究和培训平台需要大量的人力、物力和财力。但是目前的情况是，国家和大多数地方当局促进和鼓励学校与企业合作的激励措施中资金和财务分配机制不完善，国家尚未实施职业培训税费和信贷的优惠政策，而且社会捐助的渠道也未更新，导致其不够通畅。

从企业的角度来看，鉴于学校与企业之间进行深度整合的需求，企业应在整个过程中参与教育，并在人才培训上投入一些人力和物力。但是，当前的校企合作计划主要是面向学校的，无法保证在合作中为企业带来好处，这导致企业缺乏热情。

从学校的角度来看，一些经济发达地区的高等职业院校有足够的资金，而在经济欠发达地区的高等职业院校却没有足够的资金，只能进行有限的投资，很难保证学校与企业之间的深度合作。行业协会作为行业发展的主要指导性组织，在促进经济社会产业发展方面发挥着重要作用，并可以根据社会主义市场经济的变化来完善相关职位的职能。当前，为了确保经济有序发展，中国政府通过发布政策文件加强了自身的治理职能，这大大削弱了行业协会的指导作用，无法为产业和教育一体化的发展提供相应的保护。尽管在教育和产业融合的实施阶段，教育部发布了一些与产业协会配合的政策文件，但取得的结果并不令人满意。

另外，我国有关法律文件没有确定行业协会在职业教育发展中的指导地位，其社会价值没有得到充分体现。除了缺乏国家法律法规外，这些问题的原因还反映了国内行业协会的发展不足，特别是关于制定岗位标准和培训标准的建议有限，在促进职业教育、生产与教育的融合方面缺乏法定的职能。

目前，全国有超过 60000 个行业协会，可以大致分为四个主要级别：中央、省、市和县。少数民族地区还成立了自治行业协会，以保障有序和协调的市场行业发展态势。但是，由于技术创新和商业模式变革的双重引导，我国的专业岗位发生了巨大的改变，使得国内行业协会难以提供更全面的专业标准来帮助企业适应市场发展，更无法为了协助企业发展而给出详尽的岗位标准。除了培训关键人才，还必须帮助企业开展技术研发和产品创新等工作。不断丰富的课程和人才发展模式为提高职业院校的教学、生产和教育的整合提供了前进的方向，但这也意味着需要更多的启动投资。如果仅依靠有限的政府资金，将生产和教育纳入职业培训通常是不可持续的。由于缺乏与产教融合相匹配的资金保障制度，且研究与创新的不确定性很高，因此大多数企业不愿为将生产和教育融入职业院校以及进行大量研究和大量投资，资金问题经常存在。在此阶段，业界辩论的基础是如何确保对用于生产和教育的产教融合资金进行稳定的投入。不及时解决这些问题将不可避免地导致职业教育和产教融合的价值大大降低。

五、双师资队伍建设滞后

学校与企业之间的合作要求双方共同努力，培养具有双师素质和能力的高级教师。许多地方高校在改制发展方面采取了各种措施，创建了由双师组成的团队，但目前的情况并不乐观。许多当地的院校刚刚从以偏理论为主的职业院校转变为偏实践为主的应用型院校，教师主要依靠理论知识的教学，不适应教学实验和实践等实用人力资源的培养模式，更不用说与企业和行业联合进行科技研究。应用研究（如研究与开发）为当地社会经济发展提供服务的潜力有限。尽管企业的教师具有很强的实践能力，但大多数人缺乏理论基础，也缺乏教授学生的基本技能和方法。师资力量的薄弱严重限制了产教融合的深度和广度，并影响了培养实践型人力资源的水平。

六、缺乏产学结合水平的保障机制和评价体系

即使有些学校已经建立了生产和教育一体化的管理体系和标准，但在实施过程中仍然存在不遵守规定的问题出现。例如，对于毕业实习，许多大学生都有长达一年的实习期，但是对于如何有效地管理学生实习，特别是分散的实习，如何确定高校和企业的教师职责以及如何评估实习等问题，这些问题都没有得到足够的考虑和解决。生产和教育一体化水平的保障机制以及评估和监测系统的缺乏和不完善，导致大多数高校的学校与企业之间的合作状态混乱，更是影响生产和教育一体化的水平。

从目前的情况来看，在校企合作的各个方面，如专业环境、师资队伍建设、实验室建设、教师培训、职前教育和毕业培训等方面，都缺乏与实践人力资源培训相适应的生产与教育融合标准和规范的管理体系。

第三章
高职院校的人才培养模式概况

第一节 人才培养模式的概念与基本要素

在教学实践中,人才培养的模式不是单纯的教育理论的问题,也不是单纯的教育实践的问题。人才培养模式属于理论与实践的操作范畴,不仅需要理论方面的指导,更需要实践的有效支撑。它在宏观层面涉及整个校园教学模式的选择,在中观层面涉及专业的设置与调整,在微观层面涉及教学内容、体系与方法的设置。随着社会的进步和经济、信息时代的来临,教育也逐渐进入了国际化进程,高素质和高水准人才的培养与发展成为社会发展最为关注的问题。职业院校的人才培养模式如果想具备一定的科学性与合理性,就必须重视人才的能力本位及岗位技能方面的优先培养,同时坚持以人为本的观念,真正将人才的全面发展与可持续发展放到首要位置。

一、人才培养模式

对于人才发展模型的概念形成时间与权威性解释,并没有确切的陈述。最早使用此概念的国家官方文件是1996年由第八届全国人民代表大会第四次全体会议批准的《中华人民共和国第九个五年国民经济和社会发展计划和2010年长期目标纲要》。该文件提出:"将人才培养模式从应试教育转变为全面素质教育。"后来,这一观念逐渐被各种教育研究文献采用。

目前尚无关于如何培养人才的统一定义,以下是一些代表性的声明:

在1998年举行的教育工作会议上,教育部原副部长周远清解释了人才培养模式的概念,所谓的人才培养模式实际上是人才培养的目标和培训的规格与基本教学方法。会议的主要文件《关于深化教学改革,培养适应21世纪需要的高质量人才的意见》提到:人才发展模式是学校为学生开发的知识和技能。素质结构和实现这种结构的方式基本上决定了人才的特征,同时体现了教育的思想观念。

龚怡祖教授在他的《大学人才培养模式》一书中的声明如下："模式是一种介于经验与理论之间、目标与实践之间的知识体系；教学方式是基于一定的教育思想和理论的。学校教育者可以使用一种既定的简单而全面的范式来有序和实际地进行人才发展活动，并达到教学目标。这充分反映了人才培训的目的性和计划性。一套完整的方法体系，如性质、过程控制和质量保证，是教育理论和教育实践可以链接与转化的桥梁和媒介。"

魏所康研究员在其《培养模式论》中说："以教育的内容和教育方法作为一种具体的实现形式为导向，将直接影响学习者身心的教育活动的所有要素的总和。"这反映了整个教育模型过程的总和超出了特定教学方法的教育现象。

对于人才培养模式的定义有很多种说法。有人认为人才培养模式是为了从根本上实现培养目标而采取的构造样式与相关的运行方法，包括专业方面的设置、课程模式的设置、教学方法与设计等。还有人提到人才培养模式就是在现代教育理论与教育思想的指导下，根据特定的培养目标，采取相对稳定的管理和评估方式，进行人才教育的过程，包括目标和规格的发展，为实现培养目标和规格的完整教育过程，以及与之匹配的教学方式、手段、方法、评价制度和管理制度等，其中目标和规格的培养是人才培养模式的根本，也是指南针；人才培养的过程是核心；制度是关键，相关的制度由基本、组合与日常管理制度组成；评估机制是人才培养的运行机制，能够对培养的目标、制度、过程等实施全方位的监控，并为相关因素的优化打下坚实的基础；在人才培养中，教学的方法、手段和方式是最为具体和关键的实施要素。

二、人才培养模式的基本要素

人才培养模型的主要要素有很多种："两要素理论"，即教学的目的和方法；"三要素理论"，即教学目标、教学过程和教学方法；"四元素理论"，即学习目标、教学过程、教学途径和教学方法，或学习目标、教学系统、教学过程和教学评估；还有"五元素理论"和"六元素理论"。在这里，差异主要与理解的角度以及对每个部分重要性的不同理解有关。

1. 人才培养目标的要素

人才培养的目标是高等职业教育的基础，是人才培养模式的主要内容，是高等职业教育的出发点和目的，是确定教育内容，选择教育方式和评价教育的基础。

马克思主义关于人的全面发展的理论从根本上阐释了人才培养的目标。1930 年后，国际上的专家开始细化人才培养的表达。《美国民主教育之目的》于 1938 年在美国出版，该书细化了人才培养的目标，将其分成了人自身发展、人际关系、经济效益、公民责任四个目标。在联合国教科文组织国际教育发展委员会出版的《生存学习》一书中，教学目标的表达大致相同。

人才培养的目标包括知识目标、技能目标和素质目标三个方面，而这三个目标的实现体现在人才结构、技能结构和素质结构上。知识结构强调秩序和完整性，秩序意味着知识必须从低到高、从核心到外围；完整性意味着所有部分都是相互连接、相互作用和相互约束的。能力是一种人格方面的心理特征，会影响知识与技能的获取和应用的有效性。独立获取知识的能力、运用知识的能力与创造能力是能力结构的集体表现。素质是生理学中提到的概念。在这里，素质实际上指的是人的先天理解能力和特征，主要包括神经系统、感官和运动器官的相关特点。通常情况下，大众所说的素质指的是人天生具备的能力和后天培养的身体与性格上的特点。

人才发展目标的第一个要素应该是强调受过训练的人才必须具有健全的知识结构、相当全面的技能结构和相当全面的质量结构。

教育的目的是教育活动的起点和目的，也是确定教育内容和教育活动的目的。只有设定了教育目标之后，教育活动才能以预定的方向有组织、有计划、系统地进行。教育的目的在教育活动中具有非常重要的作用。教育的目的不仅指明了教育活动的方向，而且为检查和评估教育活动的质量提供了工具和基本标准。无论是过程评估还是总结评估，都必须基于教育的目的。

2. 教育内容的要素

文化教育的内容是师生之间相互理解的客体，是连接教育者和受教育者的媒介，是专业知识和专业技能的总和，能够推动学生思想和见解的表达能力的提高，完善学生的行为守则和价值观。课程内容的关键表现形式是课程，包括提纲和教材。课程内容是要求学生应学习的学科以及整个过程和程序。从理论上讲，课程安排是指大学为完成课程目标而选择的全部文化教育内容和全过程，包括大学教师和专家教授的各种课程及其有目的和有计划的教学活动。从狭义来讲，课程代表某门具体的学科。课程类型可以分为显性课程内容和隐性课程内容，显性课程内容包括文化艺术课程内容、特色课程和实践活动课程内容；隐性课程内容包含所有有利于学生发展的自然环境、校园文化基础建设以及家庭与学校相结合的资源。这里定义课程内容的关键与显性的课程内容有关。文化艺术课程的内容包括汉语课程、区域性课程和学校课程；特色课程包括体育文化、组织活动、俱乐部活动等；实践活动课程包括社会研究、学生会、青年联盟和其他学生团队组织，这些活动通过学生自己组织或者深入的社会实践活动进行。课程内容是学校德育和课堂教学的关键基础，也是确保学校德育整体目标的关键，它是所有大学课堂教学的中介，并给予学校管理体系和评估一定的标准。

社会生产力与科学技术的发展水平是设置教学内容的基础，并且教学的内容从根本上受到教学目标和人才培养标准的制约，并为教学目标提供相应的服务，教学内容的结合就是学生素质的结构。在本书，教学内容包括教育目标，这是因为教学的目标其实就是教学目的想要达到的结果，也是评估教学效果和质量的关键标准，是教学内容讲解和传授的起点。从本质上来讲，最为合理的教学内容必然是目的性与对象性的和谐统一。

3. 专业设置的相关要素

职业院校的专业设置依据社会专业区划的需要明确学科门类。高等院校依据我国基本建设需求和院校的特性开设各种各样专业，每一个权威专家都以单独的课程内容来考虑职业技能培训的总体目标和规定。专业方面的设置是高校人才培养方式的因素之一。专业设置应兼具当今需求和发展方向，社会需求和本身标准都应考虑在内。高等职业文化教育的关键任务是培训各个领域的一流技术人才。在高等职业教育行业创建的关键专业以运用为导向，塑造的优秀人才务必立即合理地服务项目于生产制造一线。高等职业文化教育务必紧随市场转变，并立即调节和升级基础研究，以考虑领域和交叉学科融入自主创新的需求。社会的需求有双层含义：一是用人企业的具体需求，二是学生上学和工作中的需求。在专业设置层面，大家应尽量考虑社会发展趋势的需要和学员变成优秀人才的心愿，便于为社会培养出充足发展的一流技术人才，便于其尽早为社会的发展做贡献。

专业方面的设置是高等职业文化教育的关键，也是招生和学生就业最重要的决策要素之一；专业方面的设置是否科学规范是高等职业教育发展与存活的重要因素。专业方面的具体设置还要综合考虑其发展性，从而确保学生能够获得可持续发展，可以真正适应环境的变化，具备一定的适应能力和可迁移能力。

高等职业教育的专业素质是一个需要考虑的问题。中国高等职业院校的职业设置和口径需要教育部的统一审查和批准，教育部也以同样的方式发布高等职业院校的职业目录。专业口径的宽窄问题是一个需要认真对待的问题。一般而言，本科教育侧重广泛性，而高等职业教育则强调针对性。此外，专业能力不应太宽泛，也不能太窄，否则会影响学生未来的职业变化，带来负面影响。一些学者认为，主要专业和多个方向是重大改革的趋势。

4. 培养路径的要素

人才培养的路径是人才培养的途径和方法。从宏观的角度来看，人才培训方法包括大学培训、社会培训、在职培训、自主学习、函授培训等方法。高等职业教育人才培养的方法主要有教学方法和非教学方法，教学方法可分为理论课堂教学和实验（实践）教学内容，它可以分为统一和个性化的教学形式；非教学方法包括第二课堂、校园文化、各种俱乐部活动和社会实践。目前，高等职业教育倾向于采取整体方法，即课程教学、工学交替、社会实践和其他非教学方法相结合，特别强调"产学研结合"以及在教学中理论与实践的结合。整体方法强调项目教学、任务执行和协作学习，这有助于提高受过教育的人才的实际专业技能，提高人才培训的质量，满足高职培训人才培训的要求。结果证明，它变得越来越流行并得到了广泛的应用。

5. 栽培方法要点

栽培的方法实际上指的就是教育教学的方法。教学方法从根本上来讲就是在一定思想的指导下所形成的实现教育目标的策略和途径，包括程序、方式与手段等要素。教育教学的方法不仅包含教师直接教学的方法，也包括在教师指导下学生学习的方法。根据历史发展的顺序可以发现，最为常见的教学方法包括注入式、启发式、新行为主义与人本主义等。具体的教学方法包括讲授、讨论、参观和演示等。注入式教育教学的方法最早产生于早期资本主义社会的西方国家和中西方的封建社会，但这种方式还是随意地向学生灌输知识，被视为一种被动的知识储备。教师在教育中仅扮演准备信息的载体和传递者，而学生则在信息的接收和积累中发挥作用。在这样的模式下，学生的主观能动性被压抑，个性和主体性自然无法发挥。在奴隶社会出现了一种启发式教育方法。启发式教育方法在中国由孔子最早提出，孔子倡导"不愤不启，不悱不发。"古希腊的苏格拉底提出了问答法，这是西方国家最早使用启示教育方法的最佳典范。苏格拉底提出，教师不应该直接将结果告诉学生，要帮助学生思考，让学生自己发现并掌握相关的知识，其主要特点是学生的主动性与创造性融为一体，外因与内因有效融合，心理因素与认知能力和谐发展。美国著名的心理学家斯金纳提出了新行为主义方法，他认为，大多数人的学习行为与刺激反应的模式有着根本的不同,因为人的操作行为是在与周围环境出现联系的时候逐渐形成的。20世纪,人本主义思想应运而生,其中的代表性人物有罗杰斯等。这一思想方法重视人的个性,强调师生之间的平等与和谐,重视学生价值观念的形成。但是,它过分强调学生的主动性和自我意识,并且在某种程度上忽略了教师的领导地位和角色,导致出现了某些缺点。

6. 课程系统的要素

要了解课程体系,首先必须弄清课程的概念。课程规定了在校学生学习的科目数量及其过程。从广义上讲,课程表是指学校为实现教学目标而选择的教育内容和过程,涵盖了各种主题以及学校教师所教的有目的和有计划的教育活动。如果想从本质上了解课程的相关体系就必须明确其概念。课程实际上指的就是学生学习的学科总和与其相应的进程与具体的安排。在广义上,课程指的是为了实现目标选择的教学内容和进程的综合,包括学科教学活动和教育活动。狭义上来讲则是具体的学科。当课程被认定为知识并采取实际行动时,一般性质的特点如下:科学逻辑是组织课程体系的基础;课程能够综合展现社会的选择与意志;课程具备静态和既定的特点;课程是外界的,它在于学习者,而且高过学习者。当今,在文化教育领域对课程定义的观点依然有许多,这里总结了六种:课程是学科;培训方案是有方案的培训讲座;课程是预估的学习成果;课程是一种教育经历;课程设置是社会文化的修复;课程设置是社会变迁。

课程体系是核心课程的职责分工与配合。课程体系是否完善直接关联到人才培养的品质。高等院校教育体系关键反映在核心课程与岗位课程、基础理论课程与实践活动课程、必修课程与选修课程中间的占比关联。课程体系的构成是否有效必须考虑到课程结构是否紧紧围绕学员发展的关键总体目标,及其是否能够协助学员学习科技知识,完成专业技能和素养的构造。实际层面包含课程体系的整体总数、课程种类、课程融合的水平及其构造的均衡,课程设计方案的全面性与协调能力的融洽等。课程体系构造均衡的具体内容是解决好主要课程与一般课、理论课与实践科目、基础课与实践活动课、必修课程与选修课的关联。课程体系设计方案要考虑到社会经济发展的规定和院校本身的特性,及其人才的培养总体目标和规格,最后可以使课程结构达到最佳占比。

第二节 高职人才培养模式的特点与发展

一、高职人才培养模式的特点

随着社会发展的趋势和科技进步的发展，高等职业教育的人才培养方式在持续转变和发展。在农业社会中，它是由父子俩相互教育的；在手工业者社会发展中，它是由高手师傅教给学徒工的。基本范式是"父亲和教师示范，儿子和徒弟模仿"，其优点是直观、专一和真实，缺点是范围较小，限制了知识和技能的转移。随着科学研究的发展，技术性的持续发展及经营规模的不断发展，规模性的工业化生产对员工明确提出了更高的要求。机构组织程度相对较高的院校中，职业技术教育慢慢替代了传统的学徒制。

计划经济时代的职业技术教育基本上采用班级教学的组织形式，以课程为单位，以时间为衡量标准，以产业学科为导向。它的特点是高效率和大规模的科学技术知识与职业技能的教学。但是它的缺点也很明显，培养的人才仍以学科为基础。尽管他们是职业技术人才，但不能直接雇用他们，他们的专业能力和敬业精神不能迅速适应企业职位的要求。

从 20 世纪 60 年代开始，一种新型的人才培养模式在世界各国逐渐兴起，其特性如下：以融入社会需求为总体目标，以运用能力的发展趋势为行动宗旨，设计培养学员的专业知识、能力、素养构造和人才培养方案，使学员拥有更普遍的专业知识、更高层次的专业能力、适当的基础知识与专业知识、强劲的关键技术能力和专业技能。搭建课程内容和课程设置的关键目的是"运用"。综合实践课程占课堂教学非常大一部分；院校与用人企业紧密联系，教师学生与劳动力紧密联系，理论与研究紧密联系。这类新的职业技术教育人才培养方式可以使受到训练的人才达到一定岗位的工作能力的规定。依据能力本位设计方案课堂教学模块，以学员能力的发展作为考量教学水平和进展的标准。

2000 年，在《教育部关于加强高职高专教育人才培养工作的意见》中归纳了高等职业教育人才培养方式的特性，分成六个层面：一是培养融入生产制造、基本建设、管理方法的人才，根本性的任务是关键技术人才的培养；二是设计符合社会需求和关键技术能力培养的教学体系和培训方案；三是搭建以运用为主题风格和特点的课程内容和课程内容管理体系，以运用为基本

产教融合背景下高职文秘人才培养探析

的基础知识课堂教学；四是以"必需和够用"的水平提升课程目的性和应用性，综合实践课程的关键目的是培养学员的关键技术能力，这在教学工作计划中有非常大的占比；五是"双师"教师队伍的基本建设是高等职业院校教育取得成功的重点；六是产学融合和校企合作办学是培养技术型、应用型人才的方式。

以上六个层面涉及高等职业院校教育的人才培养总体目标、教学体系和培训方案、课程内容和课程内容管理体系、"双师型"教师及应用型人才的方式等内容。人才培养总体目标在高等职业院校教育人才培养方式中具备指导意义。高等职业教育的人才培养总体目标必须对社会需求开展普遍而详尽的调研，并在这个基础上由院校和用工单位一同明确。当今高等职业教育人才培养的总体目标是培养高档技术型人才。

依据国务院办公厅准许的教育部《面向 21 世纪教育振兴行动计划》的要求，从 2002 年开始，高等学校的生产、服务和管理方面的实用人才的培养是重点。高等职业教育的培养重点开始逐渐转移。高等职业教育的基本是融入经济社会发展。因而，培训可以考虑经济社会发展和区域发展的要求，培训生产制造、管理方法和服务项目等一线要求的应用性高级技术专业工作人员是培训的基本方针。由此可以看出，高职院校教育人才培养方式一般应具备以下三个主要特点：

（1）依据社会经济状况，尤其是所属地域的社会经济状况，必须创建重点学科，并依据本地产业布局开展相对调整。除此之外，在技术专业设定和调节全过程中，应遵照宽度并存的标准，以适应社会变化和终身教育的要求。

（2）依据工作中的能力和工作质量的规定设计课程。课程内容应留意学员毕业之后从事的工作中的需求，注重基础课与实践活动课的结合，尤其是实践活动课。除此之外，高等职业教育课程内容还应留意中等职业学校教育课程内容与通识教育课程内容中间的联系。

（3）以工学交替为行为主体的综合实践课程。在这些方面，国外的高等职业教育塑造了楷模，中国的高等职业学校也开始高度重视综合实践课程，尤其是我国高等职业教育示范性院校的基本建设，大大推动了高等职业教育的发展。可是，与国外相比，政策支持、法律法规、自然环境和宏观经济水准及企业参与院校教育的水平和激情中间还存在非常大的差距。

二、高职人才培养模式的发展趋势

一切高等职业教育人才培养方式的选择都在于高等职业教育的目的、高等职业教育人才培养的目的和总体目标，并没有因为不一样的基本国情、省情乃至一个地区的状况发生相应的改变。另外，大家应当意识到，高等职业院校教育人才培养方式的选择和改革创新发展必定会受社会发展、经济发展新趋势的影响，务必融入社会发展和经济发展的规定，考虑受过训练的人才的未来，对于发展问题，还必须考虑当前需求与未来长期发展之间的关系。

一切高等职业教育人才培养的方式都有其特殊情况以及本身的优点和难以避免的缺点。一切高等职业教育人才学习培训方式也务必融入特殊种类的地域和特殊种类的学校情况，而且很难存在广泛可用的高等职业人才学习培训方式。即使这样，仍然可以找到各种人才培训模型中的共同点和一些共同的趋势。

1. 以能力为本、技能至上的教育理念为指导的培训模式

以能力为基本的专业技能优先选择是高等职业教育的基本教育核心理念，它由岗位教育自身的特性决定。高等职业教育人才培养总体目标的精准定位是培养很多与高等教育相对应的高档技术型人才。高等教育以课程为基本，关键培养科学研究人才。高等职业院校教育重视技术性的把握和技术专业能力的培养，简言之，应用型人才就是指能够将技术专业的基础知识和专业技术人员运用于社会发展、生产制造与生活的技术专业人才。他们必须把握社会发展、生产制造和社会实践活动的基础专业技能和强劲的专业能力，是从事一线生产制造或服务项目技术的专业工作人员。

基于能力的教育的关键是依据技术专业岗位的要求，明确能力培养的总体目标。院校聘用相关领域的权威专家，构成一个技术专业的课堂教学，具体指导联合会，剖析岗位组的要求，了解岗位组的每日任务，并明确培训目标的相对能力。随后，院校机构的有关教职员工针对这种能力，设定课程内容，最终评定这种能力是否可以满足要求。基于能力的教育观注重将能力作为课堂教学的基本，而不是系统软件的学术研究知识结构。在课程管理中，它注重将形式多样的办学形式与严苛的创新管理紧密结合，学员能够依据自身的状况决定学习的方法和时间。课程内容长短可以不一样，而且大学毕业时间也不是一致的。学员的产出率特性是种类多、批号小、品质高。它摆脱了之前以严苛的课程管理体系为课程内容的教育管理体系，并依据课程学术研究管理体系，明确的课时分配，来开展课堂教学和学习培训，以岗位组所规定的技术专业能力的发展为基本。关键总体目标是确保岗位能力培养总体目标的如期完成。

基于能力的教育概念于20世纪60年代和70年代在美国形成，为了重视

工作能力的获得，提倡基于能力的职业教育体系。它的想法最初源自适应第二次世界大战后美国转移退休人员的需求。在美国的课程改革运动中，人们将对教育质量的不满归因于教师的教育和教学能力，因此他们要求对教师的教育进行改革，并提高与教学效果有关的教师的能力。美国于 1967 年提出了用基于能力的教育来代替传统学科，以培训教师接受新的教师教育计划，这要求将教师工作分析的结果体现为教师必须具备的能力标准。

到 20 世纪 70 年代，基于能力的教育思想慢慢完善，并开始运用于职业教育和学习培训。基于能力的教育定义随后散播到澳大利亚，并在 20 世纪 80 年代慢慢散播到很多国家和地区，如欧洲、亚洲地区和加拿大，这对职业教育和学习培训造成了深远的影响。特别是在 20 世纪 80 年代中后期和 90 年代初期，英联邦国家的关键国家，如美国、加拿大、澳大利亚等，根据基于能力的职业教育观念复建了各自的职业教育和企业培训体系，并将能力放置基本职业教育观念，并引向新的高度。以能力为基本的职业教育定义是在 20 世纪 90 年代初被引入我国的。出于能力的职业教育的优势，造成了全球的普遍关注。它一度变成全球范畴内职业教育改革创新的发展目标，并变成全球范畴内职业教育改革创新的潮流趋势。

以能力为基本的教育的关键是使学员具备某类岗位需要的具体工作中能力。根据对岗位人物角色主题活动的综合分析，其基本概念是为领域和社会发展明确培训目标，设计课程内容、方式和过程以及评定教学内容的能力，注重学员在学习过程中的主导性。因为不一样的国家或地域对基于能力的教育的了解不一样，因而出现了很多不一样的特殊实践活动。基于能力的教育在不一样地域或组织也被称作"学习过程的管理方法""职业技术教育的系统软件发展趋势方案""课程内容发展模式"或"教学方式"。

与传统式的岗位教育教学方式相比，基于能力的教育具备与众不同的优点和本身的特性。首先，基于能力岗位教育的课程目标明确、目的性强、可执行性强，全部课程目标的基础是使受到教育的人具有从事某类岗位所必不可少的能力。其次，教学内容是根据技术专业岗位所需能力的剖析，融合基础知识和实践活动技术培训，产生了与一般高教育课程设置迥然不同的模块化课程设置。最后，以学员为管理中心，而不是以教师为管理中心。以学生的学习活动为管理中心，重视"学习培训"而不是"课堂教学"，高度重视学生的人性化学习培训。

基于能力的教育观也有局限，具体表现为在教育目的中注重个人行为，忽略社会道德的趋向。在教育方式上，对相对的具体的任务开展学习培训，会在一定程度上影响学员未来迁移岗位的能力,与继续教育和终身学习的教育核心理念相比还存在显著的不足。

以能力为基本的逻辑思维创造了全新升级的教育评定量表和关键的人力资源管理分配机制。它有别于一般教育的传统式(以知识为本和课程为本)的价值观念,为职业教育深化改革出示了新的观念驱动力。在基于能力观念的影响下采用的一些方式,比如专业分析,依据工作能力设计课程内容及发展校企协作的教育方式,合理地缩短了职业教育与社会经济的间距。虽然基于能力的职业教育观念越来越被品质化和个性化的职业教育观念所替代,但其基础观念和对能力的高度重视迄今仍具备使用价值。

与其他类型的人才培养实体模型相比,基于能力的人才培养实体模型具备下列特性:

(1)以一线生产制造的具体要求为关键,设计人才培养的总体目标。在知识迁移的全过程中,基本知识的熟练度尤其突显,这与普通高等教育对科学研究能力的高度重视截然不同。

(2)紧紧围绕一线生产制造的具体要求,设计优秀人才的知识构造;在课程内容和教学过程中完善知识和实践活动知识,而课程管理体系的一致性和相对性被忽视,对不太熟悉的前沿领域的未知内容的探索也被忽视。

(3)学习培训全过程注重校企合作办学,与一线生活实践紧密结合,更重视实践活动教学过程。这一般是学员开展实践性质的课堂教学,以融合有关技术专业知识并搜集有关专业能力。毕业论文一般没有很高的规定。简单来说,基于能力的优秀人才关键是运用知识,而不是发掘和造就新知识。社会发展对这种优秀人才的需求普遍,因此基于能力的人才培养实体模型是高等职业院校教育务必高度重视的人才培养方式。基于能力的优秀人才还需要繁杂的学习培训全过程,这还可以体现院校的水准。

2. 对外开放教育核心理念具体指导下的学习培训方式

高等职业教育人才的培养方式务必以优秀恰当的教育核心理念为具体指导。当今,开放学校是一个基础发展趋势,也是非常值得关心的发展趋势。对外开放教育是对外开放目前的教育资源,供学生参照和学习培训。它有两个含义,一是教学资源的共享资源,二是学生的学习培训。对外开放教育与封闭式教育相比,对外开放教育具备好多个基本特征:注重校校协作、校企合作办学,而不是院校的"单一工作中";它偏重于学员和学习培训,而不是教师、院校和课堂教学;选用各种各样有效教学的方式;消除各种各样学习培训阻碍。开发教育对入学者的年纪、岗位、地域和文凭没有过多限定,具备一定文化艺术和知识基本的有理想的学生都能够享受教育,学员有权利选择课程和应用新闻媒体。学员还能够依据教学方式、课程学习、时间和地址等因素进行自行选择,课堂教学应用了各种各样的新闻媒体教材和当代信息科技。对外开放教育的实质是集中化、高品质的资源,联合办学,并给予人最好的教育。每个人都有权利接纳终身教育,这不但代表着教育目标的对外开放,并且更关键的是教育意识、教育资源和教育全过程的有效开放。

在我国,高等职业教育指导方针的"三个坚持"中的第三个坚持是:坚持不懈以职业教育为行为主体,塑造质量第一核心理念,塑造课堂教学工作中的管理中心影响力,形成高等职业院校教育的关键影响力;构建灵活的对外开放的多层面、多方式的技术专业教育方式。高等职业教育的专业性、普遍性和产业性决定了它不可以独自一人在校内封闭式(自说自话、封闭自己)地独立开展知识迁移或仅借助职业学校的资源来发展学生职业能力。职业培训务必对外开放,借助当地、相关领域与企业的技术和管理者、基础设施建设和技术专业办公环境,并以产学研用一体化为桥梁,提供恰当服务项目,另外为地域、相关领域和企业提供岗位技术培训。在我国,职业教育改革创新的切入点是综合实践课程。在中国现行标准的高教育体系和传统式教育体系下,因为资源比较有限,高等职业院校本身无法为受教育者出示全方位、最前沿的职业课程和优秀的专业技术。为了更好地提升传统式的教学方式,需要在高等职业院校中创建全方位的岗位教学环境,明确提出真正的岗位运行全过程必须与领域和企业协作,创建教学方式。与企业构建异质同构的教学模式,以课程设置改革创新为关键,塑造与企业工作中高效对接的优秀人才。但只靠高等职业院校难以保证这一点,所以必须走对外开放教育和协作教育之路。特别是在培训中心基本建设中,必须提升与企业的协作力度。校内校外实践产业基地的基本建设是塑造高级关键技术优秀人才的前提条件,尤其是校外实践产业基地,更多的是依靠企业的具体要求。培训中心的基本建设应尽量与生产制造、基本建设、管理方法和服务项目的第一线保持一致,产生真实或仿真模拟的技术专业自然环境,并留意资源的提升配备和有效共享。可以说,要是没有校企合作结合,就不太可能真实塑造出切合实际生产主力发展与水准的技能人才,学生就业就不容易具备市场竞争力。

高等职业院校应促进制度创新,增强职业教育的生命力。本着互利互惠的原则,努力与相关机关事业单位协作,开展整合资源和资产重组,合理配置，扩张高品质资源，走规模性、专业化的道路。连锁加盟教育，走校企合作办学的道路，从而产生前校后厂、学校和企业真正容易的校办实体线。另外，它还能够积极主动消化吸收商业资本和国外资产，探寻以公有制经济为核心，产权年限清楚，多种所有制性质共存的学校制度。除此之外，大家应灵活运用高品质的职业教育资源，推动地区及城乡间差距的协同招收，开发教育和职业技术学校协作。对外开放教育是完成院校间共享资源和学分制双边协定的理想化方式，这对整合教师教育的学术和非学术资格以及职前和职后之间的联系和交流是有益的探索。传统教育和在线教育的结合为混合学习模型的建立提供了有效的切入点。

完成高等职业院校的开放式教育是高职教育改革创新的关键任务，这反映在高等职业院校办学形式、办校方法、办校体系、管理机制和投资总额的自主创新上。办学的开放性体现在政府、大学、企业和其他社会机构共同参与高等职业院校的组织上以及许多其他方面的支持上，包括开办各种形式的学校，如私人资本投资建立的高等职业院校；省部委联合建设高等职业院校；高校协同教育，高校与企业，高校与科研院所及高校与国外高品质教育组织的普遍协作。这不但规定了当地政府和企业需具备责任感，还规定高等职业院校要积极为社会发展和企业服务，使自身变成当地政府和企业不能缺乏的关键资源。校企协作和校企合作结合直接关联到高等职业院校的基本建设和发展，人才的培养工作关系到制造业企业技术人才的塑造和应用管理方法，这已变成高等职业院校和社会发展广泛关心的关键课题。

3. 终身学习教育理念指导下的培训模式

"终身教育"是由法国人保罗·朗格朗明确提出的。在1965年联合国教科文组织举行的国际性成年人教育推动大会上，曾任联合国教科文组织成年人教育局局长的保罗·朗格朗明确提出了这一定义。他提出："终身所意味的，并不是指一个具体的实体，而是泛指某种思想或原则，或者说是指某种一系列的关系与研究方法。总的来说，它指的是对一个人的日常生活开展教育，对社会发展和生活开展教育的总和。"之后，其他人对终身教育也提出了不一样的表述。戴维提出："终身教育应该是个人或团体为了提高自己的生活水平而经历的，社会和职业过程是生活的过程。生活的各个阶段和领域都是为了激发灵感和不断向上，包括所有正式、非正式和不正式的学习，是全面统一的概念的一种。"联合国教科文组织终身教育研究所的E. 捷尔比提出："终身教育应是院校教育与毕业之后教育与学习培训的融合；这不但是正规教育与不正规教育间关联的发展趋势，更是个体（包含少年儿童、年轻人、成人）根据社会日常生活来完成其较大的文化艺术和教育总体目标,并组成以教育现行政策为管理中心的因素。"

根据所述见解能够看得出,虽然有几种见解对界定的表述有自身的重点,但有一件事是同样的,即他们都觉得"终身教育"是接纳各种各样教育的总数。现阶段较为广泛的观点是,终身教育是"大家一生中接纳的各种各样涵养的总数"。它起源于人们生命的开始,完毕于人们生命的结束,具体包括发展的每个环节和各个领域的教育主题活动。它不但包含一个人从新生儿时期到不一样发展环节的纵向教育,还包含从院校、家庭和社会发展得到的教育。终极目标是"保持和改进个体的社会发展生活品质"。

终身教育的概念正在不断发展。21世纪国际教育委员会在向教科文组织提交的报告《教育——财富蕴藏其中》中进一步揭示了终身教育概念的内涵。当然,终身教育的重点是使人们适应工作和职业,但这绝不意味着人是经济发展的工具。终身教育除了要满足人们的工作和专业需求,还应注重铸造个性和发展个性,以充分发挥个人的潜能和才能。

终身教育具备以下四个显著特点:

(1) 终生。它是终身教育的较大特性。它提升了基本院校的架构,将教育视作一个人一生中不断进步的全过程,是大家一生中接纳的各种各样学习培训的总和,完成了从学龄前儿童到老年人的全部教育过程的统一,包含正规教育和不正规教育。它包含教育系统软件的全部环节和方式。

(2) 全民性。终身教育的全民性代表着接纳终身教育的大家,包含任何人,无论性别、年纪、财富或贫困。联合国教科文组织汉堡教育研究者达贝明确提出,终身教育具备民主建设的特点,抵制为了精锐而服务的教育专业知识。这代表着具备多种多样工作能力的平常人能够公平地接纳教育。事实上,如今的社会每一个人都务必学习生存,终身学习是学习生存不可或缺的,由于生存和发展是当下时代的流行趋势。这就是现代社会向任何人明确提出的新主题。

(3) 广泛性。所谓的广泛性实际上指的就是终身教育的各种形式,包括家庭、社会和学校教育,也可以说是个体的各个阶段,即一切的时间、地点、场合与方面的任何教育。终身教育观念的提出拓宽了个体学习的时间和空间,为教育事业的发展注入了新的生机。

(4) 协调能力和实用性。当代的终身教育是非常灵活的,这体现在只要想要学习,就可以在任何时候、任何地点接受任何形式的教育。学习的时间、地址、内容和方式均由本人选择。大家能够依据自身的特性和要求挑选最好的学习方式。终身教育和终身学习的核心理念在世界各地不断发展，并获得世界各国普遍的高度重视。当今，很多国家的政府部门都将终身教育作为自身教育改革创新的目标，将终身教育列入规范化方式，并依据终身教育的标准重组和设计自身的国家教育管理体系，尝试创建终身教育，如从幼稚园到高等学校、从家庭教育到企业教育，全面推行规模性的终身教育管理体系。

在1999年举办的第二届国际性职业技术教育大会上，联合国教科文组织干事长在"联合国教科文组织二十一世纪第一个十年计划"的汇报中着重强调：技术性和高等职业教育与学习培训不但应受"要求驱动"，还需要"发展要求"驱动，这合乎如今的社会发展和技术性发展的具体需求。自20世纪90年代至今，随着科技进步的发展，在知识经济发展时期和经济发展全球化时期，产业布局的持续调节及资产、技术性和工作人员迅速流动，终生就业率越来越低，大家的职业发展变成一个变化规律的过程。因为流通性大、变化快、知识使用价值的生命期短，企业必须不断创新商品以追求完美升值，并驱使每一个人不断创新他们的知识。技术专业岗位和专业能力的迅速转变规定每一个受到文化教育的人都有升级知识和专业技能的能力。

21世纪是一个终身学习的时代，一个越来越重视人力资源、潜力和价值的时代。在这样的时期，高等职业教育不但应是受教育者的存活服务项目，并且应是受教育者的发展方向，并以此塑造受教育者的可持续发展能力。另外，大家还要集中注意力激起受教育者的创造意识和能力，重视受教育者挑选日常生活和岗位的支配权。岗位教育的关键任务是塑造学员的职业能力，而人的职业能力是一项综合性能力。职业能力不但要把握特殊职位的特殊专业知识和专业技能，并且也要把握与本身发展相关的各种各样的综合素养和感情心态；不但要把握当下固定的专业技能，并且要通过自学观念和自学能力适应社会经济的产业链提升，满足调节和升级的需求，不断创新和充实自己的知识体系，产生可迁移的岗位能力，并具备能够从业一些或好几个岗位组的职业能力，能够通过自我更新来适应新职位的要求。

在终身学习教育理念的具体指导下，高等职业院校学界已经逐渐构建终生岗位教育理念，并在学习培训全过程中高度重视基础理论与专业技能的关联。不但要以职业群所需要的技能培养为基础，同时必须提升对学员的全方位素质教育和品质教育，以提升学习者的继续学习、职业发展和将来转移的能力，并融合联合国教科文组织的"学习生存"中提出的四个教育支撑，即学习做人、学会做事、学会学习和学会与他人共同生活，能够真实完成高等职业教育的人才培养计划。

另外,全力应用当代远程控制教育技术,完成高等职业教育中高品质教育资源的共享,使大量的人有机会接纳优良的教育,创建学习型社会,长期性学习培训能够更好地推动人的全面发展。它是新形势下我国高等职业教育改革创新与发展的新方位。

第四章 文秘专业的行业特点与人才培养

第一节 文秘的行业特点分析

一、宏观层面

1. 对高级复合型人才的需求不断增长

在当代社会中,科技进步日新月异,社会生产日益繁杂,信息内容高速对外开放,世界互联网的经营等使全球联系越发紧密,世界范围越来越小,大家的工作和生活的节奏变得越来越快。自从我国加入世贸组织,并随着互联网技术的迅速发展至今,当代文秘工作的宏观经济和微观经济环境发生了重大转变。随着社会数量的提升,社会生产和管理方法越来越繁杂,必须要用脑开展的劳动形式在社会生产中占有的市场份额也不断提升。作为社会生产管理方法基础水准的一部分,文秘工作的多元性和必要性对文秘的工作明确提出了更高的规定。文秘在协助管理者摆脱困境中发挥着关键功效。如今,随着科学技术的飞速发展,领先的决策者如何获得替代信息或决策机会?在这样的背景下,高级别文秘的重要性尤为凸显。同时,由于社会的复杂性,传统的单一类型的文秘不再适合社会的需要,复合型的文秘人才已成为主要的市场需求。

2. 文秘工作的专业范围应不断扩大

文秘是为领导者和其他人提供服务和协助的职业。随着时代的变迁,其服务宗旨和范围不断扩大,专业化的趋势越来越明显。首先是文秘的工作遍及所有行业,其次是文秘工作的范围正在扩大,最后是文秘的工作时空进一步扩大。高科技和办公自动化技术的发展将使文秘人员的"移动办公"成为现实,这使他们能够管理企业事务,甚至在家里也保持密切联系。

3. 文秘工作的国际化和社会化趋势

随着中国市场经济体制的发展和开放机会的进一步扩大，特别是加入世贸组织，文秘工作的社会化是显而易见的。在新时代，不仅许多政党、政府和军事机构、企业和机构都需要文秘，而且在北京和上海等大中型城市也有非常受欢迎的私人文秘、兼职文秘，各种文秘服务企业也需要文秘。他们提供信息咨询、文学写作、文秘服务，如手稿翻译、文件管理和公共关系谈判等。文秘的工作涉及社会结构的各个方面，政府和其他政府部门或私人企业通常都有文秘机构，并且有相当大数量的文秘从业者。近年来，由于经济的飞速发展和生活水平的提高，一些社会名流、专家、科学家等都受到关注，具备雇用私人文秘的动机。文秘的工作正在走向社会化。文秘作为一种社会职业，如今已越来越接近国际经济，其国际化趋势将会加剧。在中国，文秘工作也具有很高的职业知名度。文秘在我国的工作正走在国际化发展的道路上。

4. 办公自动化已成为文秘工作的重要工具

在新的文秘服务时代，促进办公自动化是信息社会和网络时代的需要。这是社会和经济发展的需要，也是文秘工作科学性的具体展示，是标准化和规范化程度的基本要求。通过计算机管理技术和网络，办公变得更加便捷和轻松，这使文秘相关工作的开展能够实现资源节约和资金节约，提高效率，使网络远程办公成为可能。在提出决策建议时，使用计算机技术可以为决策者提供更准确、更快的信息。

5. 文秘工作的文书特点很明显

随着社会经济的发展，工作效率和生活水平的提高，文秘作为对公众服务的职业，具有更加明显的咨询功能，并且这种特点贯穿于文秘的大量事务工作当中。

从提供理论和法律依据到决策前的信息材料，到展示决策计划的潜力，再到执行决策和提供反馈，文秘都需要提供全面的支持工作。文秘必须理解并从根本上把握领导者的思想脉搏，尝试与管理者的想法相符，试图了解情况并综合各种因素彻底分析问题从而提出解决方案。

在工作中，文秘要认真听取并记录领导讲话，积极、自觉地向领导询问或讨论不清楚的问题，以了解领导对特定问题的主要看法。同时，文秘还应具备主观能动性，找出影响大局的弱点，并对管理者进行透彻深入的研究，为其提出合理和认可的建议以引起关注。文秘还可以对一些关键问题进行前沿研究，以为管理人员可以早日准确做出决策的方向和发展的方向提供支持，帮助领导者取得更大的成功。

二、微观层面

1. 文秘工作应考虑到个性、不规范和封闭等特性

文秘服务的目标人群——政府官员，商人或职业经理人——是人群中要求比较高的代表性人物。因为这个阶层非常特殊。一方面，他们为社会和经济发展做出了直接而巨大的贡献，具有创造力和开创的精神，有超凡魅力和领导才能，并以个人的精力管理着更多的社会资源。另一方面，他们也是最挑剔的人群组。他们的许多"标签"，如职位高（相对于企业内部集团而言）、权重（就内部决策权而言）、自身能力强，不一定是一件好事。职级相差越大就越难沟通；拥有极高的权力就会很难交流；强大的能力意味着更高的要求，对他人的满意度就会降低，或者将文秘衬得毫无用处，结果文秘提供的支持和服务工作成为一项"非常苛刻、困难和满意度较低的工作"。

文秘工作是完全个性化的，因为没有两个老板具有相同的工作习惯、爱好、需求和标准，所以严格来说，不可能规范文秘的工作。文秘的经验很封闭，缺乏互操作性和可交流性。即使工作人员来自科班或曾担任某著名集团总裁的文秘，也很难保证他们在新职位上能取得成功。

2. 文秘工作内容的多样化、角色的多样性和相关事项的复杂性

组织要求使利润最大化，从而导致文秘工作的多样化和职能的多样化；以市场为导向的活动增加了多个主体之间的纠纷，包括顾客、组织、股东、政府、社区等，这样一来，文秘工作的难度和任务量自然会加大；组织方面的竞争活动需要文秘非常快速地完成工作，如果时间过长，即使做出精品，文秘的此项工作的完成度也不会受到上司的满意或夸奖；办公技术和信息管理的发展改变了文秘的主要"短板"知识结构，学习变得迫在眉睫。从以上几点来看，不管是文秘工作的强度、难度，还是文秘工作的速度和深度都在逐渐提升。因此，企业文秘必须具有多种多样的能力，不仅能够掌握熟练的专业理论，具备一定的写作能力，而且还能快速、轻松且高效地写作、说话和做事。

3. 文秘工作的被动与压抑

客观来讲，即便是一个逻辑思维严苛且颇具想象力的人也没法预知未来的工作。有时候会忽然产生琐事，很有可能会突然忙几日，而主导权却不大。这就是文秘工作被动性的具体体现。压抑性包括两个层面：一方面，文秘的工作特性决定了其工作能力和影响力，时间精力成本和结果产出经常相差太

大，有时候的确很艰难，但结果却很不好，因而必须以更强的心理状态承受相关的压力；另一方面，是文秘工作的商业秘密特性，工作的绝大部分内容不可以泄露出去，因而心理负担非常大。

三、外部层面

1. 通才更受欢迎

现在，文秘不再是普通文秘，而是更复杂的文秘。无论是企业还是简单的工厂，秘书的定义都不再局限于例行任务，如发送和接收文档、编写文档、处理文件等。雇主现在会关注他们是否具有其他技能，如良好的沟通能力、人员管理经验等。显而易见，雇主正在强调最大的利益和削减成本。招聘人员时，这种情况最为明显。因此，文秘不应将自己视为只专注于一个方面学习的专业人员，而是使自己成为各个方面的通才。

2. 秘书职业的重大变化

政府机构、事业单位和全国性部门对文秘人员的需求逐渐下降，而外资和私营企业对文秘人员的需求逐渐增加。大型部门的劳动分工更加细致，文秘人员的需求量很大，其中大多数是行政文秘的工作，有专职工作人员、专职档案管理员和工作人员。中小型单位对文秘人员的需求相对较低。实际上，中小型单位需要的是"专职文秘"，也称为"办公室文员"，从事多个工作。对该行业人士的访谈显示，文秘通常会处理最基本的日常任务，即发送和接收文件以及接待访客和统计工作人员出勤率等。需要提到的一件事是，随着国际贸易的不断发展，很容易看出外国企业也需要聘请文秘，但它们偏重英文能力较强的人，至少知道如何用英语与人沟通。他们必须具备CET-4（大学英语四级）以上的英文能力，通常是与外贸相关的职位。当前，中小型单位对文秘人员的需求正在增加。此外，从经济、法律和医学的角度来看，也有必要增加文秘处的工作人员以协助管理。在现阶段，这些职位主要由"办公室文员"和总裁助理担任。"办公室文员"队伍迅速壮大，"商务文秘"人数逐步增加。同时，与每个专业组相对应的专业职位发生了重大变化，并创建了新的职位，这表明社会对文秘的需求很高。

3. 担任文秘职务的大多数人是女性

文秘大多数为女性，很少见到男性从事文秘工作。应该指出的是，中初级文秘大多由女性组成，而能力较强的高级文秘多是男性。粗略地说，由于女性举止得体，适合基层事务，因此她们在初级和中级文秘中占很大比例；男人更专业，逻辑能力更强。以文秘的工作性质为基础，可以将文秘分成是

第四章 文秘专业的行业特点与人才培养

普通文员、官方文秘、商业文秘、人事文秘、私人文秘、助理经理等。

第二节 我国文秘人才需求特征分析

从具体要求来看,超过80%的企业挑选了职业院校的毕业生(高职技术专业),而不到20%的企业表明其必须是本科毕业生或本科以上的毕业生。这表明,企业和机构对文秘人才的需求更加务实,一般认为职业院校的文秘教育是足够的。许多企业和机构认为,迫切需要的是文秘专业所需的合适人才——他们重视的是文秘人才的专业性、技能和商业能力,而不仅仅是学历。

从所需文秘的类型来看,有65%的部门选择了复合型文秘,这表明当前的复合型人才最受欢迎,其次是应用文秘、创新文秘、业务文秘和技术文秘。企业和政府机构对文秘人才的要求不同,但是都具备德才兼具的素养。

据统计,企业重视的文秘毕业生的整体素质从高到低为思想道德、文化、专业、心理、团队精神、沟通协调能力。大多数单位在评估文秘工作人员时都重视基本素质,如道德教育、灵活性、努力和知识掌握程度等,这些素质可以概括为"需要素质而不需要专业方面的精深"。在素质方面,学生的德行处于首要位置,这也表明了企业对文秘德行的重视程度。在思想和道德素质方面有更多选择,如职业道德、职业素养、良好的人际关系、勤奋工作的精神、对职责的忠诚等。

从文秘工作人员要求的其他素质的角度来看,文秘工作人员的文化素质从高到低分别是掌握良好的专业技术知识、掌握广泛的专业知识、对一般人文科学知识的理解、对相关学科知识的掌握、对一般社会科学知识的掌握。学生在业务方面的具体素质通常直接影响工作效率。企业和机构所关注的文秘毕业生的业务素质是自营职业技能,组织和管理技能,实际工作技能,创新能力,接受、处理和使用信息的能力。良好的心理素质也是企业和机构关注的一个因素。当今社会是一个充满竞争和挑战的多元化社会。文秘能否适应新时代并取得成功,在很大程度上取决于他们的个人心理素质。企业和相关的事业单位注重毕业生的心理素质,如工作热情、自信、独立积极的工作、追求卓越、对成功的渴望、开放和乐观等。杨群欢等对新时代文秘职业能力的研究表明,当前对文秘职业能力的社会要求如下。

一、注重写作基本功和办事能力

雇主密切注意文秘的写作技巧,通常表述为"写作能力""会写作""良好的写作技巧""文笔较好""扎实的写作技巧""较强的写作技巧""最好发表的作品"等。许多雇主说,他们在雇用文秘时非常小心,资格审查、面试和笔试必须达到三级合格。最后的笔试实际上就是需要通过写作这一关卡。在访问过程中,雇主还评估文秘理事务的能力,包括"能够做事""善于沟通""与社会很好地沟通""很好地协调各种关系""强烈的行动主义"和"易于与人沟通"等。文秘的写作内容非常广泛,但是文秘的写作与文学作品有所不同,范围也很明确。文本的主要内容是实用的写作,尤其是会议语言的种类繁多,充分体现了文秘写作的灵活性。从领导的角度来看,写作能力可以说是文秘的一项关键技能。

文秘的工作还包括事务管理服务。如果写作是文秘的关键属性,那么在新形势下,处理事务、理解交流以及与公众沟通的能力是必不可少的文秘技能。随着市场竞争的加剧,如果无法沟通并且不知道如何与公众沟通,将无法成为合格的企业文秘。文秘的办事技能与写作技能同等重要,这已成为共识。能够处理事务并对他人友善的"助理"文秘将成为迫切需要向公众提供创造性服务的"灰领"熟练人才。笔者认为,发展学生的处事能力不仅需要有效的理论教学,还需要将理论知识转化为实践技能,吸收书本知识,加强实践联系,在大学外建立校园培训基地和实践基地以及发展各种技能,真正地走出课堂和学校,更好地了解社会。

二、注重思想品德和工作经验

文秘工作人员与管理人员紧密合作,与管理人员保持更多联系,直接协助领导干部工作,处理具体问题,文秘的思想素质十分重要。企业非常重视文秘的思想素质。关于"哪个能力对于从事秘书的工作最重要"的问题,第一选择是"辛勤工作和尽职于本职工作"。在正常情况下,学生党员、三好学生和优秀学生在雇主中更受欢迎。在职位发布中,经常会看到诸如"忍受苦难的意愿""务实的作风""工作的意愿和正确的思想"之类的词,它们都表达了相同的要求。文秘的思想素质是工作顺利进行的关键条件。对于曾经担任文秘并有一定经验的人来说,雇主可以节省基本培训的时间和金钱,工作更加顺畅。高等职业教育更多地侧重于学生实践技能的发展,而且大多院校已经建立了实践教学环节。除了学校组织的暑期社会实习外,学生还积累了相关的社会工作经验。尽管他们无法成为专家,但也是刚刚接触文秘工作的人无法比拟的。这类学生通常在毕业后适应工作的时间通常较短。在管理团队越来越年轻的时候,服务于经理的文秘受到年龄的限制也就不足为奇了。

文秘团队的青年化是发展趋势，也是适应社会发展的关键要求。

三、注重电脑、英语和调研能力

近年来，计算机化的无纸办公形式已广泛应用于社会生活和工作的各个方面。使用先进的计算机技术来管理手稿和事务已成为现实。要成为文秘，必须精通计算机。计算机技能已成为文秘工作人员的关键技能之一。招聘广告、问卷调查和报纸上的采访显示，雇主要求文秘使用计算机，"熟悉计算机书写和编辑""了解计算机"并"能够使用现代办公设备"。接受调查的部分人员中有65%的人认为英语文秘应达到CET-4水平，这相当于普通本科毕业生的水平。那些需要达到CET-6或更高水平的人大多是涉外单位，并且数量每年都在增加。

中国的社会主义市场经济体制日趋完善，与国际标准的融合日益明显。企业需要进入国际市场并获得有关国际贸易的信息。语言是沟通、获取信息和营销的工具。具有"良好的英语口语能力"和"较强的英语口语和书面能力"的文秘工作人员经常成为人才市场上的"热门货"。选择文秘时，不仅要注意计算机能力，英语、写作技巧和水平，还要高度重视文秘的分析和研究技能。如今，文秘一般都具有这种能力和水平，但他们通常缺乏良好的分析和研究能力。一家在杭州的企业的工会主席说："目前，文秘们最缺乏研究和分析的机会。他们认为文秘的工作是做事、写文章，分析和研究管理事务与秘书无关。"实际上，领导的相关决策通常都会参考文秘的文案和想法，如果想要提供相应的方案，不做调查分析和研究是不可能实现的。只有通过研究，才能提高工作水平，才能真正做好文秘的工作。在调查问卷"您认为文秘现在缺少了什么？"中，分析、调查和协调能力被认为是最重要的三个方面。在"您认为文秘应该具备的能力"的答案中，除了撰写和完成任务外，协调、分析和组织技能也紧跟其后。可以看出，雇主对文秘服务的要求不仅限于严格的条件，如计算机许可证、英语许可证和驾驶执照，而且还高度重视灵活的人才素质，因此鼓励文秘从助手到参谋、从只会写向能够帮助办事转化。

四、注重效率意识和心理素质

企业通常寻求最大化的经济利益，因此商业企业的文秘经常扮演许多角色，不仅执行许多微不足道的办公室任务，而且处理紧急情况，有时还担任公共关系注册员。通过许多有效的服务为企业带来了经济利益，如信息收集、托管和外部协调。因此，文秘要满足企业发展的"高效意识""强大的心理承受力"和"团队精神"的要求。从某种意义上说,时间支配着企业的成败。因此,企业文秘的工作必须迅速并努力跟上市场变化。同时,文秘处于各种管理系统的中心,地位特殊、任务艰巨、角色复杂,常常处于紧张状态。文秘工作的有效性不仅取决于一个人的能力,还取决于心理状态。良好的心理承受力是文秘使用其工作能力和理解助手角色的主要条件之一。相反,不良的心理因素将直接影响其观察、思考和表达的能力,从而损害文秘的积极性和主动性。

五、注重经济和法律知识

市场经济又被称为法律经济。法律可以指导、促进、保护和限制市场经济。市场经济要求文秘具备法律知识。同时,文秘处的工作人员实际上在整个工作过程中处于管理层。会计人员管理进出的资金,技术人员管理技术指标,文秘人员协助管理事务。因此,行政知识对于文秘是必不可少的。文秘在自我完善的过程中,应努力学习经济学知识,掌握法律基础知识,扩大知识面,以满足知识经济时代的高要求。

随着中国特色社会主义市场经济体制的进一步发展和社会经济的飞速发展,世界贸易组织庞大的法律框架对中国政府、企业、机构与组织的治理和职能产生了全面而深刻的影响。互联网技术的飞速发展将办公自动化程度升级到更高级的工作平台,将导致整个社会的思想观念发生深刻的变化。由于辅助决策管理的文秘工作将发生相应的变化,其工作的性质和方法也会发生变化。因此,文秘人才也需要一个新时代。

第三节　文秘工作的发展趋势

一、文秘工作的范围进一步扩大

中国加入世界贸易组织加快了中国融入世界的进程。市场经济是开放经济,它不仅消除了人为的关税壁垒,减少了严格的市场准入条件,而且影响了整个市场甚至整个国家。首先,这种情况将文秘的工作引向国内外两个主要环境,并客观地扩大了工作范围。政府部门、企业和机构将从事跨部门、跨地区和跨境的政治、经济、文化、教育和军事活动。从地理角度来看,这些活动将远远超出过去的计划,直接从地域上实现了圈子的扩大。地区的发展不仅扩大了文秘的工作范围，而且加深了文秘与公众的工作深度，进一步扩大了交流渠道，并增加了各种影响的程度。这要求文秘不仅要了解其部门和行业的状况，而且要了解各个行业和全国各地的状况，并更加密切地监测各种发展趋势。这不仅扩大了文秘的工作范围，工作量与难度也大大增加。

二、文秘人员的聘任进入市场化的轨道

中国市场经济的深入发展无疑将改变文秘人员的发展形式，从过去的单一任用制转变为以市场为导向的发展。这意味着文秘人员队伍将进一步扩大，任命要求也将进一步增加。

首先，政府职能的转化和人员编制的重组，使一些没有干部身份的人通过了公务员考试，可以进入国家机构。担任文秘职务为一些对文秘工作感兴趣的人提供了机会。同时，政府和企业责任的分离使国有企业的法人享有内部人权，并将公共部门工作人员的雇用制度从法定身份管理制度改为社会雇用合同管理制度。这样，企业和机构就可以根据自己的需求，招聘包括文秘人员在内的各种杰出人才，作为未来员工的关键群体。

其次，除了主要的国有和集体企业，私营企业、外商投资企业和个体工商企业等各种非国家行为者也将涉足各个经济领域。多种不同类型的经济贸易活动产生了大量的事务，需要文秘去处理和解决，因此对文秘的需求量不断增加，也成了聘请文秘最为关键的理由。

最后，随着文秘工作的扩大、现代技术的发展以及各种公共事务的增长，需要大量高素质的文秘来处理各种复杂的政府的事务任务。将来，招聘文秘人员以满足社会各行业需求和所有权不同的经济经营者，可以根据其服务目标和社会职能分为以下几类。

（1）党政机关任命文秘。这些文秘应通过国家公务员考试，并应按照公开、公平、竞争和选拔原则聘用。

（2）国有企业事业单位制定制度的文秘。根据社会公开雇用的原则，用人单位对学历、专业、性别、能力、年龄等提出适当的要求，并根据最佳情况进行评估和接受。雇用后，签订若干年的雇用合同。根据职位的需要，他们可以被聘为各种行政、教学、研究等领域的文秘。目前，我国公共事业单位人事制度的改革已经开始，各部门人员的补充方法也开始受到考验。一旦获得了经验，毫无疑问它将以全国性的体系形式建立起来。

（3）非公有制经济经营者招聘文秘。这种雇用文秘人员的方式最早出现在 20 世纪 90 年代的中国南部沿海城市的非公共工商业企业中，并在全国范

围内逐步扩展，无疑将成为整个文秘团队中不容忽视的部分。随着经济的发展以及非国有工业和贸易企业的发展壮大，其文秘团队将逐步占据我国文秘的一半以上。

（4）私人文秘。这类文秘大多出现在市场经济发达的西方国家。社会地位和经济能力不高的中产阶级及以上的社会成员，如律师、教授、贵妇、艺术家等，可以随时雇用私人文秘，使文秘成为工作和生活中的助手。展望未来，这种文秘也将出现在我国。

上述第三类和第四类文秘与第一类和第二类相比，文秘仅对雇主负责，并成为雇主的代表和助手，工作内容更具事务性。这类雇员的任命期限取决于用人单位评估的工作效率、态度和质量，任命期限相当随意。

此外，上述人员的招聘，特别是前三类人员的招聘，将根据目前我国的资格考试以及人事制度改革的改善和深化确定，同时也会建立严格的文秘招聘制度。

三、文秘工作的参谋性职能将继续加强

20世纪90年代，中央一再强调文秘部门作为员工的参谋功效。随着市场经济体制的发展进步，文秘的工作范畴与以往相比发生了重大转变，具体的任务更为严峻。作为直接为管理者服务的文秘部门，发挥好参谋和助手的作用无疑会更好地发挥文秘部门的整体功效。能够预测的是，在未来，文秘的工作将在多个方面发挥更大的作用，如文字方面的工作、调研和协调方面的工作、督促检查和信息方面的工作等。文秘工作逐渐朝科学和系统的方向发展，这将在决策和决策执行中发挥重要作用。此外，文秘将继续提高委托给管理者的协调工作的质量和数量，以便在领导做出决定之前和之后更好地发挥服务作用，并减轻管理者管理复杂事项的压力。未来，文秘部门协调工作的开展将集中在三个方面，包括文稿、会议事务和重要的事务，继续发挥文秘的参谋功效和文秘部门的整体作用。

四、文秘人员的工作平台进一步现代化

互联网技术的飞速发展要求文秘使用先进的工作平台。文秘人员为决策和管理提供支持服务时，需要注意工作方法的变化，同时要影响领导观念的变化。例如，他们应该带头通过先进的工作平台用来交付实际结果。对于政府和企业而言，生产要素将随着全球供需变化而发生变化、转化或优化。如果使用传统方法和技术，则只有在正确理解信息后，他们才会提出计划，否

则一定会失去机会。

以上四个方面概述了文秘工作未来发展趋势的主要方面。随着社会经济的快速发展和技术手段的不断更新,文秘工作的各个方面都将发生重大而深刻的变化。文秘需要提高自身素质,以适应快速变化的工作节奏和风格,并适应现代社会的多样性和复杂性。

第四节　文秘专业人才培养要求调整

一、以市场需求为导向,培养复合型文秘人才

文秘人才的培养必须面向社会和市场,培养各行各业的管理、服务和发展迫切需要的专业、应用、操作的复合型文秘人才。从技能开发的角度来看,它应该强调以人为本、以学生为中心的方法,充分考虑学生对进一步和终身学习以及可持续职业发展的需求,并着重于培养学生的关键能力(适应社会工作、生活和学习能力和专业技术应用能力);以满足社会需求为目标,以实现学生顺利就业为基础,以培养学生的"专业技术应用技能(即基本技能)"为主线,创建学生的技能结构和课程。文秘的能力应该首先是处理事务的能力,其次是有效的参谋能力。如果没有长期的文秘工作经验,就很难形成一定的参谋能力,即使在学校学习了一些相关理论并研究了一些相关的案例,也无法掌握具体工作开展的要领。绝大多数毕业生开始以文员、干事的身份工作,然后依靠自己的能力和工作经验将自己提升到一定水平。因此,如何帮助学生毕业后立即工作、工作后可以立即操作,是高等职业院校文秘教育工作者应解决的一个问题。在能力建设方面,应坚决终止所谓的"综合"和"全能"的技能发展模型,应了解学生技能结构的关键能力,以帮助他们满足社会迫切的需要,发展一些针对性的能力建设培训体系是高等职业院校每位专业教师都应考虑的问题。

高等职业院校文秘专业的教学模式应对市场有很好的了解,以市场需求为导向,培养"可就业的"复合型文秘人才。如果从人才市场的角度来考察中国高校文秘教学的现状,不难发现与之不符的问题。因此,培训的目标是培养具备诚实、协作和奉献精神的文秘,以适应中小企业、金融业、地方行政部门和各种服务行业的关键文秘业务和管理职业,适应区域经济建设和社会发展的需求。同时,要使这部分文秘具备相关的能力,包括文字处理的能

力、信息处理和办公室日常事务处理的能力、处理日常正式文件的能力、熟练使用各种标准办公软件和设备进行信息管理和存档的能力；筹划和实行企业办公室的日常管理方法；能够真正参与企业大会和业务流程管理、行政管理、信息化管理等工作。文秘要朝着德智体美的方面发展，成为具备可持续发展观的高质量技术专业工作人员。

在文秘专业的培训模型"T形人才"的基础上，创建一个侧重于"基本技能整合、岗位和班级整合、课程和就业整合"的"一体化"人才培训体系。

文秘人才培训的具体目标应该是培养具备财务、会计和强大的"三项能力"（即语言表达、文档编写和操作处理技能）的高素质文秘人才。

二、以能力培养为主线，积极创新教学形式

文秘专业的课程设计、课程内容和教学策略侧重于学生能力的发展。这种专业技能包含表达能力、沟通交流能力、组织能力、处理事务能力、信息资源管理能力及应用当代办公用品的能力。文秘的专业培训务必提供与这些能力相关的适度课程内容，并选用适度的教学策略以激励学生的能力发展。

以培训学校为基地，融入具体情况的"情景"培训，从根本上适应现实的工作状态。通过将建模计划方案与虚拟信息流广告相结合，将工作任务与人物角色相结合，将电子计算机专业技能与管理方法相结合，应用根据人物角色建模、单独实际操作、工作组演示这些方式，学生能够仿真模拟文秘的工作全过程，从而得到真实的全方位综合训练。这类培训是依据一些人际关系、社会现状和心理特征直接明确的。学生在这一环节得到的工作经验能够立即变成未来进行实际工作和实践活动的专业技能和方式。

三、以长远发展为目标，努力加强自身的培养

文秘专业的学生应该具有长远的眼光，设定并明确自己的目标，并积累变革的基础——从没有才华到精通一项技能再到全能；始终注意职位的要求，并尝试将雇主的要求转化为自身具备的就业能力；需要从基层开始，敢于挑战。应该自觉地培养撰写正式文件的能力、管理办公自动化设备的能力、沟通能力、执行能力和合作能力——这些都是必不可少的文秘技能。大事情是无数小事情的积累，小事做不成大事更不行，应该注重培养耐心。

第五章
产教融合背景下现代学徒制人才培养模式

第一节 现代学徒制人才培养模式概述

一、传统学徒制的历史沿革

学徒制是我国以前实施的传统教学方法。通常，一些传统手工艺品是采取父母或者师傅向孩子或者徒弟传授的方式进行有效的传承。它几乎是职业培训的最早形式，并且是技能培训长期使用的方法。

在中华人民共和国成立之前，没有针对员工的统一管理培训体系，城乡地区的一些工商企业、手工艺作坊和熟练的工匠以及个人利用招生作为补充其劳动力的重要工具。根据不同的行业和地区，学徒的称呼也不同，有的被称为学生和学徒，有的被称为徒弟和小伙计。一般称呼学徒制，并且是严格意义上的学徒制，包括拜师和签订学徒制合同，学生的学习期通常为3年。但是，在最初的学徒期间无法学习技能。首先，他们要为师傅做一些零散的工作，大约一年后，他们开始学习师傅讲授的技能。在学徒期间，学徒无权获得报酬，更不用说社会地位和个人保护。此外，学生的个性和自尊心也无法得到保护，很多学徒会受到殴打和指责甚至是酷刑，还有一些非法组织以招募学生的名义雇用许多童工，并将其用作廉价或无偿劳动力。

中华人民共和国成立后，中国政府决心禁止旧的学徒制中的旧规则和习俗，特别是禁止虐待学生。1951年制定了新的方法和规则，以确保学生的基础学习、生活和各种权利。从那时起，各个行业机构还为该系统的学徒培训制定了适当的实施规则，这包括关于职业划分、学徒工期、培训目标和培训形式以及定级转正和考试方法的具体规定。学徒制初步形成，学徒训练逐渐成为当时最大、最丰富的技术工人教育方式。据统计，1958年我国学生总数为440万，约占企业事业单位员工的四分之一。

1981年，国家劳动总局发布了《关于加强和改进学徒训练的意见》，明确指出："就中国的国情而言，学徒培训仍然是一段时间内培训新技术工人的重要途径。"该文件明确规定了学徒的雇用条件、学徒期、培训合同的签订、学徒培训的目标、学徒培训工具的改进、评估体系以及加强领导和管理等。

1983年，劳动人事部全国培训大会根据实际情况，对培训制度进行了全面、系统的改革，对学徒制进行了重组，并指出，企业事业单位招募新员工将逐步从职后培训转向职前培训，并尝试将"招工人"改为"招学生"。次年，一些城市（如苏州、无锡、常州等）实施了学徒制改革作为试点项目，并取得了一些成果。1992年劳动部发布了《关于执行国家强力职业技术发展决定委员会的执行报告》，该提案旨在向德国的两轨学徒制学习，借鉴其经验，改革中国的学徒制培训体系，并建立一种具有中国特色的新型学徒制培训模式。除传统手工艺和一些特定工作（这些工作继续根据有关规定进行学徒培训）外，其他类型的工作应充分利用学徒培训的政治利益，逐步将学徒转变为学员。在公司中，生产实习指导员（即领班）将领导操作技能的培训；学员在技术学校、职业学校和就业培训中心以及其他教育机构中学习职业技术理论和基本技能。

迄今为止，学徒培训模式已通过研究并逐步发展。到目前为止，现代学徒制的改革仍在进行中。只有对这种传统形式的职业培训的不断创新才能更好地适应现代化的具体建设，满足发展对高级专业人才培训的新要求。

二、现代学徒制人才培养模式的特点

1. 政府支持下校企深层合作

在2010年的两会中，《国家中长期教育改革和发展规划纲要（2010—2020年）》（简称《规划纲要》）无疑是教育领域的研究重点。其中，着眼于职业培训的特点，特别注重"产学结合，校企合作"制度的创新，大力推进产学研结合的人才模式创新，特别注意相关企业在学校和管理系统建设中的参与。《规划纲要》提到加强省政府和支持行业之间在职业培训发展方面的教育统筹；还提到需要通过相关高校和大中型企业的联合建设来改善教师的专业发展，构建"双师"教师培训基地。

在促进以质量为核心的发展的指导下，我国的高等职业教育在未来一定会不断加深校企合作的程度。针对这一主题开发了现代的学徒制人才培训模式,在思想方面有一定的提升和创新。现代学徒制职业教育和培训不再是就业前后的两种分开的类型,而是一种融合并同时进行的自主创新方式。"校企合作办学"不但应反映在单一的"订单"中,还应反映在对职业教育与培训机构的互利共赢和学员获益的教学理念上。现代学徒制方式提出,院校和公司都应共同探讨市场状况,以寻找有关复合型人才的要求,随后企业向院校明确提出优秀人才和专业技能规定,院校结合课堂教学现行政策和自身的资源制订培训计划和具体的方案,并且提供培训的场地、年长的技术工人(即师傅)、培训设备、培训内容和评估等相关的资源。这是"企业与学校之间的协调,交替式培训制度的实施,企业员工有 1/3~1/2 的时间在接受培训",学校和企业都共同参与。这是为了完成从课程开发到评估和考核的整个职业培训过程,可以达成双方都满意的、培养优秀专业技能人才的目的。这不仅实现了职业培训的目标,而且节省了相关企业对应届毕业生进行相应的入门培训花费的时间、人力和物力成本。政府部门还可以向毕业生颁发适当的资格证书,以评估技能水平,企业和学校还将颁发培训证书、学校文凭以及其他与学历和学位相关的证书。

现代学徒模式旨在培养具有强大综合特征的创新型和技能型人才,尤其侧重于高等专业人才培训的质量。在其他职业培训人才发展模式的基础上,现代学徒模式的主要重点是"合作教育、合作培训、合作就业和合作发展",并提供更多创新的可能。

2. 将职业培训与师生关系联系起来

当然,现代学徒制最明显的特点是对"师傅主导的学徒制"的教育和培训。尽管这种形式并不新奇,并且由于工业生产和课堂教学的发展从教育领域中逐渐消失了,但如今,在大力强调技术人员培训的质量的同时,这种古老而传统的技能继承模式再次被广泛使用。因为它的优点和不可替代性是显而易见的。实际上,这种形式的非正式职业培训仍在某些服务行业中使用,如美容师、厨师、蛋糕师等,其中大多数将雇用数名"学徒"。尽管薪水不高,但是他们可以从经验丰富的技术人员那里学习技能。一旦满足达到要求,他们就可以自己完成工作。这也是非正式的"职业培训"模式的一种。

但是,这种非正规学习模式在行业标准中既不是系统性的,也不是统一的,更不用说教学时间和评估规范了。因此,就高等职业教育而言,学徒模式不能简单地"引入"。导师与学徒的关系应成为联系职业培训和企业培训的接口,并成为双方深入合作和互利的重要渠道。在现代学徒制模型中,"企业任命一名负责指导和监督学生的师傅,以便他们可以学习企业的生产技能。"

通过该师傅的教学,为学生提供技能和理论知识,帮助他们掌握和使用最新知识和技术。但是,这还远远不够,还没有实现教育的主要目标——实现人的全面发展。学生必须能够理解原则,应对各种社会现实,坚持自己的立场和职业行为,并树立正确的职业态度。这不是书本可以解决的问题,而是需要具有多年经验的"师傅"通过讲授关于他们自己的真实案例来激发和警告"学生",并通过他们的诫命和行动为"学生"树立学习的榜样。这比任何话都更有说服力。将素质教育纳入职业培训,发展具有工业精神和职业道德的"全面、立体"的合格员工,也是现代学徒模式的重要特征。

3. 签署多边合作协约表明他们各自的责任和义务

当代的学徒培训方式规定学员、企业和院校签署合同书,以保证文化教育和培训过程的圆满完成。学员和企业务必签署学徒协议书,该协议书明文规定,学徒能够在培训期内应有一定占比的工资。企业还承担文化教育和培训学员的义务,务必进行课程内容的教学并保证品质以达到培训总体目标。这种设计方案要求培训企业必须以合同书的方式与院校签署详尽条文,内容不但应包含实践活动培训内容的整体发展趋势、文化教育培训任务的实行状况,还应包含国家认同的技术专业职业资格证及培训和考试完毕后的资质授予企业培训证书。

在政府的领导下,企业和学校明确其各自的角色和职责,同时进行职业教育和培训,以使2~3年的学习充分有效,并使学生获得成功。的确,目前尚没有关于如何实施校企合作的明确法律法规或文件,并非所有实施现代学徒计划的高等职业院校都具有全部的监督和管理体系,但也有一些在这方面领先的国家(如芬兰、德国等)已经提供了很好的参考。除了政府参与监督之外,民间社会协会和相关的专业认证组织还将参与联合管理,以确保学徒计划的顺利进行。

4. 增强学生的综合技能,并获得多个证书

尽管职业学历资格证书和职业资格证书可以同时证明学生的职业培训水平,但是在大多数情况下,这两个证书是独立的。职业学历证书属于教育部门管理,职业资格证书属于劳动部门的领域。在现代学徒培训模式下,学生在完成由学校和企业共同开发的课程,获得课程学分后即可获得学历证书。要获得专业资格证书,学生必须参加由中华人民共和国人力资源和社会保障部组织的考试,通过相关资格考试则可以获得相关的证书。要对实际训练给予足够的重视,由具有实际生产技能和动手经验的优秀技术人员带领学生,向学生快速教授资格考试的内容,让学生参与到实际生产中,以便他们边做

边学。

目前，大多数高等职业教育人才培养模式都追求"双证书"甚至"多重证书"的目标。但是，由于受主观和客观因素的限制，尤其是校企之间的合作程度不够深，这就导致很多学生仍需通过特殊考试来获得专业资格，脱离了正常的职业教育和培训，特别是实践培训。学徒式人才培养的现代模式侧重于高等职业培训人才的培养质量，并强调综合学生素质的发展。但是，就如何更好地整合学术证书和资格证书而言，各国的发展情况各不相同。例如，澳大利亚和英国正在采用共同的学历和资格证书制度，而韩国和中国台湾进一步确立了可以转让和共享职业培训证书和专业资格证书的制度。其他国家和地区使用诸如累积和相互识别之类的系统来尝试在两个证书之间进行通信。这些制度的确立有效地使教育系统与工作系统保持一致，并在此基础上积极促进现代学徒培训模式的创新发展。在中国的高等职业教育中，努力实现教育与工作系统的最佳结合是创建具有中国特色现代学徒培训模式的唯一途径。

第二节 现代学徒制人才培养模式的构建

不难看出，许多欧美国家已经建立了相对强大的职业培训机制。在中国的高等职业教育领域，基于卓越的经验，有必要引入一种适合中国发展的特殊人才培养模式。因此，有必要与国情紧密联系，打破中国高职培训人才培养模式的真正困境。在相关思想的指导下，要以模范学院为支撑，依靠相关法律和政策，打造具有中国特色的现代学徒型人才培养模式。

一、现代学徒制人才培养模式的思想理论基础

1. "缄默知识"理论

1958年，英国思想家和教育家波兰尼在他的《个体知识》一书里初次明确提出了"缄默知识"的定义，他将知识分成两类。一般而言，知识以书面形式的文本、地图和公式表明，但它仅为知识的一种呈现方式；也有一些无法用系统软件表述的知识，比如有关个人行为的一些知识。假如将第一种知识称为具备显性性质的知识，则能够将第二种知识称为潜在性知识，即缄默知识。与显性的知识相比，不容置疑的是，这类知识不可以以语言、文本或符号开展逻辑性表述。它是十分依靠本能反应的，难以清楚地通过语言马上表现出来。通过分析和总结，波兰尼将缄默知识又称作不够清楚的知识和前

语言知识。甚至，波兰尼认为缄默知识是人类和动物同样具备的知识，是人类非语言智力活动的代表性知识。

缄默知识也嵌入到人们的实践活动中，它们是情境化和个性化的，只能在行动中被显示、检测和理解。它们不能以正式的形式传播，甚至只能通过"学徒制"传播。目前，波兰尼已为学徒提供了独特的教育特色和教学指导。另外，缄默知识是智力资本、清晰知识的基础和来源，语言符号的使用是对缄默知识的发酵，这是一种无声的动作。因此，安静地开展良好的教育教学工作是理解其他表现形式和吸收其他清晰知识的前提。

在高等职业教育和培训领域，由于重要的技能、能力和实践经验属于"无法解释或人类整体知识尚不明确的知识"，因此必须遵循与课堂上普通教师培训不同的模式。在现代的学徒培训模式中，通过进行技术实习和师傅的展示，学生可以形象化知识，从而真正掌握专业的技术可能性。不得不说，现代学徒制的好处目前非常明显。

2. 新职业主义思想

新职业主义思想强调教育和培训应加强与工业的联系，并符合经济发展的要求。对于新职业主义而言，个人发展的概念表现为在职业准备过程中对个人技能的掌握，因此个人发展的概念也是有帮助的，而且具备一定的工具性。新职业主义认为，个人品质包括自律、自信、忠诚、热情、公平的工作方法和适应变化的意愿。这不仅对于雇主而言是必要的，对于个人发展进步也是必需的。新职业主义的目的是培训灵活的人员，使他们可以自己解决未来可能会遇到的问题。同时，它强调"在做中学习"的方法比其他方法更重要。因此，为了响应此想法，已经得出了一些典型的职业培训模型，如技术准备、年轻学徒制和契约模型。其中，"青年学徒"是职业培训过程中对于新职业主义思想的最明显的体现。"青年学徒"在英国和美国，特别注意个性发展和学生未来的成长需求，因此这种想法的发芽和发展主要集中在欧美国家。

此外，德国的"专业发展"理念类似于新职业主义的理念。遵循这种思想，德国已经更加精确甚至"更加严格"地实施了它。例如，德国职业培训中的理论教育仅占学习时间的三分之一。教育的目的仅要求学生获得基本的基础知识和专业知识以及相应企业对该专业的特殊要求。教学着重培养学生的自主学习能力，充分利用学生的形象思维，贴近学生的实际情况，显示出他们的精练、准确、浅显、实用的特征。总的来说，新职业主义思想和职业技能的发展都要求将学生的实践技能作为第一门职业培训课程，而引入学徒模式是适合这种基本观念的有效形式。

3. 生利主义思想

陶行知先生指出所谓的"生利"是指:"一曰生有利之物,如农产谷,工制器是;二曰生有利之事,如商通有无,医生治病是。前者以物利群,后者以事利群。"换句话说,职业培训不仅要使自己和他人受益,也要使国家和社会受益。通过将它们结合起来,教育出为社会发展做贡献的人(即"创造利润"的人),这是职业培训的主要目标。此外,陶行知先生还强调,要做好职业培训工作,必须从三个方面入手:一是职业教育教师的获利经验处于首要位置,二是利润,三是获利的教学方法。良好的职业教育主要和首要的因素是"经验",其次是学习和教学模式,这与之前所提到的学徒制人才培养模式的经验形成了统一。在教育方法层面,重视师徒教育模式的运用,并成功地将经验与学识教授给徒弟,真正形成最为优良的生利模式。

黄炎培在"理论与实践并行"和"知识与技能并重"的论述中指出,阅读和工作应该结合起来,学生必须参与到制作过程中。在未来几年中,工厂也应参与学生培养。这与以中国特色为特征的现代学徒制结合了教育制度和劳动制度的思想相吻合。1916年12月,蔡元培先生访问杭州工业学校时,发现该学校的教科书"与常规学习和教学没有什么不同",便宣布:"实习时间仅为每周16小时,太少了。"他强调,职业培训必须提高实习课程的比例,将其与通识教育分开,并具有自己的特点,将"生利"和"手与脑并用"的思想纳入课程。实践研究也表明,这是职业教育与培训学生和雇主期望看到的一种改革趋势。因此,基于这样一个长期而深入的理论基础,中国的现代学徒制教学模式也许能够绽放出更加鲜艳的色彩。

二、构建中国特色现代学徒制人才培养模式的基本框架

构建具备社会主义民主的现代学徒制学习培训模式,务必最先考虑到教育部门和工作中系统的合理融洽,并在政府部门、企业、院校和社会四个平台的适用与协作上合理开展。该模式应合乎高职院校学习培训优秀人才发展模式的整体构造,并落实现代学徒制模式的关键观念和培训教育的特性。同时,在借鉴现代学徒制理论基础的基本上,借鉴海外现代学徒制模式的构造和我国高等职业院校文化教育的优秀人才发展模式。中国特色现代学徒制教学模式如图5-1所示。

从图5-1可以看出,中国特色的现代学徒制教学模式包括四个主要部分:培养目标、培养内容、培养方法和质量评价。它的每个部分都包含一些实用

产教融合背景下高职文秘人才培养探析

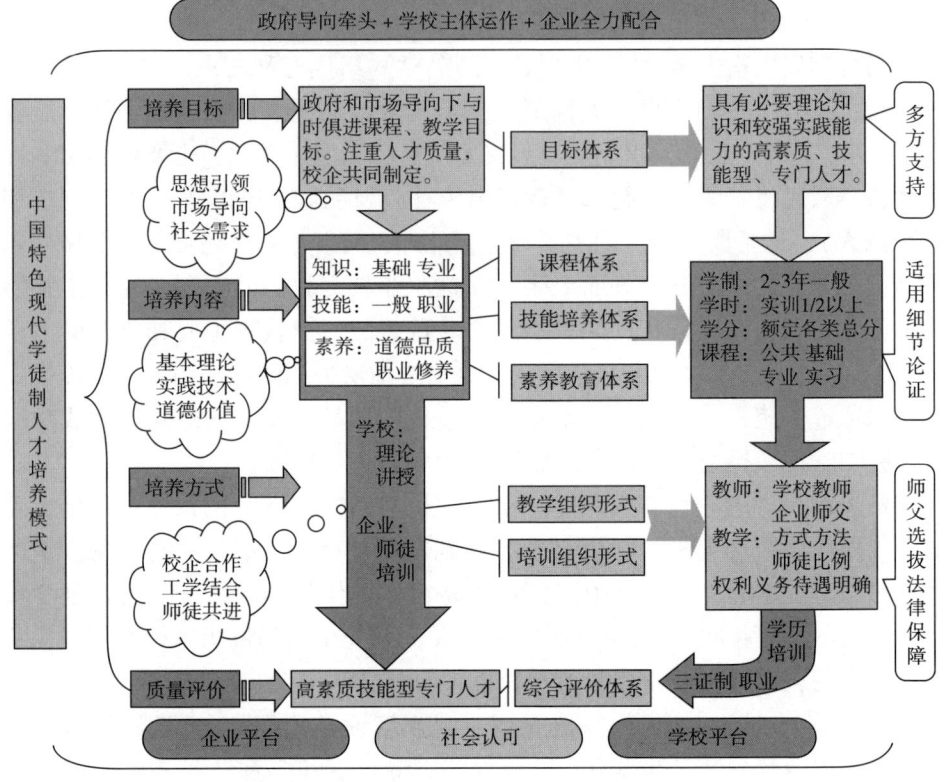

图 5-1 中国特色现代学徒制教学模式示意图

系统。几大平台共同提高了整个模型的性能，并且在系统的组合基础上执行。将学习目标的精神概念纳入课程表中，通过将企业和学校作为载体对他们（学生或学徒）进行教学和培训，将培训的目标与相关的理念与培训内容相结合，学生获得对平台的综合评估作为关键的教育和培训成果，并获得三种不同类型的证书。如果可以进一步确认一些详细的论据，则模型的操作和实践将更加顺利。

1. 具有中国高等职业院校特色的现代学徒制模式的学习目标

鉴于中国人才市场迫切需要高素质的技术专业人员，具有中国特色的现代学徒培训模式承担着提高专业人才培训质量的重要职责。尽管课堂教学系统可以极大地提高人才培训的效率，并使人才"成批生产"，但人才素质下降的趋势是不可避免的。原因很简单，课堂教学只能由一位教师教给几十位学生；没有实习的机会，学生肯定不会具有很强的实践能力。即使采用实习制，

第五章　产教融合背景下现代学徒制人才培养模式

学生也只是在工厂车间四处逛逛，看看熟练工人的工作方式。一些学生可能有工作的机会，但大多数学生实际上无法学习熟练的专业技能。因此，课堂教学需要与师徒传授教学体系有机协调，以进一步提高学生的操作和创新能力。

具有中国特色的现代学徒制培训模式的目标是培训"具有必要的理论知识和强大的实践技能的高素质、合格的专业人员"。这里有一些需要注意的事情："必要的理论知识""强大的实践技能""高质量""技能专业人员"。

（1）理论知识并不需要太多，但是必须掌握必要的内容。除了国家提供的公共高等教育必修的基础课程（如外语、计算机、政治、数学等）外，还有一些专业基础课程，这种知识是实践工作的先决条件，也是学生对相关专业形成事先理解的过程。因此，掌握这一理论知识是非常必要的。

（2）在现代学徒培训模式中，教育和培训的是实践技能。该模型要求高职学生具有较强的实践能力，能够使用适当的技术，并能够独立地执行相关的操作。此外，必须熟悉类似职位的技术工作流程，具有一定程度的工作适应性。

（3）教育学生要有公平的态度、坚强的个性、良好的素质，要坚持行业道德和职业道德、敬业精神和对工作的热情，并要有积极主动学习和主动进取的良好职业思想。教学过程可以提高学生的专业素质，但是理论和教学都不能偏离教育的主要出发点——实现人的全面发展。只有通过有效的教育才能够真正培养出高素质的学生。在这一过程中，教育是根本。

（4）具有一定的技能创新潜力，可以通过积累实践经验并在未来的工作中提高专业人员的整体素质来推动新的技术进步，以促进相关技术领域的发展进程。创新是高级专业人才必须具备的独特素质，这使他们比其他类型的学生更"专业化"，也是高中生现代学徒制教学模式的主要内容。

2. 讲授具有高等职业院校特色的现代学徒模式的内容

中国特色的现代学徒制教学模式的课程主要通过课程体系和文化影响来实现。其中，突出课程体系发展的主要方面和教学模式的特点有以下几点。

（1）一般高等职业院校的修业年限为2~3年。大部分高等职业院校将每一个学年分成2个学期，一共6个学期（三年制）。每一个学期的考试大纲都很清晰。第一学年的绝大多数时间为公共课程和有关的基础理论主干课程，而其他的1~2年以职业技能培训和见习为主。每一个学年都要分成2个学期。比如，已经执行现代学徒制的齐齐哈尔职业技术学校，运用寒假和暑期来组织学员进入相关单位做实习生。它灵活运用了合理的学习时间，而且能够对学员假期的实践活动开展统一的管理和监管,还可以在某种意义上协助学生工作和学习培训,可以说是一举多得的重要措施。

(2)根据专业性质,确定课程时间和相关课程部分的不同类型。实际上,现代学徒制教学模式需要理论与实践相结合,实践课程占有重要地位。通常情况下来讲,实训课程应该占据总课程数量的一半以上,才能够保证学生用充足的时间学习师傅的技术,并在做中学到更多实践方面的技术与技能(表5-1)。

表5-1 某高等职业院校软件技术专业理论与实践教学学时比对表

序号	项目	理论学时	实践学时	备注
1	必修课	1098	270	
2	限选课	188	186	按每周26学时计
3	实践教学	0	740	
	合计	1286	1196	
	理论与实践比		1.07∶1	

表5-1显示了在高等职业院校中理论和实践教学之间的教学时间比例。该专业的理论时间与实践时间之比几乎等于1.07∶1。其中,实践培训需要740个小时,通常每周平均可以维持26个小时。

一般而言,具有中国特色的现代学徒训练模式的课程应包括两类课程,即必修课程和选修课程。必修课程分为三种:公共课程、专业基础课程和专业技术课程。选修课主要是公共选修课和专业选修课。当然,各专业学院可以根据特定实习过程中的实际情况增加或减少课程类别或类别名称。但是,以上分类可以更清楚地显示每个课程的基本要求和课程的性质。最重要的是,在现代学徒制模式下,雇主将参与职业培训过程以及培训和研究活动,如关于增加和减少课程的研讨会,以便该单位可以评估学生并颁发培训证书。特别是在雇主指导下进行的实用课程,会帮助学生更好地了解相关的课程。在某些职业选修课程中,雇主甚至可以要求该部门的资深师傅进行讲解,以便学生充分了解工作情况。此外,课程必须包含可以适应职业资格考试的内容,可以将其独立确定为选修课程,也可以直接渗透到某些职业课程中,以修改和改进课程的教学内容,以便学生学习必要的内容。同时,保证学生在掌握相应理论知识的基础上获得资格证书,为成功就业增加砝码。

(3)具有中国特色的现代学徒培训模式的课程主要包括考试和考察。

可以使用试卷作为测试工具来测试学生对相关内容的掌握程度，从而将中期考试应用于理论课程；也可以根据需要设置以公开、封闭或口头语言进行的考试。考试分数采用百分制，学生班级分数（例如，出勤记录、家庭作业）可以包含在常规分数中，通过占总分数的百分比（一般在20%~30%）进行评估。考察课最常用于评估实践课程。学校所参与的实践课程应由课程负责人检查，部门的教学时间应根据学生的技术指导者（即师傅）和学校的教育者、部门和学校进行评估，评估方法也应由"师傅"与专业教师协商后统一制定。在对各种技术进行分类筛选之后，应划分几个级别以促进学校毕业资格的审查。师傅参与考核加深了用人单位对学生技术技能的理解，并提高了单位参与教育和培训，继续与高等职业院校合作并留住毕业生的热情。

3. 具有中国高等职业院校特色的现代学徒制的教学方法

对传统教学模式的改革与重新设计是我国特色现代学徒制人才培养模式的亮点和优势。让每个学生拥有 2 名以上的讲师，采用不同的教学方法，使学生更容易接受不同的学习内容，从而有助于提高专业人才的整体素质。

（1）理论教师和实践者通力合作以实现同一目标。如果采用"2+5"的教学方式，则意味着学生每周将在课堂上接受为期 2 天的理论教师的培训，其余 5 天将前往相关部门与一位师傅一起学习技术经验。学校与有关部门签署协议，该部门负责为学生提供和选择资深师傅的机会。学校向"师傅"提供一定的教育和培训权利、责任，以及对他们进行有效的评估和监督。每个师傅需要带领一定数量的学生，而且师傅与学生的比例不应过高，以免损害教学质量，但师傅和学生的教学仅仅是形式上的。也有一些高等职业院校派遣大量讲师来工作现场深入学生的学习过程，以便及时了解学生的学习动态和思想状况。当然，这些指导员也可以由单位分配。学生应遵循师傅的学习计划，并达到一定的学时数量。在特定的技术领域，师傅可以自由选择教学的时间和形式，其最终目标是达到学生精通的标准。该过程可以由企业和学校双方共同商量并决定。

在调查时，一些高等职业院校甚至准备在学校的人力资源部门为这些"师傅"建立专门的档案，与他们长期合作并支付适当的费用。这样的人员配备系统加强了雇主与学校之间的紧密联系，更多的技术人才加入了"培训引导"的行列。

（2）讲解和实验相结合。在教学过程中，职业学校的教师通过讲解和实验相结合，使学生对理论原理有更直观的理解。由于技术人员尚未接受特殊教育，因此很难统一"师傅"的教学方法。在这一点上，学校应协助师傅完成课程和教学方法的制定。例如，师傅首先向学徒介绍设备的基本结构和性能，然后演示特定技术的操作。同时，学徒解释逐步的预防措施和工作方法，然后模拟工作。针对学生在各个环节中出现的问题，师傅要及时给予恰当的指导并纠正其行为，最终使每个学生都可以自己掌握和完成该技术。至此，就可以确定该技术学徒是合格的，并且可以被授予相应的成绩与等级。在培训过程中，如果完成了指定的内容，则师傅可以根据学生的掌握程度来调整培训课程，并可以传授其他技术经验来扩展学生的技术领域和知识范围。

学校的学生在很大程度上受到教育系统的管理和约束。学生到工作部门学习技能，通过实习以生产产品并为产品创造价值，但这应该在劳动制度的范围内。现代的学徒制教学模式不仅使学校和学生受益，而且还可以为该部门赚钱。在这种情况下，该部门向能够独立执行技术职务的某些学生提供一定的薪水，这已成为荷兰和瑞士等国家或地区的法律要求。建立正常的工作日和休假制度，并设定学徒保证的最低标准，学徒可以成长为正式的技术工人，这消除了雇主招聘和培训的复杂过程，并直观地获得了经济利益，这实际上是有益的。

在培训期间，许多师傅表现出极大的耐心和责任心。他们不仅认真对待学生在技术方面的知识，而且与学生相处融洽，培养了学生的就业热情，并提高了职业道德和标准。许多学生在实习期间受益匪浅。

（3）以评价手段激励职业培训。在高职院校中，对教师的评价主要基于教学、研究成果和学生评价，以此作为薪酬的衡量手段。现代学徒制教学模式的主体已从教师变为教师和师傅，因此必须有适当的激励措施来鼓励师傅。另外，还可以从学徒制教学情况（技能评估结果和参与比赛等）开始，与多个主体，包括单位、学生和学校，客观地评估师傅，并及时给予奖励，以鼓励他们以更大的热情参与到学生的职业培训中。对于不认真履行职责或疏忽大意的个别师傅，必须立即终止合作，以免延误学生的学习，避免对学生产生不利影响。师傅的评估应由专门的人员进行，这可以是学校人员和企业人力资源部门的共同参与、共同努力，以实现更好的学生学习成果并为企业带来更大的收益。

三、中国特色现代学徒制人才培养模式实施中要解决的问题

1. 合作用人单位的支持

在调查时，几乎所有的高等职业院校都对与企业合作培养学生有浓厚的

兴趣，但是就具体实施而言，这很难说。例如，北京信息职业技术学院常务副院长李建生认为，他们不是不想遵守现代学徒制的原则，其优势是令人羡慕的。但是当面对现实的困难时，他们根本无法解决。他说："学校一个学期有1000多名学生，最大的困难是找到一个可以具备这么多实习机会的单位。此外，由于这些学生没有工作经验，在实习过程中常常会让相关单位的员工感受到混乱，造成工作效率的低下。"徐院长的话非常现实。与国外更为成熟的现代学徒培训模式相比，中国在迈出第一步时面临极大的困难。

与其他人才发展模式不同，具有中国特色的现代学徒制人才培养模式特别关注企业培养模式，并在相关的观念上认为其占据着主导的地位。如果不进行培训或培训浮于表面，该模式本身将毫无意义。该模式的基本结构表明，雇主在模式中的地位非常重要，但是除了留任部分学徒工成为正式员工之外，几乎一直在支出成本，包含将一些熟练工迁移到培训场地作为学徒的师傅，并提供培训场地和机器设备，尽管学徒工也会为企业造就一些价值，但盈利依然相对欠缺。这也就不怪雇主觉得困难了。高等职业院校当然期待雇主分摊义务，担负起塑造将来技术人才的重任，可是光凭责任感并不可以推动这类普遍和长期性的协作。或许，高等职业院校也能够为雇主"挣钱"，如共享院校的教育和学习培训资源、协助雇主开展员工技能培训和考试、与企业建立人力资源管理辅导机构、开展产品技术研发试验等；而且，院校能够为企业职员提供深造教育和学习培训的机会。假如创建了这类联络，那当然能够建立长期性的战略合作伙伴关系和协同的教育战略伙伴关系。企业能够看到这是一个互利共赢的新项目，换句话说，它将消除企业全部顾忌并得到企业的支持。

2. 模式适应专业的具体论证

中国特色现代学徒制培养模式适合具有较高综合技能的基础专业。技术实用性越强，操作效果越好。但是，高等职业教育的所有专业是否都可以应用这种人才发展模式，还需要进一步证明。目前，已实践并取得成功的专业包括理工科乃至文科的相关专业领域。例如，齐齐哈尔工程学院的所有专业都采用了这种人才培养模式。目前，中国高等职业院校提供的交通管理、公用事业、公共安全、农业林业畜牧与渔业、制造业、医学与卫生、土木工程、文化与教育、旅游、能源、水利、法律、环境保护和气象、生化药品、电子信息、传媒艺术、金融、资源开发研究18个主要学科类别的几十个专业中可以通过不同的学徒级别用于职业培训，但是诸如高速公路管理、土地和资源管理等专业的范围尚未探索。

总的来说，只要找到愿意合作培训的雇主，现代的学徒制培养模式仍然是可能的，值得尝试。因为不管是学习什么内容的学生，到了岗位上都需要正式员工的带领。实际上，此过程是完整和系统的指导培训过程。现代学徒制培养模式只是提前进入了后培训时代，并将其运用到了高等职业教育体系中，因此从理论上讲，几乎所有学校的任何专业都可以应用。但是，雇主最好是大中型企业，以便更好地管理学生和集中培训学生。例如，大型机械制造工厂可以招收机械、模具等专业的学生，或者可以组织多个学生进行质量检查、文档管理，以充分利用企业的实践培训资源。

3. "师傅"认证与监督

在现代的学徒制培养模式中，"师傅"扮演着双重角色，包括单位的技术员工和培训学生的教师。师傅的甄选和认证、选拔和监督也是主要问题。雇主很容易在单位中选择出合格的师傅，因为雇主知道每位员工的技能水平。但是对于学校来说，这有点棘手。高素质的员工不一定适合向学生教授知识，就像搞科研的教授不一定能够进行高质量的教学一样。所谓"术业有专攻"，因为师傅不是教师，也不强调所谓的教学方法和教学理论。但是这并不意味着他们不能很好地教学生，在教授实践技能的同时，熟练工人的经验通常比传统的教学方法更加实用和有效。在某种程度上，学校应该放宽对师傅的要求，以便他们可以充分利用其在特定领域的技术优势，允许学生在课本之外学习技术经验。

至于对师傅的监督，也是一个重要的课题。师傅自身是招聘部门的长期雇员，应由部门的人力资源部门领导。如果他们承担学校的教学任务，那么他们基本上在无形中接受学校有关部门的监督。但是，不可能使用大学教师管理和评估系统来衡量和评估师傅并决定师傅该留下还是离开。因此，可以仿效上海某些高等职业院校的做法，在学校内设立一个"市场监督部门"，负责协调与企业的合作并监督师傅的培训。对于具有出色教学效果的师傅，他们还将被邀请作为客座教练到学校进行演讲等。实际上，许多高等职业院校都设立了这样的部门，但是它们尚未充分发挥作用。在原有的人事政策和相关制度的基础上进行有效的修改，为师傅添加符合其实际工作情况的规定也并不是什么困难的事情。当然，各高等职业院校的人员编制制度是不同的，可以根据学校自身的特点和实际情况制定。

4. 回归高等职业教育的精髓

实施具有中国特色的现代学徒制人才培养模式，除了上述需要解决的具体问题外，还需要解决偏离教育本质的问题，并且在人才培养的具体模式中充分展示相关理念的回归和重新构造。目前，关于高等职业教育的实质讨论不多，一些学者主要从属性论、特殊矛盾论、要素与关系论、工作系统论等维度对此进行了解释。但是，在学术理论研究上总是很难脱颖而出，对高等职业教育甚至教育的根源也很少考虑。由于高等职业教育也是教育，因此有必要考虑教育的基本特征，具有教育应具有的价值和理想。在高等职业教育和培训中，单方面追求就业率和学校收入很普遍，这可能成为不健康的趋势。在高等职业教育领域，现代学徒制培养模式的改革着重于提高人才培养的质量，但它反映了一个过程，它随着功利主义高等职业教育的发展而回归到以学生为中心的本质。只有回到重视教育水平，专注于文化的传授并保持学生的发展和自我实现，以教育为目的，才能使学徒制教学的现代模式具有生机勃勃的灵魂，它的改革和运行才能够真正具备现实价值。职业培训具有社会、生产、职业、适应、中介和产业特征，但是最重要的是"育人"。没有这样的中心思想和灵魂的本质，就无法实现任何较为先进的模式。

四、构建中国特色现代学徒制人才培养模式的对策和建议

1. 政府导向的扶持性政策将是最佳保障

中国是受政府宏观调控支配的市场经济体制。雇主和学校之间的强有力合作离不开政府的领导，而这些指导方针在政策实施中得到了很大体现。无论是基于教育体系的高等职业教育的发展和改革，还是基于工作体系的职业发展和培训，这都需要政府的政策支持。这是因为，无论从哪一方面来看，改革都需要政府的宏观调控作为保证，更不用说将两个体系连接起来的人才发展模式的改革了。

为了使现代学徒制适应中国的人才培养特点，政府必须首先在一定程度上批准这两种制度的结合。而且，提高专业人才的素质，解决职业学生的就业问题，促进企业和产业技术的发展是我国职业教育产学融合发展的必然趋势。坦白说，在没有政府保证的情况下，业务部门是"没有把握的"。即使他们想尝试合作，也只是为了增强企业的社会影响力的小规模尝试或"展示"。因此，政府有义务监督这种行为并提高对企业社会服务的认识。教育不是教育部的教育，也不是学校和教师的教育，而是社会的教育、全民的教育。政府每年拨款专项资金，以支持高等职业教育的发展。但是，到目前为止，高等职业院校的大多数顶级难题都是设备老化，而且没有实训的场地，最后仍然是资金问题。因此，建议政府考虑共享用于高等职业教育的资金。中国的高等职业院校如此之多，以致无法满足所有学校购买新设备和建立新基地的

资金需求。面对巨大的需求，这些巨大的成本只是沧海一粟。但是，政府可以尝试用部分资金来促进企业和学校在培训领域的合作，培训在一定程度上降低了企业的经济效益，因而提供一定的补偿，或者为合作社的发展提供优惠的待遇。这样，学校不必购买大量昂贵的硬件，依旧可以与市场保持同步并培养出优秀的技术人员。由于企业可以通过学习获得国家资助和对研究项目的支持，因此相信企业也希望响应国家的相关号召，与高等职业院校共建实训基地的合作更加"合理和具体"。

2. 通过法律和法规，明确学校和企业的权利和责任

除了颁布相关的政策外，制定相关法律法规也是确保现代学徒制培养模式实施过程更加合法和规范的必要工具。在现代学徒制培养模式中，需要保护的权利和责任的主要对象是学校、业务单位、业务主管和学生。目前，实施现代学徒制培养模式的高等职业院校已与培训合作企业签订了培训协议，重点是保护学校和企业的利益，但是保护师傅的权益很少。例如，师傅福利、学生工作制度和劳动的补偿等方面的变化。针对中国的劳动力市场、高等职业教育和企业的当前发展，严格要求企业为每个学生提供工资是不现实的。目前，必须有符合中国特点的规则，而不仅仅是模仿外国。因此，学校可以考虑为企业输送一些具有出色实习成果的学生，以便直接参与实习后转移到全职员工并支付报酬。通过劳动制度参与到学徒的培训活动中来，法律系统对此监管也更加具体和有效，甚至无需制定新的法规，只需在原始系统的基础上加入适当的条款以对其进行改进。

为了使现代学徒制培养模式符合中国国情的特点，必须遵守法律，这将有助于这种模式的良性循环以及大规模的推广和实施。明确学校和企业的权利和义务，保证高等职业教育的全面流转，使高素质和合格的专业人才培训可以通过现代学徒制模式进入正常的发展道路。

3. 行业协会应协调并促进合作与沟通

行业协会在资本主义国家更为普遍，主要作用是协调企业关系，同时面临激烈的市场经济竞争。行业协会可以向政府报告并提出意见和建议，并将政府发布的相关要求和法律传递给各个企业。它的存在可以为政府与企业之间搭建畅通的沟通渠道，也可以在支持和协调职能中发挥作用。这样的非政府组织和非营利组织可以更客观和公平地充当企业之间以及学校与企业之间的中介。对于实施现代学徒制培养模式的实际问题，建议尝试建立企业集团发展共同基金，统一不同类型的企业集团和行业，以便与高等职业院校建立合作关系，从而将培养高职人才能力的体系做强。目前，一些中国行业协会

的特征主要是非政府组织,不参与监督教育或就业制度,这有利于集中统一的治理,确保市场和其他系统的稳定运行。但与此同时,这种非政府组织的权利被大大浪费了。高等职业院校和业务单位通常缺乏沟通和宣传工具。尽管企业集团联合发展协会没有管理权,但可以为学校与企业之间的交流提供服务,并为多边合作创造平台。此外,由于校企差异和合作矛盾,行业协会或联合团体组织可以充当中介调解机构,以及时调解和解决两方之间的误解,并支持校企多边主义的和谐发展,培养高素质、合格的专业人员,携手共进。

具有中国特色的现代学徒制培养模式是在考虑到中国较高的职业地位,在具有强烈的敬业精神、实用性的政治与经济特点的基础上发展起来的。该模式本身旨在开发"具有必要的理论知识与强大的实践技能的高素质和合格的专业人员",以充分满足当前发展高等职业培训人才的需求。学徒制旨在加强高等职业教育的市场导向性,并全面提高高等职业教育中的人才教育质量。

简而言之,通过政府领导下的高等职业院校和企业的共同努力,获得社会认可和关注,具有中国特色的现代学徒培养模式可以将教育体系与工作体系极大地融合在一起,并为中国提供充分满足工作要求的和各种技术职位要求的,具有较强技术水平和创新技术成果潜力的大批优秀人才,全面改善中国职业人才培训的复杂质量现状,促进中国高等职业教育和企业的全面发展。

第三节 产教融合的现代学徒制人才培养的价值

一、现代学徒制提高高等职业教育水平的分析

中华人民共和国成立初期,中国倡导"现代学徒制"文化。全国各地都有各种各样的夜校,"白天工作,夜间学习",这些夜校提供了扫盲服务,提高了群众的文化水平并取得了显著成绩。随后,许多当地行业和企业与技工学校签约,实施了"半工半读"和"轮流上课和下场"的教学模式,培训了超过400万名合格学生,促进了经济和社会发展,积累了很多有用的工作经验,包括"现代学徒制"的实践经验。改革开放以来,中国的职业培训取得了长足的进步,培养了大批高素质的人才,发展了高水平的师资队伍,并建立了较为全面的职业培训理论框架。这为深化职业培训改革和实施现代学徒制奠定了基础。

在我国经济转型和更新的新时代,要提高生产率,职业培训必须不断变

化和改进。我国的职业培训积极倡导"产学结合，工学结合"，并且从相关制度方面支持产业、行业与企业和院校合作开展育人活动。学校和企业的经验和利益是相辅相成的，企业提供先进的设备、实习场地、技术专家和领先的科学技术学科，这些资源在企业职业培训中充分发挥了最重要的作用；学校的教师积极参与商业实践，帮助企业解决技术问题，协助企业技术研发，并促进企业技术的进步，同时提高技能，组建一支具有特殊职业培训水平和较高职业培训水平的教师队伍。学校与企业共同成立了专业的建设管理委员会。在所有研究的基础上，他们共同分析工作需求和熟练人才的增长规律，制订人才培训计划，并进一步开发反映行业技术水平的培训材料，为企业的发展提供人力和资源方面的智力支持，实现企业长远发展。学校与企业双方共同研究，建立校企合作发展与共同进步的长效机制，开辟和扩大人才培养和成长渠道，不断创新、发展职业培训。

二、现代学徒制促进产业发展的实践分析

我国传统式的职业培训推行"先学后就业"的方式。假如高中生在毕业之后马上工作，他们就失去了报考高等职业院校的机会。这类职业培训难以融入产业发展和个人发展的转变。在现实生活中，越来越多的人需要同时进行工作和学习或工作一段时间后去深造。现代学徒制模式响应时代不断变化的需求，可以为每个公民提供进一步学习和践行终身学习概念的机会。

现代学徒制的实践有利于将高等职业院校的专业状况与行业需求联系起来，使参与职业教育的学生的培训目标更具针对性，培训过程更加有效，企业的培训时间和成本得以减少，这可以帮助企业提高生产率。现代学徒制对将课程内容和专业水平相结合非常有用，因此学生可以运用所学知识，掌握专业技能、发展专业素养，获得实践经验并更好更快地融入社会。师傅在日常指导与管理学生的时候，逐渐养成学习知识和研究专业技能的良好习惯，从而扩大师傅的职业生涯。对于学校而言，这可以提高学校管理的质量，并达到为经济和社会发展服务的职业培训的目标。对于企业而言，部分招聘困难问题可以解决；师生共同探索可以提高企业创新能力，提高生产力和竞争力，为社会创造更多价值并促进工业发展。因此，现代学徒制实践可以帮助学生、教师、学校、企业和社会共同努力，实现互惠互利。

当代的现代学徒制实践活动有益于学习培训全过程与加工过程联络的加强，能够处理在职员工的技能迁移难题，并开拓新的职业培训方式。依据国家统计局在2019年公布的数据信息《全国农民工监测调查报告》显示，2019

年全国各地农民工数量有2.9亿人,在全部农民工中,未上过学的占1%,小学文化程度占15.3%,初中文化程度占56%,高中文化程度占16.6%,大专及以上占11.1%。大专及以上文化程度农民工所占比重比上年提高0.2个百分点。在外出农民工中,大专及以上文化程度的占14.8%,比上年提高1个百分点;在本地农民工中,大专及以上文化程度的占7.6%,下降0.5个百分点。其中,没经过技能学习培训的农民工占62%。数量相对较大的农民工群体的技术水平和接受教育的情况无法满足我国经济转型的实际需求。

三、现代学徒制推动产教融合的路径分析

现代学徒制包括大量的职业培训思想,是实现生产与教育融合的有效途径。这可以促进教育和工业的融合、课程和专业标准的融合以及培训和生产过程的重叠。总结近年来中国现代学徒制发展的经验——各种路径模型、教师选拔和培训规范、评估和晋升工具逐步完善——表现出"制度化"和"系统化"的特征,探索和应用了"师生互惠""多元化配对""螺旋进阶""实际训练流水线作业"等模式。当然,为了在现代学徒制中大力开展研究和实践,仍然有必要不断改进顶层设计和多边参与体系,进一步阐明学校和企业的职责、定义学生的双重身份、双师模式的制作和运行、优秀的企业文化与专业学院的学校文化之间的相互作用等,鼓励发展具有中国特色的现代职业培训体系。在这一阶段,教育部积极促进"校企合作,工学结合,以加强教学,学习和实践培训的结合"。

2014年12月,教育部在唐山市举办了一次大会,以推动职业培训示范点"现代学徒制",并从我国各省挑选出了现代学徒制取得成功的八个经典案例。例如,天津现代职业技术学院与天津海鸥钟表产业集团共同建立了"现代学徒——命运共同体",以培训高级精密机械表专家;广东清远职业技术学院为对口共建农村做好"师带徒"的准备,以此实现村官的培养和农业技术人员的发展;唐山工业职业技术学院"前校后工厂,产学结合"的培训模式取得了良好的效果,旨在促进中国的"现代学徒制"和"产学结合"。

中国经济的转型和更新迫切需要提高职业培训的质量,而现代学徒制将成为符合时代要求的职业培训的主导类型。分析现代学徒制的含义、特征和价值,促进全国性认识,高度重视职业培训,逐步建立具有中国特色、政府和社会支持、行业参与和双主体育人的现代学徒制,以此培养和发展经济和社会迫切需要的高端技术人才。

产教融合背景下高职文秘人才培养探析

第四节 产教融合的现代学徒制人才培养模式改革路径

一、培养目标多元化、复合化

当前，调整高等职业院校的人才培养目标至关重要。高等职业院校负责人应及时研究和调查社会对专业人才的需求，培养学生的目标应切合实际、准确，完全具备多样性和复合性原则。首先，学校必须将学生成功就业作为改善一系列服务的主要目标，确保学生适应工作需求，充分整合职业理论知识和技能，同时确保它使企业受益，并进一步发展职业培训方法和内容，将学生打造成为适应社会发展的人才。学生需要开发独特的社会特征，如创新和实践技能，并且应该分解这些目标，强调每种基础教学和教育的优先事项。提高教师群体的宣传性，鼓励教师在教学中充分体现人才发展的目的，将学生培养成与社会发展相适应的人才。高等职业院校负责人应全面且客观地看待学校的各个专业，积极发展特色专业，在各个专业领域建立人才体系，接受理论和实践培训，积极利用学校资源为学生提供提高综合素养的机会。学校和企业还应该共同探索学习系统，实施各种多元化的教学方法，使学生能够同时完成学习和工作任务，为学生进行全面的技能培训创造机会和空间。

二、课程体系动态化构建

首先，学校和企业根据工作的实际需求和专业要求分析工作任务，同时开发结合教育和培训的综合课程以及课程体系，根据不同类型的人才培养目标创建不同的课程，使课程多样化，适当调整所需的课程数量，增加选修课程，充分利用学生的学习兴趣，并在此基础上建立灵活的学分制。其次，将课程评估和资格评估相结合，实现综合评估和评价；实施绩效评估、教师评估和学术绩效，逐步开发以企业需求和企业发展为指导的课程；让学校、行业和企业参与评估机制，以进一步增强课程的动态影响。最后，学校和企业共同合作，开发综合性的课程框架，以削弱专业理论内容，着重能力建设，拓宽专业领域，并为课程结构建模。在适当的学习中增设课程，包括具有不同集成水平的跨学科课程，并创建一个综合的跨学科课程体系。

三、建立互动式教学活动

新时期高等职业院校学徒人才的培养需要学校与企业之间的合作。要加强师生的交流与互动，加强学生与师傅、负责人之间交流与互动，改善学生在课堂中的处境。向学生展示企业的独特个性，指导教师和师傅要注意学生的心理和兴趣，并始终注意学生的反馈和意见。另外，教师可以使用调查方法来增强与学生的沟通，还可以在课堂上添加更多有趣的活动，如比赛和讨论，以提高学生参与和改善教学的热情。还有，企业应积极为学员和实习生创造机会，帮助他们获得工作经验并实施社会培训。学校和企业还可以进行定期交流，实现见习生和教师、在校生和见习生的有效交流和沟通，并使所有学生都成为人才。除以上教学形式外，还可以组织、举办其他互动式教学活动，如师生互换身份教学、企业与学生互换身份教学等，只要合理、合情，皆可采纳，以此提高培养新型人才的成效。

第六章 产教融合背景下文秘专业人才培养模式的架构设计

第一节 文秘专业人才培养模式的培养背景与教育理念

一、高职文秘专业人才培养的现状

1. 高职文秘人才市场需求现状

随着我国市场经济体制的逐步创建，社会经济发展更为活跃，对文秘的需求也在逐渐提升。多年来，文秘岗位一直处在人才市场招聘岗位的需求前端，尤其是高级文秘。随着中国高等教育的加快发展，受过高等教育的人才数不胜数，但真正掌握业务流程管理，具备优良创作能力和做事能力的文秘人才很少。中国的教育培训机构对文秘人员学习培训的重视程度低，没有专业的文秘培训管理系统。高校一般将文秘专业分派给中文系，仅仅是二级学院的其中一个，这不利于公众对秘书岗位的正确认识。

2. 文秘人才培养模式探索刻不容缓

在教育部于 2023 年 4 月发布的《普通高等学校本科专业目录》中，"秘书学"被列其中。"秘书学"的专业地位有望得到确认。修订本科专业目录的目标是为适应我国经济社会发展和高等教育改革与发展的需要，研究制定更有利于提高人才培养质量的教育内容，基本原则是积极适应经济、社会、文化和教育发展的需求，以及合理地确定人才、培养人才，为新兴学科发展留出空间，从基本原则和目标的确立可以看出文秘人才具有广阔的市场需求，"秘书学"学科的发展值得期待。值得一提的是，尽管目前市场对文秘服务的需求更大，但文秘也面临着更加激烈的竞争，文秘行业的招生和就业没有出现共同兴旺的现象。一方面，文秘职位的求职人数不断增加，竞争越来越激

第六章 产教融合背景下文秘专业人才培养模式的架构设计

烈。在中国的文秘团队中，真实受过系统性学习和培训以及经历过文秘专业教育的工作人员非常少，大部分从业者都是从其他行业转到文秘行业的，特别是在一些特定的行业与领域，管理者常常将专业知识视作挑选文秘的关键标准。在可预见的未来，这类状况不容易有很大转变。另一方面，随着我国社会主义市场经济结构的不断完善，产业布局的发展战略调节及经济发展全球化的全方位进程不断加快，各个领域对文秘工作提出了越来越高的要求。受过专业培训的文秘优秀人才的优点终将凸显，文秘工作人员的系统化是必然趋势。因而，培养专业化高级文秘是当今文秘专业培训的总体目标和定位。

到目前为止，高职、本科和中职院校的文秘专业人员培养的现状仍然难以掩盖文秘在市场上的尴尬。一方面，企业在努力寻找合适的文秘；另一方面，文秘专业的毕业生也在为找工作而担忧。将文秘人才培养模式从源头进行深入分析是教育界一直在讨论的核心问题。

在这种背景下，文秘教育领域的从业人员正在积极探索并努力用新的教育理念改革人才培养模式，并在此基础上进行了一系列相应的教科书开发和教学模式改革，以有效提高文秘专业毕业生的市场满意度和相关性。可惜的是，到目前为止，雇主们仍然常常发出"建立文秘职位很容易，找到文秘人才很难"的感叹，这也证明了中国很多职业院校文秘人才培养模式存在一些问题。的确，高等职业院校文秘专业的发展历史是短暂而迅速的，他们大多数是从中等职业学校升级或改造的。因此，在高职文秘专业人才培养模式的初步构建中，其培养目标和培训过程、教学模式、评价要素等往往会参考本科院校文秘专业的教学模式，这使职业院校文秘课程普遍具备本科院校文秘专业的色彩。

二、高职文秘专业人才培养的问题所在

市场里找不到合适的文秘优秀人才，这使文秘学界同行业深陷思索，问题到底出在哪？纵览文秘培养与优秀人才市场的需求，笔者认为具体表现在下列三个层面。

1. 文秘专业培训的特殊性

高等职业院校文秘专业与大部分别的技术专业的人才培养的相同点是，学习培训目标必须是该技术专业需要的基础技能。针对文秘领域，应把握的技能包含创作技能；文档管理技能；会务工作和服务项目招待技能；日常事务管理技能；办公系统应用软件程序流程及基本办公用品的运用和维护保养等。三年的专业培训应能够合理地提升这些技能。另外，大家经常忽视高等

产教融合背景下高职文秘人才培养探析

职业院校文秘专业人才培养的独特性，即文秘工作并服务项目的目标是成为具备指引和管理决策义务的领导干部和管理者，这代表着文秘工作人员的关键技能并不是人力实际操作。因而，文秘专业人员的塑造不但反映在文秘要学好办事，并且要学好做人。"办事非常容易，但做人难"，这自身便是一个广泛性极强的难题，而培养文秘专业人才是不可避免这个问题的。但是，在许多高等职业院校的人才培养过程中，很少有系统的理论来培养具有这种素质的学生。

2. 市场对文秘人才的个性要求

以浙江省为例，浙江是经济大省，区域经济主要由民营中小企业组成，其基本特征是法人实体众多、企业规模小、经营方式灵活多样。同时，浙江省的进出口贸易总额增长迅速，在全国进出口贸易总额中所占的份额不断增加。这种以出口为导向的经济的迅速发展必然导致市场对文秘人才的高需求。市场需要大量具有国际视野的国际文秘人才，他们既了解外语和专业，也具备基本的文秘技能。因此，一方面，不同地区的特色经济不可避免地对文秘从业人员提出了不同的要求；另一方面，在雇用文秘时，雇主通常根据企业的具体工作要求进行有针对性的选择。而高等职业院校大多针对职业群体，这也导致了文秘的就业步伐变慢，出现了人才素质与雇主需求不符的情况。

3. 文秘专业毕业生的就业方向

就业定位是毕业生面临的普遍问题，但是这个问题在文秘专业中尤为突出。原因是一方面，一些毕业生有"眼光好，野心不足""野心勃勃，缺乏才能"和"做大事做不成，却不想做些小事"的心理，他们不屑从基层的文秘职位做起；另一方面，社会对文秘人群的某些偏见也阻碍了文秘专业毕业生获得应有的社会认同，缺乏积极正向的认同将不可避免地直接影响毕业生追求成功的信念，因此面对就业市场上众多的文秘职位，文秘专业的许多优秀毕业生反而做出抛弃该专业的决定。

三、高职文秘专业人才培养模式重心分析

先进的教育理念是构建人才培养模式的前提。在此基础上，如何建立科学的人才培养模式直接关系到专业人才培养的前景。人才培养是一项系统工程，包括人才培养理念、培养目标、培养过程、培养体系和培养评估等内容和环节。在职业人才培养中，有必要建立以社会需求、能力培养为关键，以提高学生综合素质为目标的教育教学模式。因此，通过对要素和环节的分析和讨论，笔者认为以下环节必须得到重视和执行，这可以说是人才培养模式

第六章 产教融合背景下文秘专业人才培养模式的架构设计

建设的重点。

1. 对市场研究做出前瞻性判断是必要的前提

通过各种方式对专业人才市场开展普遍科学研究是保证文秘专业人才培养的总体目标符合社会需求的相应措施。按时开展市场调查是必需的，因而各院校文秘专业对企业、大学毕业生等特定的群体开展相应的市场需求调查，以此作为修订人才培养方案的重要环节。科学规范的调查是十分关键的，它使各院校文秘专业可以充分掌握文秘领域的市场需求。另外，各院校文秘专业务必根据对不一样群体的调查做出进一步的分析，从而辅助大家做出正确的判断。各院校文秘专业不但要对本地的中小型企业、人力资源市场和学校的大学毕业生开展相对的调查，还要对相关政府机构和在校生开展目的性的调查。在对市场开展全方位、深层次的调查基础上，文秘专业教学人员要用心剖析调查结果，并在这个基础上做出创新性的技术专业分辨，这一点至关重要。这是一项十分关键且非常严峻的工作。在校生三年的专业学习时间也是文秘专业优秀人才不断完善和提升的全过程。因此，如果没有前瞻性的市场判断，即使三年后文秘专业毕业生离开学校，"文秘工作容易有，文秘人才难寻"的声音仍会存在。

2. 以能力为核心的文秘专业课程体系设置是关键支撑

在市场调查的基础上，根据社会对高职院校文秘专业学生的能力和素质的要求，建立科学合理的课程体系尤为重要。因此，在课程体系设置中，根据区域经济特点和市场需求，牢牢掌握能力核心是文秘人才培养模式中极为重要的环节。以杭州市下沙高教园区浙江金融职业学院文秘专业为例，其文秘专业自成立以来一直与市场经济有关。

浙江省本身就是一个民营企业数量极大的省份，这就导致市场中存在着这些普遍性的问题："懂专业但不懂行业的人，懂行业但不懂专业的人"和"头脑灵活的人动手能力较弱，动手能力较强的人又不太会动脑子"，根据这两个问题，课程设计围绕着四个核心能力（人际交往能力、写作能力、专业实践能力和综合专业能力），建立起具有行业和区域特色的文秘专业课程体系。除了这四个核心能力要满足民营企业、国有企业、中小型企业甚至微型企业的实际使用需求之外，其毕业生在毕业后要想成功就业，还必须满足一系列条件，包括工作后可能发生的工作转移和后续发展能力等，从而使学生不仅可以实现"学术上的成功"，而且可以实现"就业上的成功"和"职业上的成功"。

3. 适应培养目标的完整课程提纲是重要参考

教学大纲是指导主题教学的指导性文件，它是课程计划与课堂教学之间的桥梁，是课程中专业培养目标的分解和体现，是衡量教师课堂教学的重要蓝图。高职院校的许多文秘专业的人才培养模式是不同的、自成体系的。但是，通过比较他们的课程提纲，会发现同一课程的提纲是相似的。因此，毫不夸张地说，当前的课程提纲在实际课程教学中没有发挥应有的作用，只是作为各种教学检查和专业评估的指标。

课程提纲不仅可以反映该专业人才培养的地位，而且对于检验其能否真正实施教学改革也非常重要。因此，要根据教学经验和学生的实际情况，将人才培养的目标紧密结合起来，有效定位文秘"做人""做事"的两个要点，进一步提炼课程纲要，使其步骤足够清晰并具备强大的可操作性。

第二节　文秘专业人才培养模式的课程体系

关于文秘专业人才，有各种解释。这类人才结构在横向方面具备相对普遍的基本常识，在纵向上具备大多数行业行政部门通用的专业技能。它是在传统式教学理念中所存在的精深、博大的观念的有效结合。另外，精深和博大存在着一定分歧和矛盾。在文化教育实践活动中，不管博大还是精深，基础都是长期性的不懈努力。可是，人的精力和时间是比较有限的，怎样在比较有限的精力和时间中完成博大与精深的融合一直是文化教育实践活动中的难点。

当然，如果想在文化素养和职业技能上达到很高的水平，就需要科学有效的课程教学体系和实践教育体系来激发文秘专业学生在这两个方面以及未来的潜力，从而为以后的发展奠定坚实的基础。

一、文秘专业人才培养模式课程构成

文秘专业学生应具备浓厚的人文素养，并掌握娴熟的文秘专业技能。高职院校应创建与文秘专业人员的知识体系和专业技能构造相一致的课程设置，文秘课程内容系统简约地分为两大类。

（1）文化上的相应课程。通识性思想与教育常规课程，包括"毛泽东思想和中国特色社会主义理论体系概论""思想道德修养与法律基础""人文素质与职业素养"等；金融文化素质课程，包括"经济学基础""现代金融基础""会计基础"和"个人金融"；文秘文化素质课程，包括"文秘综合文化素质""文秘艺术修养""文秘文化与礼仪""文秘心理学"等。

（2）技能级别的相应课程。包括文秘技能和财务技能两个级别：文秘技能，包括"演讲与口才""人际沟通""文秘文案""办公自动化""办公室管理""计算机速记"等课程；财务技能，包括"点钞与反假货币技术""中文输入"等课程。

二、文秘专业人才培养模式课程概要

"毛泽东思想和中国特色社会主义理论体系概论"与"思想道德修养与法律基础"是高校思想政治教育的通识课程，在学生学习和发展中起着重要作用。"人文素质与职业素养"是由一系列课程组成的综合课程，主要包括高职学生心理健康教育、职业生涯与就业指导、中华优秀传统文化、大学生学习与生活指南等。

1. 职业生涯与就业指导

作为一门公共课程，针对不同专业，它不仅强调职业在人生发展中的重要地位，而且注重学生的整体发展和终生发展。通过激发大学生职业发展的自我意识和树立正确的就业观，鼓励大学生科学地规划自己的未来发展，并努力在学习过程中自觉地提高其就业能力和职业管理能力，具体包括以下几个主要任务。

（1）规划和指导学生的职业发展。首先，要指导学生了解自己的性格特征、兴趣、个性、能力、价值观等，以便根据自己的爱好和成长经验选择合适的职业。其次，要指导学生根据个人特点和对专业知识的掌握，制定短期和长期的职业发展目标，并不断检验其在现实生活中的可行性。最后，要指导学生在社会需求的指导下，学会自我推销，包括简历准备、面试技巧、如何选择、如何做出决定、如何申请工作、如何就业以及如何可持续发展等。学生要能够根据社会发展、职业需求和个人特点掌握职业规划，促进职业发展，提高自身素质，增强可持续发展能力。

（2）帮助学生建立正确的职业观和就业观。职业前景决定学生的职业态度和工作态度，就业前景决定学生的就业心态和就业选择。帮助学生建立正确的职业观和就业观可以帮助其做出正确的职业和就业选择，并实现自己的价值。

（3）引导学生正确理解学习与就业之间的关系，使学生有学习的目标和动力，努力完成学业并提高职业能力。

（4）帮助学生成功就业和创业。该课程为学生提供一系列知识模块，并开展一系列主题活动，对学生进行职业教育、专业意识和职业素养的相关训练,以便学生掌握求职和创业所需的知识、能力和技能,并争取成功就业或者是成功创业。

2. 高职学生心理健康教育

本课程旨在帮助学生了解心理健康的基本知识,树立维持心理健康的理念,并通过讲授有关心理健康的概念和理论来掌握心理调节的方法;指导学生正确处理各种人际关系,学会合作与竞争,培养专业兴趣,提高他们应对挫折、寻求就业和适应社会的能力;培养学生正确认识自己,学会有效学习,根据自己的发展建立积极的人生目标,培养责任感和创新精神,培养自信、自律、奉献和乐观的品质,提高学生的心理健康水平和职业心理素质。因此,本课程的主要教学目的在于以下两个方面。

(1)通过心理健康知识的教学,让学生关注心理健康;掌握心理调节方法,消除心理困惑,及时调节不良情绪,学会面对各种挫折和生活困难,增强心理承受力。

(2)将教师的教学与学生的课堂讨论、小组培训和实践经验相结合。要求学生将他们在课堂上学到的知识与他们在日常学习和生活中遇到的问题相结合,注意观察、分析并及时调整,将知识转化为能力。

3. 经济学基础

本课程的学习任务是学习经济学基础知识,掌握供求规律,掌握消费原理,掌握生产功能和生产投入产出规律,掌握企业成本的概念和变化规律;了解市场的类型和特征,并掌握价格规律,了解现代宏观经济学的基本原理;培养学生运用一般经济学原理分析经济现象的能力,并为后续的专业课程奠定理论基础。

通过学习本课程,学生可以掌握现代市场经济理论,提高经济理论水平。学生需要掌握现代需求理论、现代供给理论、市场均衡理论、基数效用理论和现代消费理论中的序数效用理论、现代生产理论、企业生产均衡原理、现代市场类型及其特征、生产要素市场理论以及宏观经济理论。通过学习,学生可以使用边际分析方法和一般均衡方法来分析常见的经济现象,了解西方社会组织企业生产和参与市场竞争的方法,了解外资企业的性质和特征,为将来的其他课程学习打下基础。

4. 演讲与口才

本课程以口才训练为主要形式,以学生为主体。在理解口头表达的基本表现之后,训练学生的语言表达能力,使他们具有从事一般交流活动的基本技能,并在实践中使用口头表达,这为交流和沟通提供了必要的理论准备和实践准备。

5. 人际沟通

这是一门研究和探讨人际交往与协作的课程，它的关键是在专业场景下塑造学生与人相处的能力，它是高等职业院校文秘专业的主干课程。它是当代从业者沟通交流必不可少的基础知识，将社交沟通交流全过程作为并列结构，它侧重于与人相处的一般专业技能和典型性社交矛盾产生时的独特专业技能，旨在成功完成文秘专业学生社会角色的转变，为其提高综合专业素质打下坚实的基础。

6. 办公自动化

该课程从办公软件和硬件的基本应用开始，侧重于复杂的应用和故障排除，旨在培养学生的办公自动化应用能力，将理论与实践相结合。通过学习本课程，学生可以对办公软件和硬件的功能以及办公事务中的实际应用有深刻的理解和掌握，并能够熟练地完成文档准备、电子表格数据处理、幻灯片制作并执行相应的输出；可以使用普通办公设备；使用现代办公软件和硬件来解决实际的工作问题并提高办公效率。通过学习"办公自动化"课程，学生将不断提升其专业素养，强化其实际技术应用技能，并为将来从事文秘工作奠定坚实的基础。

7. 文秘文案

该课程不仅是文秘专业的核心专业课程，旨在提高学生对专业知识和能力的综合利用，而且还是培养学生综合专业能力和工作技能的职前培训课程。

通过学习本课程，学生将具有文档写作和办公室服务的综合专业能力。通过学习行政文件、商业文件、科学文件、财务文件和通信文件等常用文件的写作，学生可以提升自身动手、实践和创新的能力；通过实践教学提高学生诚实、勤奋和团结协作的素养，目的是为将来的文秘写作和服务工作打下基础。

8. 文秘艺术修养

这是一门对文秘专业学生进行艺术教育培训的课程。它是高等职业院校文化教育实践活动中德育教育的关键对策之一，也是文秘专业学生了解雅致生活和塑造价值观的关键方式。本课程内容的课堂教学目的并不是塑造艺术大师，而是塑造具备一定审美能力的文秘优秀人才，使学生能够发现一般事物的艺术美，还可以根据一般事物的艺术美完成美好事物的造就，并学习赏析从古至今的艺术经典，激励学生形成对日常生活的积极心态，并在未来的学习培训、工作和日常生活中应用这类积极主动的生活观念。

产教融合背景下高职文秘人才培养探析

第三节 文秘专业人才培养体系架构

"文秘专业"的培训模式改变了以往的传统教学模式，浙江金融职业学院的"金院秘书工作室""金苑秘书节系列培训"等都是新型有效的教学模式。它在教学方式上强调"整合"，即构建"三三体系"人才培养体系，具体包括"三能""三通""三体"。"三能"是口头表达能力、书面写作能力和手头事务处理能力，即要能够做到"口头"会说、"笔头"可以写、"手"做得好。"三通"是指沟通、贯通、融通，即要实现良好的人际沟通、课程之间的熟练连接以及美德与能力之间的融合。"三体"是素技、岗课、课证一体，即要实现素质和技能的整合、职位和课堂的整合以及课程和证书的整合。

"金院秘书工作室"是利用专业优势，利用学校的平台展开全真模拟实训的一种尝试。这项工作以大二学生为主进行，学期初始，由专业教师与学生配合，对学校的各个职能部门进行调研，搜集各部门对助理人员的需求人数与素质要求，信息整合准确之后，由文秘教研室统一根据学生的特点安排人员进行归口实习实训。根据以往经验，将有超过半数的学生进入学校的各部门担任助理工作。比如，学校办公室、教务处、学生处、招生就业办、科研处、人事处等部门都会有2~3个助理名额，每学期下来，参与校内岗位实训的同学在人际沟通能力、办事能力方面都会有大幅度的提升，这源于课堂的理论与实训与现实工作中的实际紧密结合。

在教学方式上，构建"三三制"人才培养体系，提出"一体化"培养目标。

一、"三能"

口语表达能力主要通过"演讲与口才"和"人际沟通"课程来学习和训练，以达到提高文秘专业学生口语表达和人际交往能力的目的。"演讲与口才"课程设置了背诵、复述、评论、访谈、辩论、演讲、主持等各种培训项目，以培养学生口语各方面的多样性。"人际沟通"课程侧重于人与人之间的沟通训练，设置不同的工作场景并进行模拟培训，如各种形式的谈判，如何与上级、同级和下属进行沟通以及如何与陌生人进行沟通、交流，如何快速赢得他人的信任等。

书面写作技能主要以"秘书写作基础"和"秘书文案"课程为载体。

第六章 产教融合背景下文秘专业人才培养模式的架构设计

"秘书写作基础"课程侧重于一般写作训练和掌握简洁的理论知识体系，主要包括文章写作的主题、思维、结构、语言等方面，写作材料的选取（观察、阅读、感觉的选择等）以及写作表达方式（叙述、讨论、抒情、解释等）的选择。"秘书写作基础"课程的主要任务是锻炼文秘专业学生的基本表达能力。布局和语言写作将在未来的应用写作中发挥至关重要的作用。"秘书文案"课程以"秘书写作基础"课程为基础，该课程以实用写作为主要任务。通过一系列实用的写作训练，学生将精通各种应用风格的写作。该课程的内容主要包括常用的正式文件（如通知、信函、会议记录等）撰写、计划、摘要、简报、新闻报道等。文秘专业学生应定期参加各种学校活动，也可以自己组织并参与比赛活动，当然活动策划是必不可少的环节。因此，"秘书文案"课程是根据实际需要编写的。在该项课程中，写作得到了足够的重视，这使得学生能够获得足够的实践写作练习。

对手头业务处理技能的培训将诸如"办公室管理"和"会议管理实务"之类的课程作为教学和培训平台。"办公室管理"课程主要以处理各种行政事务以及各种办公设备的管理和使用为培训项目。例如，办公室信息管理、文件管理、较小额度的现金管理、员工任务分配等。该课程主要以模拟培训和实际培训的形式在学校内进行，学生能够参与学校工作的各个方面。两种培训形式的结合可以有效保证课程的培训效果。"会议管理实务"课程以会议的组织和管理为主要教学内容，主要包括会议前准备（确定会议时间和地点、制订会议计划、分工、准备会议资料、会议场地布置等）、会议间服务（接收站管理、注册和登录、场地服务、会议记录、住宿安排等）、会议后事务处理（会议结果、会议摘要、会议资金解决、会议效果反馈等）、会议文件处理，普通会议和活动的组织与安排。

二、"三通"

"三通"讨论了人际沟通技巧的培养，在此不再赘述。设置专业课程时已经很好地考虑了课程之间的联系。例如，从"秘书写作基础"到"秘书文案"，前者是具有普遍意义的写作，强调文本的布局、语言技巧和独创性；后者主要是应用写作，而应用写作不是质木无文，尤其是总结性写作或调查性写作，需要较强的表现力和吸引力，要求具备相当好的基本写作能力基础。同样，如果没有应用写作，则基本写作很容易变成空中楼阁。作为高等职业院校文秘专业学生，文学写作虽然是展现生活的重要途径，但写作课程的设置显然不是为了培训专业作家，而且对于学生来说几乎没有这种可能性。"秘书写作基础"和"秘书文案"已经成为相互依赖的关系,它们之间的联系是非常必要的。"演讲与口才"和"人际沟通"这两个课程也是如此。"演讲与口才"培训课程侧重于单向交流,如朗诵、复述、旁白、讲话等。培训的是一种口头表达,可以帮助学生克服对公众讲话的恐惧,使表达更具条理,并产生一定的吸引力。"人际沟通"的培训计划着重于人与人之间的双向交流,如协商、场景对话等,它训练人与特定对象交流的能力。这两门课程也有一定的内在联系。

至于美德与能力的整合,这对于文秘专业的学生而言更为重要。无论是个人道德还是职业道德,社会对文秘人才的要求都很高。只有那些具有高素养和高水平的文秘才能真正被市场接受,并拥有真正广阔的未来。否则,他们很有可能会前功尽弃。

三、"三体"

通常情况下,在社会大众的眼中,职业院校倾向于强调技能胜于知识,但是文秘专业却不是这样。文秘技能很"软",不能等同于完全的操作技能,如机械、水利、汽车维修等。它规定文秘工作人员应具备较高的素质和娴熟的专业能力。这类专业技能自身是构建在人文素养之上的,如创作能力和沟通交流能力。没有相对浓厚的人文素养,就难以获得现代化文秘的资质并担任文秘工作。因而,人文素养和专业素养是在文秘人才培养中必须重视的一个层面,关系到文秘人才培养的成功与失败。另外,作为一种高等职业教育,必须充分考虑学生的技术专业实践活动能力。它是高等职业教育与一般职业教育最为关键的差别。像鸟的两个翅膀一样,素质和技能是必不可少的。因此,浙江金融职业学院提出了整合素质和技能培训的目标和要求。

职业教育的强烈专业定位意味着文秘专业学生的未来就业前景是文秘职位。为了实现专业与就业之间的零距离,必须将市场所需的文秘人才用作教学的培训标准。因此,浙江金融职业学院提出了整合岗位与课堂的目标,并将其应用于教学实践中。换句话说,课堂上的教学内容主要基于各种企事业单位文秘职位所需的知识体系和操作技能。这为文秘专业学生成功进入企事业单位,迅速适应工作打下了良好的基础。

课程和证书的整合反映了当今社会对职业证书的重视,同时为文秘专业学生能够成功找到工作创造了良好的条件。当持有社会公认的文秘证书时,学生的自信心和专业感就不同了。在教学实践中,开设了"文秘考证"课程。该课程整合了文秘专业知识,并对证书考试进行了专门教学,从而为学生的考试铺平了道路。事实证明,通过开设该课程,文秘专业学生可以借此机会对文秘知识进行系统的学习,并获得相应的证书,这是一件双赢的事。

第四节　文秘专业人才实践育人架构

浙江金融职业学院文秘专业实践教育的结构主要包括三个方面:一是课堂实践教学,二是第二课堂如"金苑秘书节"和"国学诵读",三是"薪酬式工学交替"。其中,"金苑秘书节""国学诵读"和"薪酬式工学交替"取得了良好的效果。

一、金苑秘书节

浙江金融职业学院举办的"金苑秘书节"是由文秘专业教师和学生共同策划和组织的大型专业活动,目的是利用每年 4 月的"国际秘书周"和"国际秘书节"扩大第二课堂的内容。该活动的重点是培养文秘专业学生的各种技能,贯彻学院的"诚信、理性和毅力"学习风气,丰富学生的课余生活,营造真实、热情的景象,并有效地提高学生专业技能,开阔眼界,锻炼实际战斗能力。迄今为止,"金苑秘书节"已成功举办了十一届,从校内到校外、从学校到企业都有。这项活动得到了学院领导和各职能部门领导的大力支持,极大地激发了文秘专业学生的热情,受到文秘专业学生的热烈欢迎。如今,"金苑秘书节"已成为学院文秘专业教学过程中必不可少的重要活动之一。

1. 举办秘书节活动的宗旨

为学生提供实践专业知识和自我展示的平台,文秘专业学生可以进一步了解社会对文秘的要求,并找到他们的专业定位,丰富专业知识,提高专业能力,为他们在社会中发挥作用打下良好基础。每个学生都有机会展示自己,充分发挥自己的优势。

2. 举办秘书节活动的作用

(1) 传承文秘文化艺术。为了更好地肯定文秘的贡献,美国于 1952 年公布创立秘书周和秘书日。1955 年,秘书周被宣布特定为每一年 4 月的最后一个星期,该周的星期三被特定为"国际秘书日"。在我国,文秘工作存在了 4000 多年的时间。在悠长的历史过程中产生了丰富多彩的文秘文化,包含文秘文化艺术、公文文化艺术等,形成了具备社会主义特色的文秘精神。举行秘书文化节,能够激励文秘专业学生关注专业文化艺术,深入研究、探寻和自主创新文秘文化素养,批判性地继承传统的文秘精神实质,能够更好地服务于社会主义经济与文明建设。

(2)提升文秘工作中的专业理念,激起学习和参与培训的激情,锻炼专业能力。现阶段,有许多文秘专业的学生是根据志愿填报调剂而来的,他们对文秘专业缺乏正确的理解,对于从事文秘专业的意志非常不坚定,学习文秘文化知识的主动性自然不高。举行秘书文化节能够宣传正确的文秘观念,深层次发掘文秘文化艺术的精粹,使学生感受文秘岗位的风采,塑造岗位光荣感,结合实际锻炼发展各种专业技能。

举行秘书文化节是一项有组织的系统性工作,涉及各个方面。在参与活动过程中,学生可以触碰到很多的文秘工作内容和职责,历经各种各样实际的文秘工作,有益于提升学生的办文、做事、办会的基础能力。因而,对学生而言,举行文秘文化节是一次非常好的见习机遇;对教师而言,则是栩栩如生的情景教学机遇。

通过报名参与秘书节主题活动,学生能够锻炼各个方面的能力,主要包含:

第一,创作能力。秘书文化节主题活动必须编写计划、汇总、活动策划方案、开场词、闭幕词、宣传语、各种各样活动报道等很多的文本材料,根据这种具体的创作主题活动,学生能够极大地锻炼自身的文本表达能力,进一步感受创作的必要性。

第二,社交沟通能力。秘书文化节主题活动涉及联络冠名赞助、会议方案设计、现场布置、领导干部招待等很多层面的工作,学生能够非常好地提升社交水准。

第三,沟通协调能力。举行秘书文化节必须同院校、系院领导干部及团委、学生会、冠名赞助企业等单位做好沟通协调工作,在主题活动过程中学生的协调能力获得了合理锻炼。

第四,组织方案策划能力。秘书文化节各类主题活动最先必须做好的是各种各样的方案策划工作,如冠名赞助方案策划、新闻报道方案策划、工作人员组织等。在此过程中,学生便是主题活动的主人,真实饰演了指挥者与操作者的人物角色。

3. 秘书文化节的关键活动主题

秘书文化节的方案策划有益于提升学生的组织、协商和自主创新能力,为学生未来快速融入文秘岗位打下了基础。

(1)主题风格方案策划。主题风格是全部主题活动的关键,体现了策划

第六章 产教融合背景下文秘专业人才培养模式的架构设计

者的思想和意识。在计划时,学生能够从不一样的视角设计不同的主题风格和定义,可以是举行秘书文化节的目的。比如,创建互动平台和宣传策划文秘设计风格,也可以是秘书文化节的作用;再如,建立优良的学习风格,营造文秘品牌形象,自主创新文秘精神。它能够凸显文秘的工作职责、地位和发展趋向。比如,文秘是一种积累经验的岗位、文秘是通向管理岗位的台阶等,学生还能够依据自身的发展和水准设计不一样的主题风格;再如,以前秘书节的主题风格是"迈向社会发展"等。

(2) 组织计划。相关活动的具体实施者实际上就是组织的相关机构,科学规范的组织机构有利于提升工作效能。组织机构能够应用人力资源优化配置和机构基础知识设计制作机构计划,如一般机构包含咨询顾问和咨询管理企业,他们起到服务咨询的关键功效,能够邀约院校领导干部、技术专业教师、社会文秘等报名参加。领导机构要承担既定目标的管理决策和协调。筹划联合会可以由文秘专业的学生干部构成,承担各种各样的任务。职责机构的关键是承担工作中的计划策划和执行,可以设立文秘室、媒体公关单位、文艺单位、学术研究专业技能单位等,依据活动主题和内容灵活设定。

(3) 策划活动。秘书文化节主题活动分成学术交流、文艺活动、宣传活动和专业技能主题活动等。学术交流偏重于文秘基础理论的文化教育和传播,探寻文秘工作中的专业技能和工作经验。具体做法是邀请社会各界一线权威专家,设立权威专家社区论坛,并邀请政府部门和企业的文秘工作人员报名参加文秘社区论坛。文艺类主题活动包含了很多文秘专业知识和专业技能,如组织一次文秘品牌形象比赛,让学生展现文秘衣着礼仪;以小剧本表演的方法来体现文秘工作中的内容,并提高岗位荣誉感。浙江金融职业学院将这些活动设计为"项目"。在这些活动中,学生是活动的主人,而教师仅起到辅助和指导作用。"项目"的真实性和挑战性极大地激发了学生学习的热情和创造力。在教师的启发下,学生们充分利用所学到的专业知识,锻炼了各个方面的能力,拓宽了视野,这是对课堂教学很好的补充和扩展。

4. 观念更新带动各门课程的教学改革

随着课堂教学意识和优秀人才意识的升级,文秘课题研究单位的教师们在具体教学环节中努力探索与发现,对每科课程内容的目的、方法和实际效果有了新的了解。执行关键反映在两个层面,一是课堂教学实践活动,二是课题研究。就关键的文秘课程内容来讲,目的并没有很大转变,由于他们注重学生对基本知识和专业技能水准的了解,可是在课堂教学实践活动中应用什么方式来执行这种课程内容及能够做到哪些实际效果,这早已变成一个非常值得讨论的话题。根据秘书节主题活动，教师和学生们相互探寻了一种更为重视学生动手能力、语言能力和创作能力的方式，在实践教学中也取得了可喜的成绩，如"办公自动化""演讲与口才""文秘文案""计算机速记""文秘写作基础""文秘综合培训""商务礼仪"等多方面的课程，最大限度地提高了学生动手、动口、动笔的综合素养。

二、薪酬式工学交替

1. 配合并完成教学计划

提高学生综合素质和资助家庭经济困难学生是勤工俭学的基本目的。通过理论与实践相结合、学校与社会相沟通，培养观察、分析和解决问题的实际工作能力，进一步提高学生的思想意识和专业水平。学生逐步被培养成可以积极适应现代化需求的高素质复合型人才。此目的主要体现在以下几个方面。

（1）使用和测试教学结果。作为整个教学系统不可或缺的一部分，整个学期的教学计划都安排了学生工学交替的社会实践。它具有重要的功能，即使用教学结果和测试教学结果。教学成果的运用是试图将课堂上学到的系统理论知识运用到实际工作中，并从理论角度提出一些文秘工作现代化的针对性建议和思想。检验教学效果是看课堂教学与实际工作之间的距离，通过综合分析找出教学中的不足，为完善教学计划、改革教学内容和方法提供实践依据。在实习过程中，学生认识并改正了自己的缺点，取得了明显的进步，提高了个人能力。它表明，工学交替是正常教学的重要补充。

（2）提高实干效率。见习生具备双重角色，既是院校派出去的学生，也是实习岗位的工作人员。比如，在慧聪网杭州分公司开展的见习中，有7名学生没有由于自身是见习生就懈怠工作。他们严格执行实习岗位的相关要求，遵守规章制度，认真完成领导人员分派的每日任务。他们从自身做起，征询有工作经验的朋友，很快地适应了企业的办公环境和气氛，并在最短的时间内融入了精英团队。他们在工作中，持续寻找与外部的差距，扩展知识面，塑造具体的工作能力。以自身服务质量和领导的满意度为工作中的立足点和总体目标，改进学习心态，积极主动地参与工作，保持每日出勤率，记录工作日记，调整情绪，以严格的标准来要求自身，主动维护企业形象，任劳任怨，得到了企业的高度认同。

（3）了解并熟悉公司的运作。对文秘专业的学生而言，动手能力的塑造十分关键，而仅靠课堂教学来塑造这类动手能力还不够。它需要从课堂迁移

第六章 产教融合背景下文秘专业人才培养模式的架构设计

到社会发展中。近些年,浙江金融职业学院的文秘专业在课堂教学和实习岗位的分配上把侧重点放到了企业,目的是让学生通过实践活动掌握具体的业务流程和运行状况,了解业务流程管理的基础阶段,并具体感受一般文秘的基本能力规定,以塑造自身的融入能力及剖析和处理具体难题的能力。

(4)为就业做准备。根据工学交替的见习方法,学生能够察觉自己与社会发展具体要求间的差别,并在未来的学习培训期内及时填补有关专业知识,为应聘求职和正式工作做准备,减轻了从校园到社会的心理压力。

2. 提升个人素质与能力

(1)真诚善于沟通。学生要善于运用公共关系礼仪、言语和口才、实用写作、文秘实践和其他在学校学到的知识展示文秘工作的水平,在工作中逐一运用学习到的知识和技能,进一步提高自己的素质,为将来真正进入工作岗位做准备。

每天上班时,慧聪网杭州分公司的7位实习生都会向每个人微笑和问候。过去,人们常常忽略了一些微妙的事情。例如,一个温暖的问候,它表达了对同事和朋友的关心,并使其他人感受到被重视和照顾。在短短的半天时间里,学生就和同事变成了很好的朋友,老员工们视新人为"透明人"的事情并没有发生。学生们用诚意换取了同事的信任。他们将每个人都视为朋友,大家都愿意尝试更加深入地了解学生,向学生介绍工作中的一些情况以及如何解决他们遇到的困难等,从而为学生在慧聪网杭州分公司中实现快速成长打下良好的基础。沟通是一项重要的技能,必须随时使用,如要认识某个人必须首先记住对方的名字,所有这些都要求学生主动去做。

(2)热情洋溢地工作。事实上,不管置身哪一个领域,激情和细心都是不可或缺的。激情使大家对工作充满热情,并想要为目标而拼搏;细心使大家可以仔细看待工作,加倍努力,并求实创新。只有热情与细心相辅相成,才可以撞击出最漂亮的火苗。

课堂教学和科学研究单位自始至终认为学生应当充满热情,如同"金苑秘书节"一样。"金苑秘书节"使学生可以参与其中,变成计划者、策划者和参与者,并让学生不同程度地了解了组织活动的艰难和快乐,还使学生能够战胜失败的自己并汲取经验。

实习开始之初,慧聪网杭州分公司的主管并不愿意将真正的任务分配给学生,也不愿意教给他们一些常识。主管们感觉每个人都还是学生,没有太多的热情、自信和耐心。经过交流,他们逐渐认识了学生。渐渐地,一些简单又有一定技术含量的基本任务(如上传照片、复印和传真)被分配给了学生们。在早上的会议中，学生以其自然的主持风格、优美的诗歌朗诵和音乐征服了所有人，老员工们对这群多才多艺的学生有了了解，大家都称赞"这批实习生真的很棒"。

在接下来的几天里，学生抓住了每个能够表达自己和被他人认可的机会。在未来的实习生活中，每个人都变得更加充实。公司里经常可以看到学生忙碌的身影。该部门的同事说："有这些助手真是太好了。"如果有一天没有见到一名实习生，每个人都会担忧地问："那个谁怎么不在这里？"

（3）融入集体，发挥才能，收获颇丰。在这7名学生中，有5名学生在不同的业务部门担任助理，2名学生在培训部门担任助理。经过一段时间的努力，学生们的工作得到了认可。经过评估，其中5名学生被预先录用，并于当年8月前往慧聪网集团北京总部接受了为期半个月的培训。在培训期间，学生们表现出色。他们在成功毕业后正式步入了工作岗位。

（4）团结互助，实力无限。公司所有部门的工作是相互关联的。就像童谣唱的那样："一只蚂蚁移动大米，它不能移动。两只蚂蚁移动大米，身体摇摆并摇动。三只蚂蚁移动大米，轻轻地将它抬进洞里。"如果每个人都互相推脱、不谈合作，那么只能造成"一个和尚挑水喝，两个和尚抬水喝，三个和尚没水喝"的情况。虽然在同一单位，每个人的工作都相对独立，但如果一个人只在乎自己，不理会他人，拒绝与他人合作，那将不可避免地影响团队的战斗力和整体形象。人们常说，创业就像下国际象棋，赢与输都与每个棋子息息相关，任何移动都可能导致满盘皆输，如果整个棋局输了，那么无论棋子多么强大都没有用。维护和协调内部团结对于文秘专业的学生来说可谓是重中之重。在公司实习期间，学生相互合作、互相帮助，从不相互争斗，让公司看到了学院学生的团结。

工学交替是浙江金融职业学院依据教育部的相关规定，融合学校的具体情况进行的一项主题活动，它在填补基础理论教学过程的抽象性和仿真模拟专业技能训练层面起着关键功效。文秘专业在学校的统一安排和具体指导下，创造性开展了工学交替活动，学校将报名参与工学交替的学生分散在不一样的公司和企业。其中，与慧聪网杭州分公司的协作造就了"从工学交替到在职人员见习再到实现学生就业"的方式，丰富了工学交替的内涵，创造性地应用了新的劳动力就业方式。

第七章 产教融合背景下文秘专业人才培养模式的课程体系改革

第一节 文秘专业课程体系改革的总体思路及原则

一、文秘专业课程体系改革的重要性

经济的发展和社会的不断进步催生了21世纪优秀人才的市场竞争，各个领域的人才结构发生了前所未有的改变，如今的社会急需解决对各种各样高质量技术人才强烈需求的难题。持续发展高等职业教育，塑造大量高质量、高技能的复合型人才是时代发展的必然需求。

人才培养的关键是文化教育。不管哪种文化教育，教育教学理论和实践经验的关键是课程。课程是课堂教学的管理中心，是实现教学目标的媒介，也是在教学环节中有计划地为学生散播专业知识和工作经验的平台。高等职业教育课程是连接岗位要求和学生技术专业能力的桥梁。课程结构的设定直接关系到学生的技术专业素养和能力水准是否满足具体工作中的需求。换句话说，课程管理体系的基本建设是完成人才培养总体目标的重点，务必使参训工作人员在思想政治素质、文化素养、身心素养和技术专业素养上符合人才培养总体目标的规定。高等职业院校的课程是依据社会发展对优秀人才知识体系的要求而制定的，优秀人才的规格和素养的关键在于学生在学校学习培训的课程管理体系。因而，课程难题一直是高等职业院校课堂教学的关键。高等职业院校文秘专业是塑造高质量优秀文秘人才的关键渠道之一。构建适应人才培养目标的高职文秘专业课程体系是高职文秘专业教育改革的重要方向。

二、高职文秘专业课程体系现状分析

回望文秘专业创立之初，正逢政府机关和组织急需很多文秘优秀人才。那时候，文秘专业的课堂教学关键集中在政府机关的文秘工作上，课程专业知识大部分考虑了社会发展的具体需求。当今，随着经济改革的逐步推进，社会发展对文秘优秀人才的要求发生了前所未有的改变。政府机关改革大大减少了对文秘优秀人才的需求，但是其他领域对文秘优秀人才的需求不断提升。这就意味着文秘工作人员要向系统化、专业化和社会化的方向发展。因而，适度调整课程结构管理体系，为社会发展培养高技能的应用型优秀人才是高等职业教育改革创新的关键任务。

现阶段，文秘课程结构存在的不足集中在以下几个方面。

（1）课程设定依据本科院校的传统式课程结构。高等职业院校很多文秘专业仅仅遵照高等院校技术专业课程结构的特性，高度重视课程结构的针对性和一致性，低估了高等职业教育课程结构的适应能力和协调能力。大部分课程来源于中文专业的课程管理体系，从改革创新中移植出去的课程偏重语言和文学类，欠缺科学研究的整体规划和课程管理体系的构造，导致学生的知识体系、技术专业能力与社会需求不符，在一定程度上对学生的发展产生了影响。

（2）课程结构是任意的，并且根据教师的数量来增减模块。课程结构是否合理取决于其是否满足培训目标和人才要求。一些高等职业院校仅考虑当前社会对文秘专业人才的需求，无论学校是否有足够的教职工，他们都蜂拥而上。在设置具体课程时，尚未对雇主的需求进行认真而深入的研究。如果学校有足够的教师，院校将在这一领域开设更多课程，并增加更多上课时间。如果某些方面课程的教师不足或没有，学校会随时取消此课程，无论它是不是整个课程结构中应包含的模块之一，由此导致随机课程结构的形成。

（3）课程结构没有较强的职业针对性。社会需求是高等职业院校技术专业课程的起点，技术专业课程的构造务必具备极强的职位定位。但在搭建一些高等职业院校的课程结构时，很多学校没有考虑到文秘优秀人才种类及涉及的岗位。课程结构的划分过度简易，仅包含2个关键部分：公共基础知识课程和技术专业课程。这类课程结构没有融合文秘岗位的专业特点，只是将符合同样任职要求的课程归到一个控制模块。一旦学生进入实际工作岗位，他们将无法有针对性地进行文秘工作。

（4）课程设定忽略了人文素养文化教育。受高等职业院校的特性和核心

理念的影响，很多高等职业院校文秘专业的课程都注重"以岗位能力为基本"的观念，并将岗位技术培训作为课程和课堂教学的关键，而忽视了学生的观念、身心、文化内涵的发展。高度重视学生就业和专业技能，忽视人文素养以及文秘专业知识的积累。这类欠缺人文性课程的建设理念事实上是文秘课堂教学的舍本逐末，阻碍了学生能力的发展，乃至阻碍了高质量文秘人才培养总体目标的完成。

以上所述课程设定的不足都不能非常好地体现文秘专业的特性。只有依据专业的具体情况对课程结构开展实际科学研究，才可以实现文秘专业原有系列课程的提升和融合，进而确保文秘专业真正完成培训目标。

三、文秘专业课程体系改革的总体思路及原则

根据人才培养目标，文秘专业课程体系的建设必须首先以"大口径，基础雄厚，素质强，能力强"的指导思想为基础，选择并整合原有的课程体系和内容。通过课程的相互合作与协调发展，实现课程体系的整体优化，科学合理地处理学生的知识、能力和素质的关系，并注重基础知识与专业能力、文秘专业的理论与文秘工作的联系。

1. 以专业素质为中心的全面素质教育原则

高等职业院校文化教育课程应与社会和经济发展的需求和地区区域经济发展对优秀人才的具体需求紧密联系。因而，文秘专业课程服务体系务必摆脱以课程为中心的传统式趋向，要以职业能力为中心。课程是依据岗位职位工作所规定的职业能力的主线任务设定的。基础理论课堂教学根据"必需、充足、好用、实用"的标准，注重新专业知识、新方式，将对特殊专业技能的塑造需求与技术专业职位的具体工作紧密联系。另外，文秘专业的课程也应充分考虑学生能力素质的提升。以往注重专业技能忽视历史人文的发展严重地影响了学生发展潜力的提升。因而，文秘专业课程管理体系的基本建设务必紧紧围绕健全人格的塑造，重视提升人文素养，将课外教育与人文学科紧密结合。比如，对文秘专业适度地运用诸如"文学著作选读"和"现代汉语"这类的课程，以培养文化知识；素质教育模块中增加"大学生心理健康教育""文秘心理学""人际沟通与交流"等课程，以提升学生个人素质和社会发展适应能力。逐渐提升现代教育课程的开发程度，对现代教育课程明确提出较高的要求，并让现代教育课程在文化教育和学习培训中充分发挥更高的功效。

2. 以职业能力为主线的系统性原则

许多因素促进了职业能力的形成。职业能力与学习相关的职业课程、参

与多种实践活动以及一个人的整体感知和素质有着极其重要的内部联系。因此，以职业能力为主线的系统性原则要求构建相关的课程体系，以反映每门课程的相关性、体系和层次，具体表现如下。

（1）专业课程和普通课程相结合。以塑造高质量优秀人才为总体目标，将专业科目和现代教育课程统一起来。现代教育课程是塑造专业人才的基础，而技术专业课程则为塑造技术专业的"出色"和"精工细作"的优秀人才提供了保障。因而，在技术专业课程与现代教育课程的关联中，技术专业课程是基本，现代教育课程是保障。通识教育课程与专业课程的有机结合有利于培养具有深厚专业知识、较强的专业技能、广阔的视野、自由烂漫和风度翩翩的高层次人才。

（2）理论与实践相结合。为了更好地让学生获得专业知识、工作经验和发展，务必鼓励学生报名参加各种各样的社会实践活动。这就要求教师在教学环节中增加学生的社会实践活动，正确引导学生运用专业知识，并在知识的转换和应用中做好指导，协助学生结合实际感受学习培训的整个过程，为实践活动赋予相关的意义。例如，现代办公设备的应用能力培训是通过"计算机基础""办公自动化""计算机速记""文秘实践"等几门课程完成的。这些相关课程按学期分层分配，增加了实践课程的比例。从基本的计算机知识到办公自动化软件的基本应用程序，再到打印机、复印机、传真机和其他办公设备的操作，再到输入汉字的计算机速记，循序渐进。课程系统结构使学生的专业能力在各个阶段得到实践和增强，从而有效地训练了文秘专业化能力。

3. 以可持续发展为目标的应用性原则

能力的培养是职业教育的核心目的，但不是唯一的目的。教育中最重要的是人们通过教育获得对事物和人的价值的理解和感知。因此，在重视对学生特殊能力的培养的同时，也不应忽视对学生的支持能力或延伸能力的培养。它考虑了学生的个体差异和爱好，适应了"有教无类"的具体要求，满足了学生个性发展的需要。高等职业院校的文秘专业可以根据自身的实际情况，着重于企业文秘、商务文秘、法律文秘、涉外文秘等各个方面，培养适合个性的扩展能力和转移能力，从而突出学生自身特点，提高毕业生就业竞争力。

因此，有必要科学分解文秘类人才的专业能力、社会适应能力、沟通合作能力、学习创新能力等综合能力，并纳入课程体系和教学计划的建设中，结合对人才的实际要求，强调课程的适用性，突出实用性，如建立"办公自动化""文秘专业形象和礼节""演讲与口才""计算机速记""职业汉语应用""办公管理"等课程。同时,课程概念、课程内容和课程提纲都反映了应用实践的特征,构建系统性较强的实践体系,如假期期间的个体经营实践和学校的核心文秘技能的校外特殊培训和实习等。大量的实践培训使学生能够通过近距离的实践工作与社会取得联系,这不仅锻炼了学生的职业技能,而且增强了学生对社会的理解和适应的能力,从而为学生的可持续发展奠定了坚实的基础。

第二节　文秘专业人才培养模式下的课程体系构建

一、课程体系设置背景

"文秘专业人才结构"是指人才的知识结构和技能结构。两者的结合形成了具有深厚的综合文化素养和熟练的文秘技能人才结构。

从大量企业调查的分析结果中可以提取出一些有关专业能力需求的反馈信息,此信息为文秘专业课程结构的构建提供了非常有价值的参考。例如,文秘日常工作的主要内容有文字处理、人员接待、会议工作、办公室琐事、制定领导日程时间表、单位外部事务等,文秘素质的基本要求是沟通与协调、灵活性、学习能力、书面表达、组织能力、努力工作等,文秘技能的基本要求为沟通和协调能力、写作和文字处理能力、组织能力、分析理解能力、办公自动化技能等。可以看出,面向企业的高素质、高技能是当代文秘的基本要求。文秘必须能够"适应第一职位,胜任多个职位,并可持续发展"。他们不仅要具有胜任一般企业办公室文员的能力,还必须了解业务,懂得管理方法,具备协调才能,得是全面的应用型人才。

根据文秘专业"文秘人才"培训模式的要求,浙江金融职业学院文秘专业课程体系的建设突出"素技一体、岗课一体、课证一体"的课程特色,实现素质和技能的整合以及职位和课堂的整合、课程和证书的整合,从而构建出与文秘专业人才的知识结构和技能结构相适应的课程系统。

与文化素质水平相对应的课程包括"毛泽东思想和中国特色社会主义理论体系概论""思想道德修养与法律基础""人文素质与职业素养""经济学基础"等普通课程,多专业且具有渗透性的文化素质课程,如"现代金融基础""会计基础"和"经济法";专业基础课程包括"文秘理论与实务""文秘综合文化素质""文秘文化与礼仪"等;专业进修课程包括"写作强化培训""口才发展培训""办公自动化""艺术修养"等。

相应的技能水平课程首先是秘书技能课程,包括"演讲与口才""人际沟通""文秘写作基础""秘书文案""办公自动化""办公室管理""计算机速记"等;其次是特殊技能课程,包括"计算机传票""中文输入""点钞与反假货币技术"等。

二、课程体系的构建

文秘专业要塑造具备丰富专业知识、极强的实践活动能力、创新意识和自主创业观念及较高的历史人文和职业道德规范的高级复合型人才。他们可以从事日常事务管理、各种各样的文本文档撰写和审校、办公用品的运用和维护保养、当代企业经营管理、信息内容和文档搜集与归类、大会和商务洽谈的组织等。

对课程结构进行科学研究的结果显示,在多种要素的具体影响下,高等职业院校文秘专业课程结构能够分成三个控制模块:通用性专业知识控制模块、专业技能控制模块和运用能力控制模块。通用性专业知识控制模块是塑造文秘优秀人才的基础,能够协助学生形成优良的社会公德和诚信友善。专业技能控制模块基于通用性专业知识控制模块构建,凸显了人才培养的发展趋势和目的性。运用能力控制模块是基本常识和专业技能控制模块的具体运用,以塑造具备较强运用能力和专业技能的学生。这三个控制模块通过粗线条的融合成为一个总体,而每一个关键控制模块都应包括子控制模块,一些子控制模块又由某一课程的好多个较小的子控制模块构成。只有这样表里、横纵融合,才可以产生平稳的系统。

企业文秘往往有很多工作,因此文秘必须是广泛的、全面的和可转移的。根据"文秘专业人才"培养模式的要求及有关原则,通过各种课程模块的组合,构建了高职文秘专业的模块化课程结构。在通识课程模块、专业知识模块和应用能力模块的主要结构下,文秘专业课程可以分为以下特定部分。

1. 通识课程模块

(1)职业素质课程模块。素质教育的相关课程属于通用知识的分支。该模块教学的主要目标就是帮助学生形成良好的社会道德规范,养成诚实守信的习惯,具备相关的专业素养和精神,并具有基本的哲学性、形势政策和较为广泛的文秘文化等相关的知识能力,这是从业人员素质最为基础的模块。该模块共分7门课程,分别是"毛泽东思想和中国特色社会主义理论体系概论""形势与政策""人文与专业""体育""思想道德修养与法律基础""艺

第七章 产教融合背景下文秘专业人才培养模式的课程体系改革

术修养"与"文秘综合文化素质"。这里提到的课程的重点是培养文秘人员的人文社会科学素养和基本文化素养,为学生的全面发展打下基础。

(2)选修课程模块。该模块侧重于培养学生的知识迁移能力,主要由专业选修课程和相关学校订单型人才培训课程组成。选修课的种类很多,如"文秘心理学""经济学概论""艺术鉴赏""商务谈判""行政管理""历史和文化""体育训练""逻辑""中外文学鉴赏"以及"中外电影鉴赏"。这些课程是为了进一步拓宽学生的专业知识。学生可以根据自己的兴趣爱好和未来就业有目的地进行选择,并发展特殊技能,以提高自身的人文和社会成就,增强就业竞争力。

2. 专业知识模块

(1)文秘核心能力课程模块。专业核心能力课程主要包括"文秘实践""文秘文案写作""会议管理实务""公共关系原理与实践""阅读与写作"以及"文秘核心能力专项培训"。首先,该课程强调文秘事务处理能力的培养,要求学生通过"文秘实践""办公室管理""公共关系原理和实践"等课程,精通电话事务、接待工作、文件处理、会议组织和其他日常事务,能很好地完成领导下达的监督工作,传达指示和其他事项,能够灵活应对紧急情况,并协助领导协调各部门的工作。其次,该课程强调学生写作能力的培养。写作能力是文秘人才的基本技能。为了使学生具有更强的语言和写作能力,可以在多个层次上教授文秘文案写作课程。第一层次侧重于基础写作培训;第二层次和第三层次聚焦一般正式文件写作和商务文件写作,侧重于提高学生的阅读分析能力和写作能力。

(2)职业证书课程模块。职业考试课程主要是为了加强对学生职业资格能力的培养,实现"课程与考证相结合",具体课程包括"文秘研究""专业汉语应用""普通话""大学英语""基础计算机文化""中文输入"等。这些课程为具有专业资格的学生提供了非常明确的目标方向,可以有效地培养学生对专业职位的认知与理解。

3. 应用能力模块

应用能力模块是文秘专业岗位课程模块的核心。根据文秘专业的特点,文秘专业开设基础专业技能课程,以体现"岗位与班级一体化"的人才培养理念,具体课程包括"专业汉语应用""办公自动化""演讲与口才""人际沟通""计算机速记""文秘专业形象和礼仪"等,以及暑期独立专业培训、实习、毕业设计等。这些课程强调学生的表达和交流、现代办公技能的培养以及职业技能的应用和增强,为学生自身的职业发展奠定了基础。

多个课程模块的结合不仅包含了文秘专业的主要内容,而且还整合了文秘专业的相关课程。它不再强调该学科的系统性、完整性和理论性,而是以实用性和技巧性为特征,取消了实用性特别不强的课程,合并重复课程,适当精简必修课程,注重实践性和适当性,增加了选修课程,突出现代文秘的特点,加强办公自动化、口头交流,并补充新兴技术的发展对文秘工作要求的影响等,以保证教学内容具有一定的前瞻性。通过加强口语应用能力和信息处理能力的训练,将会计、商务、人力资源管理等知识相结合,进一步提高学生的综合素质,拓宽学生的就业渠道,培养可以满足外向型经济社会需求的企业管理人才。

第三节 文秘专业写作能力课程体系的改革与实践

以"为生产、建设、服务和管理等第一线需求培养高技能人才"为己任的高等职业院校培养了具有优秀写作能力,尤其是应用写作能力的文秘专业学生,优秀写作能力也是企业对文秘人员的基本需求。

一、高职文秘专业学生写作能力现状分析

文秘专业毕业生在人力资源市场遭受冷遇虽然有多种多样的原因,但是撰写能力差是一个不可忽视的要素。

(1)小看了语言和人文素养课程在提升创作能力中的功效。首先,高职文秘专业学生欠缺优良的文学素养,创作能力不强。学生的文学素养决定了他的写作方法。虽然文秘专业与汉语言专业各有不同,课程设定的关键是方法而不是基础理论,但也不可以将二者彻底分离。假如太过注重文秘专业的运用和专业技能的学习培训,而忽视了中文和文学类课程,结果总是从一个极端到另一个极端。学生欠缺汉语言文学的基本理论和基础知识,将直接影响他们创作能力的发展。其次,学生缺乏正确的主观理解,目光短浅。对于写作课程,大多数人在网络上搜索示例文章,应付了事,并且不认真写作。从长远来看,他们缺乏写作技巧,以至于"下笔千言,离题万里"。

(2)高职文秘专业写作课程的教学内容与专业需求有所偏差,教学模式单一。由于文秘专业主要来自中文专业,因此文秘专业写作课程的内容大多偏向行政机构和中文专业,如实用论文、写作方法、写作要求和写作培训是国家行政部门通常使用的公务文件,撰写内容在理论上的侧重是非常明显的,

第七章 产教融合背景下文秘专业人才培养模式的课程体系改革

与企业关系不大。一些高校对不同行业、不同领域的文秘专业人才的具体写作要求的差异了解不足，对文秘专业知识结构和能力结构的掌握不够准确，导致受训学生能力低下。因此，学校和用人单位在文秘人才方面存在供需不平衡的情况。

许多高校只把实践教学作为理论教学的完善过程或辅助手段，没有太多时间用于课堂培训，基础写作和应用写作的时间很少。同时，缺少相关课程和课外训练，必然会导致学生蒙混度日，教学目标无法实现。

二、文秘专业写作能力课程体系的改革与实践

在明确文秘工作职责中写作能力的具体要求的基础上，根据培养文秘写作能力所需的专业知识，有针对性地开展具体课程。优化课程组合，搭建三维写作能力训练课程体系平台，全方位调整和改革课程内容与教学方法，使学生可以通过合理的课程体系学习，不断增强写作能力，从而提升自己的专业竞争力。

1. 构建以应用写作为基础的课程组

根据文秘工作要求、文秘资格标准和专业人才培养目标，为了有效地提高学生的写作技能，必须将与应用写作相关的课程联系起来，形成一个课程组，并以"提高写作能力"为共同目标，有效地提高学生的写作能力。为此，浙江金融职业学院文秘专业开设了五门相关课程："文秘文案""阅读与写作""职业汉语应用""办公室管理"和"文秘综合文化素质"。此类课程的重点是选择教材、教学内容和教学方法，培养和提高学生的写作能力是此类课程的主要目标。在第一学期设置"阅读与写作"，以培养学生的基本读写能力和技能；第二学期设置"职业汉语应用"，主要增强学生的语言应用能力，规范学生的日常语言和语言表达习惯；第三学期设置"文秘文案"，在有一定写作基础的前提下，逐步教授该专业所需的各种实用写作知识；"文秘综合文化素质"贯穿前三个学期，从文化素养的角度培养学生的写作能力，为提高和发展学生的写作能力提供有力的支持；第四学期开设的相关课程是"办公室管理"，可以在实际工作中增强学生的协作能力。这五门课程的"协同作战"可以有效地培养学生的写作能力，为以后的职业发展打下坚实的基础。

2. 教学团队的调整与合作

课程体系的改革和实践必须由教师具体提出。因此，教学团队的调整与合作至关重要。组建一支负责任、敢于创新的教师队伍，无疑将对教学改革

的发展产生极大的好处，重点放在以下几个方面。

第一，增强师资力量。具体表现是选择负责任和具备创新意识的教师参与一线企业的实习培训，并通过实践培训和学习积累丰富的专业经验，为教学打下坚实的专业基础。由这些经验丰富且耐心的教师担任相关课程的讲师可以有效提高课堂教学的质量。

第二，组织教学活动。教学活动是指处理众多技术专业课程所碰到的课堂教学难题，分析问题根本原因，调节教学工作计划，直接合理地融洽各课程之间的联络和分歧，确立课程目标和方式的优选，在每一个环节达到目标，统一课堂教学构思，沟通交流教学经验，进一步实行课程管理体系的教育理念。另外，进行"青蓝工程"的匹配互动交流，使年轻教师在老教师的具体指导下快速成长。除此之外，进行集体备课是课堂教学和科学研究主题活动的另一个重要内容。同一课程的不同班级很有可能由不一样的教师讲课。为了更好地完成该课程的课程目标并进一步反映"文秘专业"的学习培训观念，对同一课程开展集体备课，并在同一课程组里按时互换和提前准备课程内容，不但可以合理累积教学成果，并且可以确保教学水平的提升。

3. 推进课程教学内容的改革和教学方法的创新

（1）突破原课堂教学的归类，完成课程内容的互相结合。依据工作中过程专业化的规定设定创作课程内容工作系统化的理论。可以看出，高等职业教育既具备抽象性工作中的客观性，又具备特殊工作中的具体性。高等职业院校创作课程的发展还可以效仿课程发展模式和方法的系统性，有机地融合基本常识和专业技能，以学生为行为主体，塑造学生的综合性技术专业能力和素养。根据工作中和技术专业的具体实例，设计不同情境的学习任务，使学生能够在提升能力的基础上解决困难，并得到职业生涯发展的潜力。

根据质量和核心能力原则，"文秘文案"课程突破了主题教学的课程体系。该课程体系在教学内容中强调知识体系、文体知识和章节结构，打破了原学科的分类教学，并以文秘工作过程指导原则和任务驱动原则为基础，根据学生未来文秘事业和工作过程的实际需要，重新设计课程教学内容，并将课程内容设计成10个项目任务，包括会议、事务、活动、谈判、正式文件、法规、计划、社交网络、研究、求职。根据学生专业工作的需要，每个项目的学习内容分为几个小任务。例如，围绕"会议"的学习项目，根据专业情况，将学习内容分为"通知""时间表""开场白""闭幕词""欢迎词""会

第七章　产教融合背景下文秘专业人才培养模式的课程体系改革

议纪要""会议记录""会议简报"和其他学习任务。要求学生模拟组织会议，并通过组织会议来撰写相关文件。如此一来，课程内容的安排可以满足学生的专业需求。作为主体，学生自然对学习感兴趣，有学习动机，其能力得到了显著提高。

（2）改革创新教师的教学策略，提升学生的学习效果。高等职业教育的关键是让学生在教学环节中感受到专业感，因而建立一个仿真模拟的创作环境并具体指导学生更改人物角色是更合理的教学策略。

在校期间，教师将创作综合实践课程列入学校的基本建设和既定目标，与学校文化和学生主题活动密切联系，灵活运用专业培训室和培训中心，努力构建仿真模拟创作自然环境。比如，组织学生拟订招生办的招生计划，拟定学生宿舍管理制度，具体指导学生编写相关校园文化活动的通告、汇报、通信等，为周边的小区或一些中小型企业写一些好用的节能降耗方法，组织学生拟定社交广告征文、优秀作文赛事等，以提升学习培训激情，真正适应秘书的人物角色变化。除此之外，鼓励学生运用暑假报名参与社会实践主题活动，去机关事业单位见习，并撰写工作汇报和实习总结。教师能够激发学生在社区实践活动中有目的地训练各种实践技能（包含创作专业技能），进而使学生真实了解学习和培训的用途。

（3）融合技术专业特性，创建随机的实践课程体制。基于雇主难以一次招收数十名学生出任文秘岗位的客观事实，浙江金融职业学院融合文秘专业的特性，创建了随机的综合实践课程体制。换句话说，要改革创新传统式的教学方式，凸显综合实践课程，明确提出灵活、好用、有目的性的学生见习培训实施方案，灵活运用院校和社会发展的各种资源，随时随地进行学生见习学习培训，学生一入校就开始塑造其技术专业观念和技术专业逻辑思维。保证学生在校期间能够连续地观察、学习和体会具体工作情况，使他们有目的性地学习基础知识，提高自身具体工作能力，这很好地摆脱了集中化课堂教学和集中化训练所产生的理论与实际脱节错位的缺陷。

利用学校拥有行政部门的有利条件，安排学生担任学校行政部门的兼职文秘，并进行实际的秘书职位的实践。例如，在办公室等职能部门安排文秘完成文员工作，包括实际参与基本的事务性工作，从中真正体验文书工作（如文秘工作）的感觉；参与起草文件、报告、演讲和其他材料，撰写会议记录，组织会议纪要，并参与大型活动的准备、组织、接待、服务、宣传、总结和文件归档等。这种适合当地情况的随机教学实践是真实、简单、低成本、可操作的，并且可以保证质量。因为学生可以长期留在一个真正的秘书职位环境中,这样不仅能够培养他们的专业实践能力,而且可以使他们在长时间的实践积累中学会人际交往,掌握相应的技能和适应环境,提高他们的整体素质和能力。

第四节 文秘专业实务课程体系的设计与实施

文秘实务是文秘专业的关键课程,此类课程致力于塑造实践应用能力和操作能力兼备的优秀人才。根据基础知识的课堂教学和有关专业技能的学习培训,学生能够把握文秘工作中的专业知识和专业技能,提升其具体运用能力,具有在基层机关事业单位从事文秘工作的业务能力和工作能力。

一、文秘专业实务课程体系的设计

传统式的学习型课程组织方式注重课程的针对性和一致性,有益于学生的终身学习和发展,但不利于学生融入就业,成功与职位对接,影响其工作适应能力;基于能力的课程构造能够迅速协助学生培养基础的专业能力,但欠缺可持续发展的基础理论渊源。这表明学生的知识体系和能力发展是紧密联系的。

依照高职院校塑造"高技能"优秀人才的总体目标,文秘实践活动课程管理体系必考虑"以岗位能力为关键,以综合性德育教育为具体指导"的高等职业教育规定。因而,课程管理体系的架构必须凸显学生岗位能力的要求,使课程内容考虑社会发展的需求。因此,浙江金融职业学院文秘专业重新设计了文秘实务课程体系。文秘实务理论教学系列包括"文秘实务""公共关系理论与实务""会议管理实务"和"办公室管理"4门课程,具体见表7-1:

表 7-1 文秘实务理论教学系列课程

序号	课程名称	学期	总学时	理论学时	实验学时
1	文秘实务	1	48	30	18
2	办公室管理	2	54	30	24
3	公共关系理论与实务	3	54	30	24
4	会议管理实务	4	36	18	18

第七章 产教融合背景下文秘专业人才培养模式的课程体系改革

"文秘实务"的实践教学系列包括"文秘专业形象和礼仪""办公自动化""演讲和口才"以及"人际交往",分别在第一、第二、第三和第四学期开放,与理论课程系列相匹配。

二、课程内容设计

文秘实务课程体系是一系列综合性较强课程的综合,其中对一些课程有偏重,也存在部分课程内容交叉的现象。因而,应妥善处理邻近课程内容间的相辅相成的关联,以防出现没有意义的重复。实际课程的内容设计方案遵照下列标准。

(1)依据企业文秘工作的特性,根据文秘工作中每日任务的具体规定,挑选课程内容,学习培训由情景任务驱动。该课程的课程内容不但要注重专业技能,并且要能为学生的可持续发展打下基础。

(2)适当删除和简化该课程的秘书理论部分,将其集成到"基础知识"模块中,从而在确保充分和有用的前提下突出该课程的实用性,并最大限度地扩展工作实践,为该课程创造更大的空间,从而拓展并锻炼学生的理解能力,提升其感悟能力。

(3)运用"工学结合"方式,根据新项目任务驱动,将教、学、做合理融合,推动理论与研究紧密结合。应用情景教学法、案例研究法、讨论法、点拨法、意见反馈教学法、实践活动培训法等教学策略和当代信息化教学方式促进合作学习。

三、课程教学设计与实施

根据文秘实务课程体系的培养目标,浙江金融职业学院文秘专业对课程进行了全方位的教学改革和调整。具体操作过程如下。

1. 以工作流程为指导,根据专业岗位的能力构建教学模块,实现基于项目的教学

依据文秘专业岗位的具体工作目标需要的专业知识、能力和品质规定来挑选课程内容,并将课程内容融合为"基本知识""运用文字的能力""举行会议"和"办事能力"四个控制模块,产生文秘专业认同、文秘整体形象设计、文本编辑、会务工作、会议文档、信息工作、企业办公室日常事务管理等学习培训种类,并以此为基础培训点,设计方案要与具体职位要求相仿,比如文秘专业认同、文秘整体形象设计等新项目,致力于让学生掌握文秘专业的规定并把握必需的内部专业知识和外界专业知识;如文本编辑、会务工

作、大会文秘工作、信息内容等专业技能，培训工作中的日常企业办公室事务管理对于学生把握文秘岗位需要的专业知识和专业技能十分必要。每一个新项目和任务控制模块全是场景化极强且具有一定执行力的学习任务。课程内容的分配全是紧紧围绕新项目任务的进行开展的，学生可以根据情景任务参与学习培训并提升职业能力。

2. 采用工学结合的模式组织课程教学

真正的仿真模拟人物角色和情景课堂教学有益于学生掌握专业知识。因而，文秘专业运用学校外实践活动产业基地企业的规章制度架构，为文秘实践活动课程管理体系创建了实际的学习平台。依据课堂教学章节目录的分配，摆脱理论研究的界线，规定学生阶段性"出任"学校外实习岗位的文秘，以工作中案例为起始点，并依据规定进行一系列文秘任务，如会务工作、主题活动招待等，以提高学生的专业观念。另外，在同一阶段内未出任文秘职位的学生将以第三方评估的身份出现在课堂教学中。他们将与教师一起从专业知识和技术性方面评定课程新项目的运行状况。在对每个项目进行培训之后，将深化和巩固相应的基础知识，以达到回顾过去和学习新知识的效果。在整个培训过程中，要求学生始终坚持"边干边学"，充分体现"实习学习"的意义。

3. 任务驱动，教与学、做相结合，理论与实践相结合

在课堂教学中，每个章节的内容都经过规划，每个项目都包含"创建情境""角色分配""任务操作""知识点讲解""任务评估"五个链接。首先，"创建情境"链接提供与每个部分内容相关的实践培训案例，并具有一定的专业意识；其次，分配角色进入工作情况；再次，教师根据任务内容进行分解，通过若干个环节指导学生完成任务；从次，教师对培训项目所涉及的必要专业知识进行清晰准确的解释，并进行有效的示范和扩展，以确保学生学到的知识充分而有用；最后，通过利用所学专业知识对现场操作的及时点拨。学生在学习和做事的过程中将理论学习和实际操作相结合，从而最大限度地获取相关的专业知识和技能。

4. 将课堂教学扩展到第二课堂

文秘专业每年开展一系列活动，将文秘实践课程体系的教学扩展到文秘技能竞赛、文秘知识竞赛、专题讲座、文秘明星和其他课外活动。它们已成为第一课堂的有效补充，是学生的第二课堂。这种教学改革的方法着重于培养学生的文秘专业知识和实践技能，将课堂内外结合起来，体现出文秘专业灵活、自由和实用的教学风格。学生能够将理论与实践相结合，调动了学生

的积极性,从根本上实现了教育改革的目标。

第五节 文秘专业职业素质课程体系的设计与实施

一、设置职业素质课程体系的重要性

当前高职院校人才的培养过程广泛存在的不足是,学生从学校毕业之后对工作的适应能力较弱,无法尽早被用人企业认可。探其原因,现如今的用人单位已不只是关心他们是否具备娴熟的专业技能,而是更关心职工是否具备较高的职业道德规范、责任意识、团队协作精神及其是否具备优良的人际交往能力和职业生涯发展潜力。企业的优选和聘请规范也从单一种类变为对职工专业素养的综合性评定。解决这个问题的关键是要了解学生的专业素养与企业对职工的素养规定之间存在的差别。创建和执行学生专业素质课程管理体系是缩小差别的合理方式。

职业素质课程体系的建立以素质培训的概念为基础,是德育教育在教育科研整个过程中的实际反映。虽然职业素质课程的内容与传统式专业的基本课程相关,但这绝不是对传统式专业的基本课程的"填补",也不是传统式基本课程的复制粘贴。传统式基本课程注重培养某项特殊专业技能,而职业道德课程则更针对岗位群,是有利于学生就业或发展的课程。对职业道德课程管理体系进行科学研究,是为了塑造学生的综合性职业道德,使学生在应聘求职、工作或自主创业中更具有竞争能力、持续性和协调能力。

二、文秘岗位所需的职业素质

1. 文秘工作所需职业素质的特殊性

高等职业院校文秘专业毕业生的主要服务对象是企业,需要具备良好的写作、主持会议和处理事务的综合能力,并且必须适应现代企业管理的要求,因此学生应该具有许多与其他专业不同的特征。明确这些特征是采用科学培训方法的重要前提,这样学生才能真正获得该专业的专业素质。文秘职业素质的特点主要体现在以下几个方面。

(1) 知识的人性化和全面性。文秘职业素质所包含的人文知识是非常明显的,这种人文知识不是单一的,而是全面的。出色的专业文秘人员需

要了解社会科学领域的许多学科知识和常识，如写作、企业管理、公共关系、文学、民间艺术、历史、社会学、礼仪、企业文化、法律法规、市场营销、心理学等。与企业中许多其他辅助管理职位相比，其人文知识的综合程度明显更高。

（2）工作对象的人际关系性质。文秘人员的工作主要围绕人际交往展开。工作中相关的工作人员构成比较复杂，如企业中的每个部门、每个岗位的工作人员及社会各层面必须与企业联络的工作人员。在许多状况下，企业文秘人员代表着企业的品牌形象和企业应对难题的心态。在所有层面与工作人员相处时，文秘都应该表现出很高的工作责任心和沟通交流能力，以及在其能力范畴内解决紧急任务的能力。在面对不同单位、不同年纪、不同性情、不同身份、不同岗位和与企业有不一样关联的人时具备乐观的心态，应用适度的语言有礼貌地开展沟通交流。因而，出任这一职位的工作人员不但要和人相处，并且要有非常好的沟通交流或招待能力，便于合作双方可以就相关事宜成功达成共识，合理地处理矛盾或合理地构建企业在联络方眼里的品牌形象，这对该岗位工作人员人际交往的专业素养和专业技能提出了很高的要求。

（3）专业素质的特殊性。首先，文秘通常为领导者工作，与领导者会面，与重要的客人会面，负责组织、计划和参与重大会议和重要的业务谈判，他们拥有一些机密的企业信息以及资料、文件等需要保密的材料，所以该岗位工作人员要在保密意识、责任心和细心方面具备较高的素养，能够有意识地保持机密性，不被任何诱惑动摇，有意识地维护企业利益以及领导者和员工的利益。其次，在许多状况下，该岗位代表企业与每个部门、个体以及企业与外界单位、个体开展沟通交流，因而在沟通交流过程中会碰到各种各样的困难，这对文秘的职业素养明确提出了较高的要求。它规定文秘应具备优良的自我控制能力、开阔的胸襟和稳定的个人素质。最后，文秘必须具备协调能力。文秘在工作中常常会碰到很多困难，如无法回应、无法解决意外出现的难题。这要求文秘具备优良的心态、丰富的工作经验，尤其是要具备很强的融入能力和专业技能。除积累经验外，这种能力和专业技能的形成还需建立在相关知识的基础上。

（4）工作技能的复杂性。除具备沟通、协调和管理能力外，文秘人员还必须精通现代办公设备、速记和礼仪（包括接待、就餐、娱乐等方面的礼仪标准），甚至需要有很多种才艺，这意味着文秘人员必须具有与文秘职位相对应的技能。

第七章 产教融合背景下文秘专业人才培养模式的课程体系改革

2. 文秘工作对专业能力的要求

文秘工作所需的专业能力可以分为核心能力和一般能力。文秘职业的核心能力具体表现为书面和文件处理能力，企业办公系列日常事务的组织管理能力，沟通、协调和口头表达能力，办公自动化设备的操作能力，信息和档案管理能力。从当前的现实来看，具有这些核心工作能力的学生可以很好地胜任企业的工作。除上述能力外，文秘专业的学生还应该具有许多其他能力，例如业务谈判能力、速记能力、高级经理助理、对企业员工的管理能力等。这些具备一定特色的辅助能力能够适当地对文秘课程体系的构建进行补充，有效提升文秘人才的综合能力，并为综合型人才的发展与培养打下坚实的基础。

三、职业素质课程体系的具体实践

1. 改革和发展职业素质课程

职业素质课程分为两种类型：一种是对传统式基本课程进行重组和专业化；另一种是依据行业发展和学生就业要求开发设计课程。专业的变化并不体现在课程名字的翻新中，而是体现在课程内容的实际性转变中。它不但反映在课程特性的精准定位上，并且反映在课程目标的精准定位上。

（1）传统课程的内容重组与转型。文秘专业对原来的传统式基本课程开展了内容重组和专业更新改造，产生了现阶段与专业要求相仿的专业素养课程管理体系。可是，因为毁坏了课程系统自身的课程构造，因而难以复建课程内容。所以，这类变化必须历经逐步完善的具体过程。例如，文秘专业的"会议管理实务"就重新组织了非常典型的传统课程的内容并使之专业化。首先，整合并叠加文秘会议管理过程中所需的专业知识，如文件编写程序、办公自动化操作知识和会议程序，以便学生可以了解专业背景下所需的知识要点，然后将技能一一分开，在不同的项目工作场合下进行实践培训，最终实现专业转型后与专业活动需求的融合。

（2）开发新课程。开发新的职业素养课程对于提高学生的职业素养和提高专业人才的培训水平至关重要，特别是提高学生的职业适应能力。高职院校学生的职业规划和就业指导是为应对近年来严峻的就业形势和就业条件而开发的课程，致力于塑造学生恰当的就业和自主创业核心理念，并提升他们的职业能力和创新精神。基于对应的教学活动，学生能够提早掌握社会发展态势，掌握就业和自主创业的情况和现行政策，把握职业定位、方式和专业技能，为自主创业做准备，提高抗压能力和市场竞争的能力。在学生就业过程中协助大学毕业生取得成功，完成人物角色衔接。从最开始的"学生就业与创业指导专题讲座"到宣布创建面向岗位的职业发展规划和职业指导课程。新课程的课程特性、课程目标和课程内容已越来越健全，可以满足高职毕业生的职业需求，旨在培养文秘专业学生良好的人文素养和文化内涵，并为将来从事文秘工作的学生提供帮助。

2. 教学模式的改革与创新

考虑到文秘职位的特性和关键能力的规定，务必对高等职业院校文秘专业德育教育课程的教学策略开展改革创新和自主创新。整体构思是从以教师为中心变为以学生为中心、以教材内容为中心变为以职位能力为中心的学习培训，从密闭式教学课堂变为课堂、学习培训场地、企业和社会相结合的敞开式课堂教学，将课堂教学课外作业学习培训改成岗位能力学习培训。教学方式改革创新的关键方式如下。

（1）实现传统教学模式的改革，真正创建与问题相关的教学情境和环境。比如，在案例教学过程中，让学生课前搜集应用的全部原材料。鼓励每一个学生充分运用自身的才能，积极探讨，主动剖析和融合信息内容，消化吸收，探寻一个或多个处理难题的方法。在这段时间内，学生能够互相沟通交流，探讨并提升对问题分析的判断力，接纳教师的具体指导以提升对难题的了解和处理能力。在实地调查中，鼓励学生应用博采众长的方式从多个视角考虑问题，进而锻炼他们处理各种难题的能力。因为学生需要学习的是分析方法和解决问题的能力，而不是简易的实例或定义。

（2）突出实践教学，加大对学生课外的教育和评估。明确提出灵活、好用和目的性较强的培训方案，灵活运用院校和社会的各种资源，并随时随地组织学生见习学习培训。比如，分配学生到学院的职能部门做兼职文秘，具体从事文秘工作，将岗位教育和评定与见习学习培训紧密结合，使学生的日常言谈举止变成职业道德评定的关键构成部分。

（3）注重将课程学习、计划与竞赛活动紧密结合。在当今社会，学生一直处于被照顾与呵护的状态，大多以自我为中心，缺乏竞争意识，心理素质较差，自我调节能力较弱。针对这些不足，可以根据教学中的教学内容来创造比赛情境，有意识地增强训练对象的比赛意识，增强训练对象的抗挫败能力，建立自信心，培养较强的生存能力，以更好地适应社会。例如，举办特别会议计划竞赛、辩论竞赛、论文写作竞赛、主题演讲竞赛、办公室环境管理计划竞赛、计算机中文输入竞赛、快速录音竞赛、才艺竞赛等，以便学生可以在计划和竞赛中学习收集材料，学习技能，运用知识，锻炼思维，提高宽容度和承受力，学习礼节，巩固学到的知识并积累动手经验等。

（4）引导和安排学生参与社交活动，并去企业进行实际的认知和体验。高等职业院校文秘专业学生与别的专业相同。从中学到高校，大部分人对企业的具体工作没有专业知识和工作经验方面的认知和累积。为了更好地、合理地塑造文秘专业学生的专业素养，必须有目的性地分配并正确引导他们到企业亲自感受，并高度肯定他们对专业知识、专业技能和能力的真实了解。学生能够通过周末兼职、暑期企业实践活动训练及在校外培训产业基地开展集中化学习。在全方位掌握企业生产制造、运营和总体管理方法的基础上，学生应加深对秘书岗位职责和任务的了解，一方面可以累积基本的工作经验，并从具体的认知能力和工作经验中进行学习和培训；另一方面可以不断增强学生对课堂教学内容的理解程度，同时使学生真正明确自己学习的重要性与必要性，帮助其明确正确的学习方向。

通过工作场所实践活动来培养学生的专业素养，使学生不再局限于职业技能水平，而是通过渗透类似的企业文化来培养学生的职业素质，强调团队合作，以达到现代雇主要求的专业水平，让学生真正了解企业的服务意识、效率、团队合作、竞争等，并有针对性地对学生进行标准化管理，以便他们更好地适应未来的工作环境。

第八章
产教融合背景下文秘专业人才培养模式的实践教学体系改革

在文秘专业课堂教学中,实践教学会产生独特且关键的影响力。作为高等职业院校的文秘专业教育,实践活动能力的提升才是课堂教学的最终目的。因而,将课堂教学切实落实,发挥实践教学在文秘课堂教学中的基本功效,并以最后成效的方法检测基础理论课堂教学,是实践教学的改革创新方位。因此,务必从三个层面来全方位了解这一改革创新的重要性:首先,文秘专业实践教学管理体系的必要性;其次,怎样设计实践教学管理体系;最后,文秘专业实践教学工作的最终出发点与运行平台。

第一节 文秘专业实践教学体系的重要性

在整个文秘教学中,实践教学体系处于怎样的位置,这是在系统设计中必须认识的第一个问题。我们有必要详细分析文秘实践教学的现状,以认识到教学改革的必要性,最终确定改革的方向和具体路径。

一、文秘专业实践教学的主要内容

目前,文秘专业的实践教学主要包括三种类型:认知实习、岗位实习和毕业实习。

认知实习是学习之前的研究实习,这意味着学生在完成该学科的基础课程之后、进入专业课程之前,可以去企业和政府机构进行专业认知和职业理解。通常采用集中访问和邀请实习单位的专业人士授课的方式。认知实习可以增强学生的职业认同感和归属感。

岗位实习比认知实习更为重要,是指通过实际的职业培训使学生与雇主紧密融合,以实现学习与工作之间的零距离,并实时提高学生的实践能力。

第八章 产教融合背景下文秘专业人才培养模式的实践教学体系改革

它是高等职业院校文秘专业职业教育的重要组成部分。

毕业实习是指学生在完成该学科的所有课程后,前往各个实习单位进行全面的专业实践。它采用分散学生的方法,使学生在各个实习单位中处理各种特定的办公室事务。这是目前文秘专业最常用的实践教学方法。

上述实践活动的优势在于其具有全面性。无论是认知实习、岗位实习还是毕业实习,学生的理论学习都已结束,并将在实践中进行全面的测试。但缺点也在这里。完成所有基础课程或专业课程后再前往实习单位了解或练习,学生已经不熟悉每门学科的理论,实习与所学的专业知识并不紧密相关,自然经验体会也不深刻。

与纯粹的实践活动不同,课程实践可以更紧密地整合理论研究和知识应用,做到边做边学,边学边做,使教学摆脱传统的二维教学法,成为三维教学。

从文秘专业学生的整体实践的角度来看,可以根据学习进度的需要将实践与之紧密结合起来,分为三个阶段。从允许学生进入文秘职业的早期实习阶段,对文秘工作程序产生一般理解和认知;到使学生能够深入文秘职位,深入了解和使用现代文秘工作程序的中期实习;再到全面进入文秘工作的毕业实习,三个实习期呈逐年深入趋势,三个阶段相互关联、相对独立,形成了科学规范的专业实习网络。

无论是文秘专业学生的课堂教学,还是文秘专业学生的实践教学、论文或设计的写作以及第二课堂的活动,这些在文秘专业学生的学习中都不是完全独立的,它们之间的相互合作和互补关系需要被关注。在实际的实施过程中,可以使用研究和培训活动将它们连接在一起。

例如,将研究活动插入专业课程的实践部分,如基本写作中的"选择主题"、新闻写作中的"个人访谈"和应用写作中的"调查报告",以允许学生进入图书馆并在互联网上浏览图书为开始,寻找间接数据,并熟悉收集二手数据的方法;然后引导他们走出学校,采访和调查相关专业从业人员的状况,广泛收集第一手信息,同时指导学生整理和分析信息,总结和分析问题,提出自己的论点;最后形成一个小论文风格的秘书专业作业。这整个过程结合了秘书学习的多个过程,可以有效地提高学生的学习效率。

文秘专业在高等职业院校中的地位决定了文秘培训教学的重要地位。按照目前的分类,社会人才有四种类型:学术型人才、工程型人才、技术型人才和技能型人才。职业教育的特点注定了技术教育将是高等职业教育的发展方向,也就是说,技术型人才将是高等职业院校的主要培养目标。技术型人才不需要太多理论基础，但是强调实践应用。与其他类型的人才相比，他们具有四个特点：一是对相关专业知识的要求范围更广；二是综合应用解决实际问题的知识应更强，尤其是解决突发问题的能力和一定的操作技能；三是具有处理人际关系、协调和组织工作小组的能力；四是更多地强调工作实践在人才成长过程中的作用。

文秘职业的定位，对当前的高等职业教育尤其是职业技能培训的教学内容和教学方法提出了更高的要求。在专业教学中，文秘专业教学不仅要遵循"国家专业标准"和"以专业活动为导向，以专业能力为核心"的专业标准体系，而且要注意相关知识在技能和技术上的支持作用；避免理论化或学科化的教育倾向；注重教学内容在实际工作中的指导作用和实际作用，强调技能与工作实践之间的内在联系，强调以能力训练为核心的训练方法。从近年来应届毕业生实际操作能力的不足来看，更加重视实践教学应成为文秘专业实践教学改革的重点。

二、文秘专业实践教学存在的若干问题

文秘专业在实践教学过程中，出现了很多问题。这主要体现在以下几个方面。

1. 文秘专业教师不能在学生的实践中发挥强有力的指导作用

受传统教学方法的限制，在教学理念上，许多专业教师认为只有学术型和工程型人才是真正的人才。从教学中反映出来，文秘专业教师理论水平不高、学术基础不牢固，过分强调理论知识的体系和完整性。更重要的是，大多数高校的文秘专业教师基本上从未从事过文秘工作。由于缺乏实践经验，在教学生时，他们更多的是基于课本，不能将实际工作情况与书籍的理论知识紧密结合起来，也不能为学生提供实践教学中的可操作性实践计划。目前，在许多学校中，大多数文秘专业的专业课教师不是文秘专业的学科教师，而是文学和历史等专业的教师。因此，在学校安排的文秘专业实习中，专业教师很难给予学生实质性的帮助和指导。文秘专业是一个实用且高度应用性的专业，这就要求开设文秘专业的学校必须有专门的文秘培训室、摄影室、会议办公室和其他实验室。它还要求对学生进行实践培训，在此过程中，有相关的教师指导，可以及时回答学生在特定实际操作中遇到的问题，从而使学生可以快速掌握所学知识。但是，许多学校的文秘专业实践不是由专门的教师指导的，大多数管理者是由学生担任的。

2. 学校的硬件设施难以满足学生的学习和实践需求

文秘专业的独特适用性决定了在培养文秘专业学生时需要特殊的专业场

第八章 产教融合背景下文秘专业人才培养模式的实践教学体系改革

所和专业设施。如果学生没有理论知识，缺乏实践能力，那么人才培养无疑会失败。该专业所需的硬件设施是培养学生实践能力的保证。如果离开硬件设施，整个实践教学系统将变成一棵没有根的树。实际上，很多学校的现状并不乐观。

据不完全统计，目前许多高等职业院校文秘专业的硬件设备处于贫瘠状态。复印机、照相机、传真机和投影设备等许多办公设备尚未完善，培训室无法保证每个人都配备计算机，至于更先进的电话会议设备则更是"奢望"。

究其原因，许多高等职业院校认为，与某些理工科专业相比，文秘专业不需要大量的实验设备，不需要太多的投资，建设相对方便，忽略了文秘专业对实际设施的严格要求，导致普遍缺乏培训的硬件条件。缺乏硬件条件直接导致培训和教学水平相对落后。高等职业院校应根据文秘职务类别设置专业，并根据其必要的知识和能力开设课程，从而进行教学和实践培训，培养文秘专业学生的工作能力。但是"画饼不能充饥"，实践问题需要在实践中解决。缺乏相应的设备使文秘专业活动的实践沦为空话。

3. 文秘专业实践教学缺乏多元化、科学的安排设计

目前，文秘专业教育的类型尚不清楚，混淆了职业教育和学科教育。文秘专业基本上是职业教育。在文秘专业的业务和管理类别中，销售、会计、人事管理、商业活动和其他课程可以直接定向到生产第一线或工作场所从事社交活动，具体从事能够为社会谋取具体利益的相关职业，这种定位决定了文秘专业教育要实施技术教育，并且要在应用型人才中培养技术型人才。

但是，许多高等职业院校无法理解职业教育与学科教育之间的区别，其定位尚不清楚，课程模块的功能尚不清楚。正是由于无法偏离学科教育的轨道，导致课程设置没有针对性，培训目标不明确。许多高等职业院校的专业课程都是基于学科体系设置。在去掉大量的文学知识教学后，增加了一些文秘课程，如文秘文书和正式文件写作，并辅以管理、商务类理论教学，培养文秘人才，学生难以掌握文秘的专业思想、职业知识和职业技能。毕业后，他们抱怨文秘专业什么都学不到，而且很多人没有文秘技能。

具体来说，文秘专业实践教学的设计存在以下问题：

（1）安排的培训内容缺乏多样性，不够全面。目前，一些学校组织学生进行的实践教学培训大多是单纯的计算机技能操作培训，几乎没有涉及专门的文秘培训、文秘商务活动和文秘事务活动。

（2）培训时间太短，受训单位太单一。通常，高等职业院校文秘专业的实习持续一到两个星期。在这么短的时间内进行全面而系统的培训显然太匆

产教融合背景下高职文秘人才培养探析

忙了，更不用说能否真正实现学生实习的目的了。从学生对新的工作环境的熟悉程度上来分析，不得不质疑这种安排的合理性。另外，由于学校安排学生实习的单位大多是行政部门，工作量一般较小，培训过程中学生比较空闲，基本上不会接触具体的任务，更不用说其他实际操作了。

4. 学生的自主学习能力较差，实践活动观念较差

学生自主学习是全部教学环节最重要的一部分。针对文秘专业学生而言，自主学习能力是最重要的。可是，绝大部分学生欠缺这些方面的能力，没有形成优良的学习习惯。

第二节　文秘专业实践教学体系的设计

一、文秘专业实践教学体系优化原则

为了更好地提升文秘专业的实践教学管理体系，务必遵照下列标准。

第一，技术专业标准。在具体教学体系中，文秘专业的实际教学过程务必紧紧围绕技术专业特性，提升学生专业能力，在考虑技术专业具体情况的基础上开展科学研究设计。

第二，多样化标准。由于该技术专业的发展以文秘的关键实践教学管理体系为中心，并向好几个方位拓宽，因此要在把秘书专业技能与我国文秘专业水准有机结合的基础上，注重独特能力的培养，还要留意考虑学生个性化发展趋势的相关需求。

第三，实用性标准。它是全部标准中的关键。为了更好地提升文秘技术专业的实践教学管理体系，必须依据实际职位创建实际的实践教学活动，提升对学生实践技能的培养，考虑社会经济发展的具体需求。

第四，系统性标准。高等职业教育的目的是培养学生的思考能力和向学生讲解系统性较强的专业知识，这将为学生将来的职业生涯发展确立牢靠的基础。因而，在特殊的课堂教学环节，创建实践性课堂教学课程内容，逐渐完成课程目标，基础知识与具体操作系统井然有序的融合能够确保学生多方面能力的均衡发展。假如依照所述标准提升文秘专业的实践教学管理体系，必定会使教学体系更为科学规范，在文秘复合型人才的培养里充分发挥更大的功效。

二、文秘专业实践教学体系的内容

1. 文秘专业实践教学体系的目标

（1）在校内外搭建实用的教学平台。情境学习理论认为，学生的专业经验和专业能力必须借助相关的模拟或真实的专业情境平台来获得。同样地，文秘专业的实践教学也必须在真实或模拟的专业环境中进行。因此有必要通过多种方式搭建校内外实践教学平台，分阶段进行实践教学，以提高文秘学生的专业能力。

①建立校园实习基地，初步形成文秘的专业能力。从根本上说，高职实践教学的目的是培养学生的专业能力，文秘的专业能力受人文背景和经验因素的影响。它的社会性质决定了职业能力训练需要通过社会实践。可以看出，仅在仿真或模拟实习环境中，文秘专业能力的培养难以完成。它还需要通过复杂的社会实践进行个人和社会互动，然后通过调整文秘角色和人格特征来实现。因此，实践教学的高级阶段应在真实的专业环境中进行。

建立校外实践基地已被许多高校视为实践教学的重中之重，这也是最困难的。众所周知，大学也是一个小社会，所有职能部门都可以看作一个单元。在许多职能部门中，都有一般文员或办公室职位。这些职位都具有文秘生存的功能环境以及与纵向机构、横向机构和公众的各种复杂的人际关系。鉴于文秘专业实践的软环境比刚性环境更为重要，而且文秘职位的分配是很明确的，所以可以充分利用学校各个职能部门的相关职位。从第二学期开始，结合教学内容，每学期集中在1~2周内，安排学生在各个职能部门进行实习，并鼓励学生利用空余时间在各自部门进行实习。

在每个部门文秘的指导下，经过四个学期的校园实习，学生可以感受到事务处理、员工协助、全面协调、监督和检查的真正意义，在此过程中其职位能力可以初步形成。利用校内实训基地不仅可以取得实效，而且可以节省实习成本，易于管理，真正实现实习目标。

学校还可以建立一个文秘工作室或办公室来开展业务，如会议服务、社会调查、文件分类、速记和接待等。通过开展多种商务活动，学生的文秘技能将得到进一步的培养。工作室的运营和管理主要由学生进行，辅以教师的适当指导。

②创建学校外见习产业基地，培养技术专业文秘能力。虽然在校园内见习已变成实习工作的基本内容，但学生终究没有应对多种多样的社会发展情况的能力。为了更好地提升学生对社会发展的掌握水平，应在灵活运用校园

内见习产业基地的基础上,与学校外有关企业创建合作关系。学生在大学毕业之前被分配到学校外见习,从而习得机器设备、办公环境、社交环境和岗位需要的能力,为学生明确全方位的具体工作流程,并在最后掌握技术专业文秘的技能,使学生毕业之后能够尽快进入岗位人物角色,提升融入社会发展的能力。

(2)创建全方位科学研究的实践教学评价指标体系。在实践教学中,学生变成行为主体,如果不加强管理,实践通常只会变为一种方式。如何使见习课堂教学不仅是一种方式,见习评定是见习体系管理的关键构成部分。

跟踪实习表现是客观评估学生实习表现的基础。但是在实际操作中,实习单位或部门在评估学生的实习表现时,由于受传统习俗的影响,经常会出现"笔口不一"现象——内部评价不高,但分数表上给出的分数都非常高,甚至所有实习结果都是"优秀"。即使在一体化教学的项目教学中,由于仍然采用"一对多"教学模式,教师很难观察每个学生实习的全过程,没有足够实习信息的评估只能是主观的推论或推测,其结果必定会导致学生对实习的评价不满意,并在很大程度上削弱了学生对实习的热情。

要做好实习评价工作,应融合我国文秘资质规范和规定,针对"新项目课程内容"和"见习课程内容"间的差别,使质量意识和品质控制方法围绕在全部见习课堂教学中,由教师、见习的企业和兴趣小组全方位地评定学生的专业能力和专业技能表现。过程性与终结性紧密结合、个人评价与教师学生相互点评的方法紧密结合,从而构建动态性且多元化的课堂教学评定管理体系,这能够协助教师精确地把握实践活动各阶段的状况,完成对学生实践活动的具体把握,实现全方位的具体指导。避免实践教学的随机性,也有利于提升学生对实践教学的关心度。

(3)辅助实用教材的建设。高职文秘教材是高职文秘教育中"必备"知识的重要载体,是教师进行理论和实践教学活动的主要媒介,它们在培养学生的专业技能方面发挥着极其重要的作用。在高职专业文秘教育领域,关于文秘专业能力培养的实践培训材料相对较少,内容与理论教材呈分割状态。因而急需撰写一系列适合于新项目课程内容教育理论的综合性教材内容,以及适用于实践活动课程内容与课堂教学的实践活动手册。教材内容要紧紧围绕培养目标和文秘技术专业能力的规定,紧密联系教学大纲,教学内容应与学生的具体逻辑思维和实践活动能力贴近,并以新项目的方式进行撰写。

当今,很多高等职业院校已经开展教育改革,任务驱动教学等新教学方式在高等职业教育中备受关注。在高职院校文秘专业课堂教学中推广任务驱

第八章　产教融合背景下文秘专业人才培养模式的实践教学体系改革

动教学策略的前提条件是要创建任务驱动教学资料。因而，在课堂教学中，应尽量挑选注重实践教学的教材内容。最好的方式是依据地域乃至企业的特性来开发设计学、教、用并存的"三好"新项目课程内容和教材内容，并撰写好用的教材内容和便于应用的见习课程内容手册。

2. 文秘专业实践教学体系的软硬件建设

（1）加强教师队伍建设。

第一，聘请具有丰富文秘工作经验的人以及企业和机构的杰出高级文秘担任兼职教师。他们可以将自己的经验直接传递给学生，以便学生获得切实有效的实践指导，并体验他们的前辈和同龄人的失败或成功，不断总结经验并迅速发展。同时，学生还可以通过介绍来参与一些社会实践活动，以便及时了解文秘人才市场和行业发展趋势。

第二，可以安排文秘专业教师参与一些相关的短期学习和培训，并订购一系列文秘专业教材，如《文秘工作》等，以提高文秘专业教师的教学质量。

（2）改善硬件设施。

第一，学校需要根据文秘职业的特殊性开设多个培训场所，如办公自动化培训室、文件管理实验室、会议和活动室、模拟接待室、礼仪培训室等。

第二，尽可能配备完整的实训设备，如计算机、打印机、传真机、照相机、扫描仪和其他办公自动化设备。

第三，开放多元化的实习基地，充分创造和利用社会和校园资源，将学生置于现有的办公环境中进行实习。建立"以学校实践教学为基础，辅以校外实践活动"的教学模式，实现工学结合，为学生提供个人技能和综合技术实践培训的机会，使学生可以体验和学习。同时，让学生亲自参与，使其接受系统、全面的培训。

（3）加强实验室管理。为了使学生能够充分利用现有的教学资源，充分发挥秘书实验室在实际教学体系中的作用，可以从以下三个方面进行合理改进。

第一，建立一系列的规章制度，如《实验室管理制度》《实践教学效果检查制度》等，并加以实施。

第二，分配专业管理人员，努力做到专业科学的管理。

第三，安排额外的实验室实践内容，坚持以工作要求为出发点，以职责要求为切入点，以能力培训为重点。高强度训练是在模拟的工作环境中进行的，并通过完成各种不同的任务来实现文秘技能的训练。

（4）科学多样的实践教学环节。

第一，理论与实践相结合。使用交互式案例教学方法，整合案例，进行讨论，有效地培养和提高学生分析和解决问题的能力、与他人合作的能力以及在"学习"和"思考"的过程中进行创新的能力。

第二，模拟各种实训。根据课程内容的安排，开展各种阶段性的专业职业技能比赛，如"企划案制作大赛""办公实务操作演练""文秘礼仪体验""公文写作征文大赛""文秘专业情景模拟大赛"等。一是可以在锻炼学生各种综合专业素质与能力的同时，开阔眼界，培养科学思维和创新精神；二是可以丰富学生的课外生活，塑造良好的校园文化形象。

第三，在院系支持下创办本专业的学生社团。学生社团既是有效历练学生实践能力的一个平台，又是一个能培养学生社会交际的"圈子"。所以，文秘专业作为一个典型的应用型专业，更应积极鼓励学生自主创立本专业的社团，如成立文秘事务所、文秘礼仪协会等。

三、文秘专业实训教学体系改革

1. 文秘专业实践教学改革的方向

高校文秘专业教育若要适应 21 世纪对文秘人才高素质、强能力的要求，就必须加强实践环节的改革，并以此带动整个专业的教学改革。

（1）以动态市场为导向。在市场经济体制下，文化教育必须关心市场。要以市场为导向建立优秀人才培养规格和培养方式，这是开展文秘专业实践活动阶段改革创新的根据。

①客观性态势规定文秘人才要按层次培养。随着体制改革给文秘技术专业产生的影响，用人企业录取优秀人才规格的整体提升，文秘优秀人才按层次培养的客观性规定已日趋明朗。省级企业和大型企业选拔文秘优秀人才的规范一般在硕士研究生层级之上；市级企业及大中小型企业，包含中外合资企业对文秘的规定为大学本科之上；一般专业层级的文秘优秀人才精准定位在县乡镇级行政部门机关事业单位和中小型企业。

另一个非常值得关心的行业动态是，大中小型的公司尤其是基层公司，为专科层级的文秘优秀人才提供了宽阔的就业空间。文秘人力资源市场的发展趋势是大家开展实践教学改革创新的基础和根据之一。

②凸显各层级文秘工作人员的优点。文秘专业是针对社会职业岗位设置的专业，有着较为鲜明的职业性特点。但由于文秘人才层次不同，对技能的培养要求有所不同。研究生层次的文秘属于高级管理人才，他们在职业岗位上扮演着参谋和辅助决策的角色，因此要求在教学中侧重培养理论修养、政

第八章 产教融合背景下文秘专业人才培养模式的实践教学体系改革

策水平、文字能力、分析研究能力等内在素质。本科层次的文秘主要是中高级管理辅助人才,岗位对他们的要求是既要有一定的参谋和辅助决策的能力,又要有较强的起草文稿、协调公务和独立处理各种日常事务的能力,因此,在培养中既要强调一定理论功底,又要强调对技能的训练。专科层次的文秘属中级管理人才,他们的工作几乎包含了文秘职业的主要内容,扮演着"杂家"的角色,且其中技能型的工作占相当大比例,因此在培养中必须注重实用,强化应用。

(2) 以加强能力为关键。文秘专业理论性强的特性决定了能力培养在技术专业培养中的关键影响力。因而,在文秘专业实践活动阶段的改革创新上,应把加强能力作为指导方针和执行标准。

①初期干预,层次分配,围绕全过程。文秘专业的一个突出的特点是,不管是专业基础理论还是专业能力都和实际的文秘主题活动相联系,必须借助一定的社会文化工作经验。没有理性认识、没有工作经验的累积,难以产生并提升能力。因而,理想化的教学方式应该是开放式教学方式。文秘专业的见习需从初期干预,在学生入校后的第一学年,在对文秘岗位基本了解后,就要开始接触文秘工作。根据人物角色感受并激起学习动力,在实际情景中获得基本的锻炼。

文秘工作职责复杂,所需专业技能多种多样,岗位要求多元化,学生对技术专业目标和技术专业主题活动的感受和理解会日渐加深和逐渐拓展。能力的产生也只有在对目标的持续了解中一点一滴地汇聚。务必创建社会实践活动围绕全过程的观念,按班级层递的方法分配见习;运用暑假开展分散化专业对口社区实践活动,到大学毕业时,学生的技术专业能力基础要满足职位要求。

②导进课程内容,归类执行,全方位遮盖。培养适应能力强的文秘全才只靠单独的实践活动还不够,作为一个理论性较强的技术专业,全部的课程内容都要以"能力"为关键来组织,挑选教学策略。因而,在文秘专业的基础理论课堂教学中,应导入应用性强、参与度高的课堂教学意识。

国际时兴的"MBA项目教学法"具有很大的借鉴意义。它的精粹在于把课堂教学的基准点放置于对学生分析问题和解决困难能力的培养上。教师出示给学生的是思索的原材料和方式,学生根据仿真模拟性的实战演练,既可以训练逻辑思维的灵敏性、思辨性和整体性,又可以对其中蕴含的基础理论、基本原理和科学研究标准有比较深入的了解,能力在剖析和思索中慢慢提升。文秘专业的绝大多数课程都可以且应该引入类似 MBA 课程的案例教学法,如

"文秘实务""应用写作""公共关系""行政管理""档案管理""企业管理""市场营销"等。因此,实践教学改革应是广义的,它不仅包括独立的、专门的实践环节,也应包括在课程中应用实践的方法。

基于这种认识,应将实践教学的范围扩大到具有一定可操作性的课程中,并将这些课程的课内实践延伸为综合性的课程设计,使学生在类似实战的情境中得到全面的锻炼和提高。

(3) 以优化教学计划为根本。

①开辟新思路,构建新的课程体系。教学计划是有序组织教学、实现特定教育目标的主要依据,它体现了一个专业的培养方向和培养模式。因此,进行文秘专业实践环节的改革,首先需要调整教学计划。调整教学计划应基于两个目标定位:一是市场的目标定位,即培养的人才职业层次;二是岗位的目标定位,即本专业培养的人才主要从事的工作类型。从这两点出发构建课程体系,就能够确保培养人才的针对性和适应性。新的教学计划着重体现两方面的教育功能:一是紧扣现代文秘的必备素质和技能,突出能力培养,强化岗位的适应性;二是兼顾文秘岗位多层次性及文秘人才的可持续发展性,注重高素质的培养。具体地说,基本素质课培养文秘必备的一般素质,如基本的政治修养和职业道德修养、文字素养、文史知识素养、心理素质、礼仪修养等;专业技能课培养文秘工作必备的各种技能,如写作技能、计算机操作技能、文档处理技能、公关策划技能、宣传报道技能、调查研究技能等;提高发展课则侧重于开辟视野、汲取新知识、引入创新技术。与传统教学计划相比,新教学计划的突出优点是,实践技能类课程作为独立的课程板块得到了强化。

②加大实践环节比重,引入工程实践方法。根据前文提及的改革原则,在实践教学体系的构建上宜做三方面的调整:一是增加实践环节的教学时数在教学总时数中所占的比例,一般应达到教学总时数的1/3;二是增加实践环节的类型和项目,包括实习、课程设计、课程实践、毕业论文四类,在具体项目上要覆盖文秘的主要职业技能;三是每学期都安排一定的实践环节,形成三年不断线的实践教学体系。

凡是能转化为技能的课程都可在课程末端安排课程设计这一实践环节,如"文秘实务""档案管理""应用写作""市场营销""公共关系"等,这样就为文科课程培养能力提供了更宽阔的施展能力的舞台。这种实践方式的益处至少有两个:一是提高学生的实际运作能力,这点对于管理人才至关重要;二是它改变了文科课程惯用的考查知识记忆和知识积累的方式,突出了

第八章　产教融合背景下文秘专业人才培养模式的实践教学体系改革

内容考查的开放性，拓展了能力考查的深度。这个实践环节对引导学生重视自身能力的培养起到了有力的促进作用。

2. 文秘专业实践教学体系改革的内容

（1）创建与专业培养总体目标相一致的课程内容管理体系，注重专业技能实践。明确文秘专业培养总体目标，即面向核心层机关事业单位，培养具备一定文秘职业能力，多种专业知识和专业技能、实践能力的当代文秘优秀人才。主要有三个方面的转变。

第一，从以往的以传授专业知识为主导转变到现在的以能力培养为主导上来。

第二，从以往依照课程针对性创建课程结构和课程内容管理体系转变至按文秘岗位的综合性和技术性、应用性创建课程结构和课程内容管理体系上来。凸显应用型、技能型人才，而不再过于关注课程的针对性、一致性、逻辑性。基本课程内容作为文秘岗位理论课，只教授文秘岗位所必需的内容，而不再注重每门课程内容本身的针对性、完整性。

第三，从注重科学研究能力转变到注重关键技术能力上来。提升实践课堂教学的比例，精心策划课程内容实践、实习、见习、社会实践活动，推行校企融合的优秀人才培养方法，以使学生得到从事文秘岗位需要的具体专业知识和专业技能，并得到进入劳动力市场的有关资格证书。

（2）基本建设以功能性、模块化设计，集试验、实践、课堂教学、科学研究为一体的试验、实训平台。主要有以下两个方面。

第一，基本建设重视培养学生动手能力的实训或实践产业基地，而不是以培养学术研究型学生为主导的实验室或实践产业基地。

第二，应更改过去试验性课程内容归属于基础课，实验室处在依附地位的方式。把原先的实验室更新改造，基本建设成培养学生专业技能，具备创新意识、自主创新能力的实践产业基地。文秘专业实验室应是依据具体专业技能逐渐改造健全起来的技术专业实训室，如文秘与办公自动化实训室、展览策划与会议布置室、文书档案模拟室、文秘形象设计室，并且均需配备相应的现代化办公设备，让实训室成为校内的实训基地。通过校内实训室的基本技能训练，学生在校内就能熟悉办公室业务、商务活动、社交活动的具体运作规律及基本操作技能。在实验室的设置中，尽可能充分利用学院内现有的实验资源，实现相关专业资源共享。把性质相近、专业相近的实验、实训室设置在一起，使其相对集中，形成一定规模，既可进行实验、实训教学，也便于教师开展科研工作。文秘专业对英语的听、说、读、写及计算机的操作技能均提出了较高的要求,所以文秘实训过程中也可以充分利用学校现有的语音实验室、电脑室等资源,训练学生的相关技能。

(3)逐步建立和形成各种类型、多层次、布局合理的校内外实训基地。

第一,根据专业课程的安排和要求,在可能的情况下,考虑在学校的某些部门为文秘学生提供文秘工作或等效的文秘工作,通过实习锻炼学生的实践技能,从而逐步在学校形成相对稳定的培训基地。

第二,抓住机遇,拓宽渠道。例如,专业人士可以及时与组织部门取得联系,适当利用学校所在地的大型商务活动和会议活动,组织学生参与招待会,担任职员、英语翻译等,并在实践中锻炼多种技能和增强灵活性。

第三,与相关政府机构合作建立专门的专业实践基地。在政府机构实习时,学生可以了解文秘的工作职责和内容,了解实习单位员工的专业精神和工作作风。

第四,由于目前的就业形势,学生需要在企事业单位中接受越来越广泛的培训。因此,高职文秘专业也应尽可能与相关企事业单位合作建立实习基地。学生们真正深入地了解企事业单位的活动,不仅加强了对管理、销售业务等专业理论课程内容的学习,而且还了解了实习单位的组织、管理、企业文化和特点,并在实践中提升人际交往的基本能力、处理人际关系的相关能力。

(4)建立一个以职业训练为主的多元化职业教学模式。

第一,在课堂教学中,应着眼于应用领域,从实际工作内容入手,充分利用培训资源,以项目目标为核心进行模块化的职业培训。例如,"文秘实务""社交礼节""公共关系""文档文件管理"和其他相关专业课程可以充分利用实验室模拟,学生可以在实际操作过程中直观、深入地学习,并且了解会议计划、公共关系接待、社会礼节标准、业务活动布局、文件归档、图形图像设计和其他特定内容。在掌握系统知识的同时,学生将养成强大的实践应用技能和综合解决问题的能力。

第二,利用校外培训基地进行专业培训,师生共同努力提高实践能力。在校外培训基地中,职业培训可以针对相关课程,如管理、销售和办公室实践。专业教师也存在实践经验不足的问题。在与企业的联系中,专业教师也可以得到良好的锻炼并获得丰富的社会经验。同时,企业也欢迎学生和教师的参与,以提供更多的建议和宝贵的信息,为企业提供一定的帮助,互惠互利,真正实现产学研结合。

第三,结合专业特点,提供实用性、针对性较强的课程。文秘专业的计

第八章 产教融合背景下文秘专业人才培养模式的实践教学体系改革

算机基本应用更为重要。因此，除了普通高职院校要求的"计算机基础应用"课程外，还可以适当考虑增加计算机操作培训。此外，随着办公硬件设备的日益先进，文秘专业应针对办公自动化硬件的操作有针对性地进行深入学习，重点是实用技能和简单的设备维护能力。现在，"办公文件""仪器操作与简单维护""商务英语口语""商务英语函电写作"等实践课程也越来越受到高职院校的关注。

第三节 文秘工作室的运行平台

建立文秘实践平台是实施实践教学的重要措施。为了提高操作平台的效率，必须将其实用性与文秘学习紧密结合。在高等职业院校要实现这一目标，设立文秘工作室是一种可行的方法。

一、文秘工作室的服务项目与流程

1. 服务项目

根据文秘的实际工作要求和文秘业务的性质，文秘工作室的服务项目包括正式文件的编写和处理、会议工作、日常接待工作、商务谈判工作、公共关系规划等。这些任务可以进一步分为基础、中级和高级文秘服务，分别由文秘专业教师和高级文秘专业学生领导，以完成不同水平的任务。在业务部门下设有业务咨询办公室和业务处理办公室。业务咨询办公室负责根据客户提出的工作任务和要求判断客户的业务范围，回答和处理业务范围内的问题或将其移交给相关部门进行处理。业务处理办公室在了解用人单位的有关业务需求后，可以根据企业和用人单位的具体要求派遣相应人员，并负责与用人单位签订用工合同，单位保证人员的派遣以及工作的高效和专业服务。

2. 文秘工作室服务流程

通过总经理办公室或小组负责人接受任务；在教师的指导下，分组或综合分析情况，制订计划；经委托部门或学院批准，组织实施；总结和评估，采用委托单位评估的星级服务评估方法。

二、文秘工作室人员配置

尽管文秘工作室只是一家模拟公司，但是它完全按照公司系统的模式运行。内部设有总经理办公室、人事部门、沟通部门和业务部门，每个部门都有部门经理,每个科室都有科室负责人,分工明确,形成了有效的公司制度。

文秘工作室为文秘专业学生创造了一个学习和展示其专业技能的新舞台。它为整个学校提供各种文秘服务,文秘专业学生将所学的理论知识投入实际活动中,从而掌握和提高专业技能,形成良好的职业素养,为实现"零距离"的就业活动做好相关的准备。

"公司总经理"是文秘工作室的负责人,担任文秘的学生为学校的所有部门提供专项服务。文秘工作室的综合办公室用于处理日常内部事务,其下的每个部门(小组)都有一个负责人,由学生负责。

1. 人员任命

文秘工作室的人事部门在正式招聘之前的一段时间内向学生发布招聘通知。基于开放、公平和正义的原则,它招募的是整个学院的文秘专业学生。上岗学生根据不同的工作能力和任务要求被安排各种工作和任务。

2. 轮流制

文秘工作室根据学生的发展和培训需求,实行人员轮岗制度。驻地服务部员工的轮换期根据工作部门的情况从一个学期到两个学年不等。人员不断更新,以淘汰不合格的员工并保留优秀员工。该基地的文秘人员主要是新生和大二学生,他们轮流进行工作,并通过以旧带新的全方位培训,形成一支综合素质较强的文秘队伍。不同年级的学生可以根据培训要求在公司找到不同的培训任务,并获得相应的培训机会。

在文秘工作室,大一学生主要充当助手,大二学生基本上已经成为骨干。当学生的工作任务与上课时间冲突时,他们可以根据具体情况灵活调整,并选择其他没有上课的"雇员"来完成工作或利用课余时间来完成工作任务。

3. 选拔要求

文秘的工作条件取决于部门的不同要求,文秘必须具备专业能力。时代的发展要求文秘不仅要具有较强的语言表达能力,而且要具有较高的组织能力、管理能力、人际关系协调能力和适应社会的独立工作技能,并在此基础上形成创造性的工作技能。概括地说,是运行文本、会议和事务的能力。

除专业技能外,文秘还应具有一定的应用技能,主要是指与文秘工作有关的一些基本技能。随着现代技术的不断发展和办公现代化水平的不断提高,文秘必须掌握相应的技能。技能大致分为三个方面:一是基本技能,如打字、速记、接听电话、档案数据检索以及使用打印机、影印机和照相机;二是电子计算机应用技术,如文本编辑、表格图形处理和编写基本程序;三是通信技术,即使用基本通信设备的基本技能,熟练地使用电子邮箱、电话会议系

第八章　产教融合背景下文秘专业人才培养模式的实践教学体系改革

统和其他通信设备来传输和交换信息。

三、文秘工作室运行过程中应注意的问题

文秘工作室模式是高等职业院校专业建设改革的新生事物，是高等职业院校市场化办学的宝贵尝试。由于没有可用的现成模型并且缺乏经验，因此在操作过程中应注意以下问题。

1. 文秘工作室的性质和职能的定位问题

文秘工作室借助学校的文秘专业实现了内部课堂的拓宽，是文秘专业学生实践活动的场地，是高等职业院校与社会发展间的有效桥梁。在外界，它是一个单独的仿真模拟企业实体线，为校园内部和外界提供服务，随后推动教育改革，满足社会需求并推动学生就业。在技术专业教师或服务项目企业权威专家的具体指导下，学生应保证具备相应的文秘专业水平，并营造文秘工作室的企业形象。

文秘工作室的大型活动和社会文秘服务项目能够扩大文秘专业学生的视线，掌握社会发展对文秘优秀人才的供给与需求，形成教师和学生应对社会发展的前沿阵地，并成为联络文秘文化教育与文秘社会发展的实践活动的桥梁，协助教师和学生随时把握社会实践活动的新发展趋势，掌握社会发展对文秘文化教育的新规定，推动教学水平的提升和文秘工作的发展以及有关课程理论基础研究的深层次发展，培养满足社会需求的文秘优秀人才，实现文秘专业学生的就业，为学生毕业之后尽早融入文秘岗位奠定基础。

2. 使用文秘工作室的窗口和平台功能利用问题

通过"校园内文秘"，高等职业院校找到了实践活动文秘课堂教学的重要途径。毋庸置疑的是，学生会在具体工作的过程中多多少少碰到难题。例如，在深思熟虑和认真工作后仍然无法单独解决困难，则能够通过咨询技术专业的教师来处理或寻求其他有工作经验的学生的帮忙。这不但能够实现培训的目的，并且能够获得一些在课堂上都还没把握或没有彻底把握的专业知识及基础知识，累积工作经验。除此之外，高等职业院校应灵活运用文秘工作室的服务平台，大力开展文秘教学课件的科学研究。换句话说，能够灵活运用文秘工作室的资源，并依据课程目标为公司的典型性业务流程设计新项目或实例。它不但能够处理文秘基础理论教学环节中的难题，并且能够作为一种文化教育品牌进行推广，以推动文秘专业基础理论课堂教学的全面发展。

3. 了解学生在工作过程中的作用

在接受业务过程中，文秘工作室不可避免地会在学生锻炼与工作效率之

间产生冲突。一方面，学校利用文秘工作室作为培训平台，使学生掌握方法和技能，并使学生熟悉文秘工作，积累经验；另一方面，一些雇主对于工作成果的高标准要求使正在技能学习中的学生无法用所学的知识更好地完成。针对这种矛盾，文秘工作室应选择经验丰富、优秀的学生，组成一支骨干队伍，完成相对艰巨的文秘工作，不影响用人单位专业高效的工作要求。文秘工作室应加强对学生的监督，尊重学生的主导地位，在坚持"学生积极参与，改进指导"的运行机制的基础上发挥培训平台的作用，这样就不会对冲突双方造成负面影响。确保文秘工作室不仅可以满足市场经济的效率要求，满足社会的需求，而且可以确保教学、培训和服务功能的正常运行，从而取得良好的效果。

除了文秘工作室，文秘专业还可以使用许多其他平台。如浙江金融职业学院就采取了订单班模式，通过与"淘宝网""慧聪网"等的合作，将文秘专业的培养与企业的相关职业岗位需求相结合，使得文秘专业的实践摆脱了学校教育难以"拟真""仿真"的困境，真正具有了对理论的有效检验效果。

第九章 产教融合背景下文秘专业人才培养模式的实现途径

文秘人员以办公室为工作舞台,以办文、办会、办事为工作核心,以领导的参谋与助手为身份定位,其知识结构与能力要求既专业又综合。一方面,文秘是高度个性化的工作,是个人综合能力的体现。鉴于文秘工作的琐碎与突发性,文秘需要摆脱各种教条束缚,面对各种问题能灵活处理、创新处理;另一方面,文秘人员又必须将自我的个性融入文秘的专业技能中去,实现共性基础上的个性展现。没有规矩,不成方圆,站在领导背后的文秘人员应是规则的模范守护者,必须在规则之内展现个人的创造。鉴于文秘工作的特性,在文秘人才培养上,则必须对传统人才培养的方式实行变革,突破传统文秘的知识讲授和技能训练窠臼,不仅应让文秘成为学习的主体,更应让其成为职业活动的主体,从而实现文秘人才的创新性培养。

第一节 建立在职业性格共性基础上的个性培养

一、文秘人员性格的共性要求

从事文秘职业需要有共同的性格。这一性格与岗位性质相一致,成为衡量文秘的重要标准。在培养文秘人才之时,性格培养既是前提,又必须贯穿文秘人才培养的始终。在认识其共性特征之后,有针对性地进行个性培养,因材施教,培养文秘人员的个性,这是文秘人才培养模式的前提与基础。

文秘人员性格的共性要求体现了人类性格的阳光与向上的一面,为能力培养奠定了基本背景。从事文秘职业必须具备的性格可分为以下几个方面。

1. 正直踏实

文秘人员身处单位的核心，行为端庄稳重，正直踏实是首要性格。文秘人员必须具有正确的是非观、荣辱观、价值观，在工作中不偏不倚，心态正常才能保证工作方向的正确。据此，文秘人员可以树立工作中的形象，顺利开展"文、事、会"的工作。

2. 诚实善良

诚信为本，以善心对待所有的人，以善意处理所有的事，只有这样文秘人员才能为领导和同事所信任。善良之心人皆有之，但善良的表现则见仁见智，尤其是始终如一地表现出善良。区别在于，为了让别人感受到你的善良而刻意表现，始终有些勉强，只有发自肺腑的本能行为，才会令自己习以为常。

3. 温和有礼

文秘人员置身于各种矛盾和各种利益的交汇点，一举一动都会影响结果的变化，这种特殊性决定职业的特殊性，而温和是化解矛盾、平衡利益关系最直观也是最有效的态度。个性温和几乎已成了文秘人员最为认可与称道的职业标准。面对温和的人，别人永远无法被激怒，也无法迁怒。

4. 热忱大方

热忱和热情有所不同，热情是表现一种情态，热忱是袒露一种心态。从效果而言，热忱更富有职业感染力。对人和事务的热忱是文秘保持工作效率的重要法宝，它能创造出积极的环境氛围，感染和影响别人的工作热情。热忱本身也能增加投身工作的乐趣。

5. 坚韧不拔

性格坚毅是对经历的不尽如人意之处保持既定的生活状态。磨炼也好，坎坷也罢，都是人生必然的历练。执着于信念，坚定心态，坚韧不拔地做认为是正确的事，才会得到理想的结果。

6. 豁达开朗

心胸宽广的人容易化有形为无形，因为人生最大的敌人就是自己，过于计较和过于讲究只会使自己树敌过多和结怨过深。如果不能包容他人，他人的心胸自然也不会容纳得了自己。所谓海纳百川，就是形容一个人能容忍和包容别人的所有优点和缺点，特别是别人对自己的感觉。有时候觉得身心疲惫，原因就是太在乎别人对自己的感觉，当不再为感觉所累，自己就会发现，原来豁达居然如此简单。

7. 缜密细致

细致、认真几乎是文秘的代名词，性格上的粗放有可能会造成待人处事时的漫不经心或粗枝大叶，于是关于结果的细节就会被忽略。文秘职业的特点是对所有问题、所有细节的全部掌控与恰当处理，任何一点疏忽都会因为性格上的粗放而被放大到难以想象的可怕局面，对此绝对不能掉以轻心。性格缜密意味着无微不至和无懈可击，这不仅是文秘的职业本能，也是文秘职业的最高境界。

8. 敏锐迅速

对商业信息的敏锐和准确判断，这是文秘有别于其他行政人员的重要特征。因为敏锐能把握商机，为企业谋取利益；因为敏锐能迅速计算盈亏，以合适的方式做成生意。

9. 适度内敛

张扬的人总是比较容易招人侧目甚至反感，中国人受几千年儒家文化中庸之道的影响，性格普遍比较平和与内向，不喜张扬，而文秘工作的特点与此也非常吻合，这就能够解释为何文秘特别讲究待人处事时的分寸感。内敛与内秀有着密切关系，这就好比一个木桶，装满水时摇晃并没声音，水装得越少，晃荡时发出的声音越响，内涵的丰富与否决定着木桶的价值。作为一种辅助性职业，内敛的性格最为符合文秘的职业特征。但是性格内敛并不是强调你闷不吭声，不能总是以旁观者的姿态置身事外，只有恰到好处才是内敛的最完美体现。

二、克服文秘职业性格的不良"个性"

个性是指一个人身上所表露出的相对稳定的内在气质修养、性格特点和外在精神面貌、行为习惯等的总和，它是一个人思想、意志、品德、学识、能力、素养乃至于需求、动机、兴趣、志向及人生观、世界观、价值观等心理态度的综合体现，对一个人的日常工作、学习与生活都起着至关重要的作用。

文秘工作人员作为一个特殊的社会阶层和职业群体，由于经常在领导身边工作，各方面的能力要求高、工作任务重、岗位责任大，同时工作又比较辛苦，如果时间较长，很容易产生一些负面心理，或者说是心理障碍，所以应该注意适时适度的调整，这样才能更好地适应或胜任本职工作。

1. 自负

自负的最大特点是只关心个人需求并强调自己的感受，在日常工作和人际交往中以自己的方式表现出孤独、自大的特征。这类人具有明显的情感特征，并在快乐时很活跃，不高兴时会以各种方式逃避，无论何时何地都发脾气,而忽略他人的经历和感受。而且,有些人是自力更生、受过良好教育的人,或者具有一定的工作经验,不听取批评和反对意见,对任何事情都具有自己的思维。有些人甚至认为领导能力低下、能力差,因此很气愤。所以"不听话"的人整日充满抱怨,工作要么是被动地应付,要么是在领导面前表现得很聪明,要么是挑剔,"偷工减料"而且粗心。还有一些文秘的自我定位不正确,应该要求指示的人不要求指示,乱做不应该随便做出的决定,这将不可避免地对其工作产生负面影响。

2. 自卑感

自卑的表面表现是觉得别人看不起自己,而实际上是自己看不起自己,这反过来又导致别人看不起自己。随着时间的流逝,这类人在工作和生活中显然缺乏自信心,强烈的挫败感和失落感使其性格孤僻和封闭,甚至产生沮丧、悲伤、自我毁灭等情绪。可以说,这也是长期上班的人容易产生的负面心理和最大心理障碍。

由于办公室里有很多事情,各种紧急和复杂的任务和商务活动都很频繁,因此经常需要加班,而文秘工作有时并不为人所知,还可能会遭到领导的批评。确实很难取得出色的结果,并且很难获得提升和重用的机会。自卑感由此形成。随着时间的流逝,特别是在当前领导干部知识水平普遍较高的情况下,许多上班族可能对自己没有足够的信心,妄自菲薄,心理上不安宁,他们难免在工作中犯错误或对领导不满意,就像在薄冰上行走一样,身心负担也非常沉重。同时,严重的自卑感常常伴随着强烈的害羞心态,常常在领导面前或公众场合下感到羞耻或害怕与人见面,诸如"言语犹豫,行动不知所措"等。从长远来看,这将非常不利于工作的开展和个人身心健康的发展。

3. 怀疑情绪强烈

怀疑是焦虑的温床。具备多疑心理情绪的人通常会主观地认为别人对自己不满意,然后在学习、工作和生活中寻找"证据",有意识或无意识地将许多狭窄而单方面的观点加到自己对事物毫无根据的想象中。这是人际交往中非常糟糕的心理特征。正如英国哲学家培根所说:"可疑的头脑就像蝙蝠,它总是在黄昏时分起飞。这种情绪具有欺骗性,令人不安。它会使人感到困惑,使朋友和敌人迷惑,并破坏了人类的事业。"带着以邻为壑的想法与人相处将不可避免地强加事实于他人,甚至将他人的善意误解为恶意,从而导致许多不切实际的幻想。这无非是自我破坏和对正常感觉的侵蚀。因此,应该努力克服它。

4. 善妒

西班牙著名作家塞万提斯曾经说过，嫉妒的人们总是用望远镜观察一切。在望远镜中，小物体变大，矮人变成巨人，怀疑变成事实。嫉妒与自己有关，是一种比对自己强的人的不满、失落、仇恨甚至某种破坏性和危险的情绪，是一种因彼此之间牵强的比较而产生的消极心态。它有三个最大的特点：一是针对性，即特别针对与自己联系在一起的人；二是等值，通常与自己的职业、水平、年龄等相近但超越自己的人进行比较；三是隐藏，大多数嫉妒是潜在的，并且行为更加隐蔽，而自己可能并没有感受到。因此，当发现与自己有一定关系的某人的地位比自己高时，会感到仇恨；当对方不如自己或遇到麻烦时，会隔岸观火、幸灾乐祸，甚至使用流言、诽谤，使事情变得困难，而且以"穿小鞋"的方式来贬低他人并安慰自己。嫉妒的心理人格不仅欺骗自己和欺骗他人，而且伤害他人，正如黑格尔所说，有嫉妒心的人自己不能完成伟大事业，便尽量去低估他人的伟大、贬抑他人的伟大使之与他人相齐。

5. 偏执

偏执是负面心理学的"综合征"。打个比方，员工在领导者旁边工作时受到批评是正常的，大多数人都能理解并接受。尽管有时领导者因为对局势的不了解或其他原因可能会造成误解。偏执之人无法理解，过于敏感和激进地做出反应，以至于他们承受着思想负担，根本不懂变通。在工作中，他们只是坚持"书本"，坚持"框架"，坚持"规则"，不能将理论与现实相结合来实现教条远离和灵活性的统一。有些人会盲目且固执地"顶撞"，认为领导者对自己有偏见，未来是黯淡的，并且自暴自弃。偏执情况较为严重的人甚至会认为，领导者和其他人故意"发现错误"，找自己麻烦，对所有事情担心，甚至在工作中发泄这种情绪。最后，"蚕食自己"，使工作和生活变得困难，而且非常被动。

三、文秘职业性格培养的途径与方法

1. 性格归类

（1）气质分类。常见的气质类型为胆汁、多血、黏液和抑郁。每种气质都有其典型的心理特征。纯粹和单一的气质在现实生活中是非常罕见的，大多数人经常具有两种或两种以上的气质特征。

掌握学生的气质特征对培养他们的职业素养有很大帮助。因为气质会影响性格表达的方式，比如同样是工作非常勤劳的人，多血气质的人会充满情感和活力，而黏液气质的人通常会表现出肯干和勤奋。气质影响人格形成和

发展的速度，而人格也限制了气质的表现。气质部分决定或构成一个人的性格。可以说某些心理特征是气质或性格特征，如日常性情中的容易激动和平静的情绪等。要了解自己的气质类型，可以将其与心理测验标准进行比较，并将其用作分析气质的基础。

（2）人格分类。对于文秘专业学生，有必要对他们的个性进行分类和分析，可以使用以下方法。

①问题方法。让学生问自己以下问题：在乎人或事吗？工作细致吗？在紧急情况下是否果断？善于控制自己的情绪吗？可以通过自我检查来了解自己，也可以要求他人指出自己的性格特征。

②其他方法。还可以使用诸如国际流行的自然实验方法、问卷调查方法、投影方法等人格测量方法进行测试，其中问卷法更适合文秘人格测试。

2. 分析与研究

培训是有计划性、针对性的。将学生的个性与成为优秀文秘所必须具备的个性进行比较。根据比较结果，我们开发了一种实用的、有针对性和计划性的性格训练方法，并在日常工作和生活中坚持训练。

可以通过列表找到差距，将文秘职业应具有的性格列为第一项，将学生的原始性格列为第二项，并将两者之间的差距列为第三项。同时，根据程度将差距分为严重不足、不足和轻微不足三个层次，培训方法和时间安排列为第四项和第五项。

3. 掌握培训方法并提高效率

（1）以相反的方向行事。针对性格中的弱项，有意识地寻找与性格相抵触的工作，以达到改变性格的目的。例如，具有胆汁气质的文秘大多是粗心的，因此他们可以做更多普通而细致的工作，如抄写手稿和文件编目；具有黏液气质的文秘通常反应较慢，因此他们可以进行更多的野外调查和与外部联系的思维工作。

（2）寻找榜样。更加注意工作和生活中的人和事，并观察成熟的文秘或其他人员如何工作并与他人打交道。榜样的作用是巨大的、特定的和可感知的，它们可以以微妙的方式影响人们，有时它们可以产生比理性知识更明显的效果。

（3）理解"人性"。了解有关社会学、心理学和人际关系的更多知识，了解与人打交道的基本理论和技能，并将从书本中学到的知识与实践相结合。这里提到的"人性"既包括一个人的自身，也包括他人作为"人"的特征。

第九章 产教融合背景下文秘专业人才培养模式的实现途径

(4) 要求他人发现自身问题并提出建议。根据培训目标和自己的弱点，要求领导、同事、亲戚和朋友监督自己的性格发展过程，并随时提出改进建议。这种方法是"残酷的"，但有效。所以，应该在训练过程中学会调节自己，以免失去信心。

第二节 建立在规则基础上的创新培养

一、文秘专业培养创新思维的意义

1. 创新思维是文秘的核心思维

传统的文秘工作主要由事务性工作主导，并且该工作通常在程序上和标准上更为规范。但是在新时代，由附庸蔚为大国（原为某事物附庸的事物逐渐发展变大形成潮流），创新思维成为文秘的核心思维之一。

随着办公自动化的普及和新的工作方法的出现，传统的"一招多吃"的文秘工作方法已越来越不适应现代文秘行业的需要。这要求文秘成为具有创造力、复合能力和协作能力的人才。文秘应具有较强的三维思维和创新精神。在工作中，他们必须始终拥有新发明、新发现和新发展，他们必须能够不断为不同层次、行业和领域的服务目标提供新想法和新创意，能够在企业管理、系统、技术、知识创新和其他系统上取得新的成就。当今社会人与人之间的能力差异主要表现在利用各种知识的创新能力上。创新能力是考核各种人才素质的重要手段，也是知识经济时代对文秘素质的客观要求。

2. 创新思维可以增加文秘工作的价值

创新思维是可以使人脱颖而出的捷径。创新思维对于一个人的工作进度和职业发展非常重要，它不是某些专业人员的专有技能，也不是具有非凡智慧的人的能力。任何人都可以创新，并通过创新获得成功。创新思维能力是先进的思维形式。

每个人都有创新的潜力，但绩效却有高有低。创新思维能力是自我发展的能力。只要通过自己的艰苦思考来解决从未解决过的问题，这就是创新思维能力的体现。

生命的最高价值在于不断创新，因为创新是人类进步和社会发展的根本动力。取之不尽、用之不竭的努力不断孕育着创造力，对创造力的渴望作用于实际问题以产生创新能力，而创新能力则继续促进人类进步和社会发展。

创新不仅决定一个人的价值，而且影响他的社会价值。只有不断创新，才能继续发展，为自己、他人和社会创造更多的财富，实现人生的最高价值。文秘在日常工作中不仅要正确理解领导的意图，而且要及时补充领导思想的盲区，以帮助领导开放思想、激发思想。为了衡量文秘工作的利弊，区分文秘工作水平的重要标准是查看其如何帮助领导层进行决策和实施。

因此，文秘从业人员必须增强创新意识，学会独立思考，打破常规，展现自己的个性。文秘从业人员必须追求自我实现，并且要实现自我价值，成为领导的好助手。面对日益激烈的竞争，如果想获得事业上的成功，那么具有创新精神和创新思维能力就非常重要。

二、影响文秘创新思维能力发展的因素

1. 思维的惯性

文秘工作取决于丰富的知识和成功的经验，但是有时知识和经验会使人们形成习惯性思维。这导致人们思维的僵化，影响和限制人们的创新思维，并对创新思维的形成产生负面影响。因此，有必要辩证地理解知识和经验对创新思维的双重影响，并注意减弱习惯性思维的影响。批判性地继承现有的知识和经验，以突破和创新为参考，以便现有的知识和经验可以在创新活动中发挥积极作用。

习惯性思维为人们提供了一种更方便、更快速的建立模式，以解决特定类型的特定矛盾，同时它常常会加速人们思维的僵化。惯性思维使人们无法从失败的经历中走出来，从而使他们失去了触手可及的一切机会。

因此，当发现自己被习惯性思维所束缚时，必须采取果断的行动，并立即摆脱束缚。对于新时代的文秘来说，为了减少习惯性思维的负面影响，必须自觉淡化自己的专业背景，减少过去职业中形成的思维习惯和工作方式对当前工作的影响；不能因为所谓固定的工作方式和常规，放弃自己的个性化体验，以免形成新的习惯性思维。文秘必须加强哲学理论的研究，掌握更多的方法论，并学习观察和处理问题的多种思维方式。

面对新时代的许多新变化、新情况、新问题，文秘工作依靠过去扩展领导意图的线性思维方式不再能够全面、深入和有效地开展工作。因此，必须采用三维综合思维方式，适应新变化，研究新情况，回答新问题，在文秘工作中开拓创新，并在管理过程中实现有效的协助。

2. 缺乏创新思想

在正常情况下，遵循例行程序是不会错的。但是，当例行程序无法适应

第九章　产教融合背景下文秘专业人才培养模式的实现途径

变化的情况时，应该解放思想，打破例行程序，找到另一种方法。

更新观念是培养创新思维能力的前提。那些遵循老式方法、固执、目光短浅、循规蹈矩的人无法适应改革时代的需要。遵守规则就不能产生创新，也不能使人们摆脱困境。世上的事情有时是如此简单。如果一个人坚持规则，只有失败在等待着你；相反，如果稍微动动脑并创新传统思维方式，就可以成功。一旦学会打破常规并思考，将迎来一个崭新的世界。面对瞬息万变的市场环境，只有敢于挑战传统并打破传统，才能有所作为，从而站稳脚跟并立于不败之地。

艺术家毕加索曾经说过："创作之前必须摧毁。"实际上，这只是鼓励突破思维限制的一种方法，使学生可以更准确、更有效地实现自己的目标。换句话说："传统概念和规则将被销毁，而不是法律。"无论是考虑如何解决遇到的新问题，还是想为已经熟悉的问题寻求新的解决方案，通常都需要多种方法。要在探索和实验的基础上，首先提出各种新思想，最后选择最佳解决方案。

3. 对创新缺乏兴趣和毅力

如果人们想要实现崇高的目标并取得事业上的成功，他们将不可避免地遇到各种意想不到的困难，并经历各种风雨。这是成功人士的"题中应有之义"。成功人士有勇气克服这些困难和障碍。当能够理解困难与成功、失败与成功之间的辩证关系时，人们就具有处理困难、挫折与失败的正确态度。创新是在未知中探索出来的，它不可能一帆风顺，会经常遇到各种障碍和许多困难。成功永远属于勇敢的人，只有勇于冒险的人才能创新。创新是在前人工作的基础上扩大或进步，必须通过艰苦奋斗和顽强进取来实现。秘书人员必须具有脚踏实地、开拓进取的精神和优良的心理素质以及勇于进取、勇于创新的强烈意愿。

三、文秘创新思维能力的培养

1. 学习、收集信息，增加大脑知识

现在是知识经济时代，信息瞬息万变，竞争变得更加激烈，有时兴衰只在一夜间。在激烈的竞争中，如果不能不断提高自己的素质并与时俱进，那么个人将被淘汰，企业将被淘汰。只有不断学习并善于学习的人才能拥有高能力、高素质，不断获得新信息、新机会并取得成功。人们越来越意识到学习的巨大价值，学习逐渐进入了每个人的生活。学习不再是孩子的事，而是每个想要改变命运、扩大生活空间并发展自己的潜力的人的事，"终身学习"

的概念已深入人心。要成为终身学习者，文秘必须强调快乐学习和主动学习，内心学习的动力要是持久的。在当今快速发展的时代，文秘必须比竞争对手更努力学习，在瞬息万变的市场中生存和发展。文秘一定要有好奇心，不仅对吸收新知识有很高的热情，而且还经常寻找处理事务的新方法。创新离不开信息，信息是创新的基本材料。在创新之前，必须具有深厚的材料积累和准备。面对大量和各种形式的信息，文秘必须去除虚假并保存真相；通过获取信息、澄清、分类、积累、理解、学习然后创建的过程，完成最详细、复杂和理性的学习。而且，文秘需要有非常敏锐的信息和情报意识，并具有收集、分类和分析的能力。在全球化时代，文秘的学习能力和创新能力直接影响其工作效率和个人发展，也关系到组织管理和领导能力。文秘必须在工作实践中学习和创新，与时俱进，在瞬息万变的全球环境中不断创新和成长。人们常说"活到老，学到老"，学习态度决定了生活状态。学习是一种无聊和单调的事情，但是只要自己愿意就可以享受其中。只有树立良好积极的学习态度，不断地训练和改善自己，才能赢得未来。

2. 克服思想障碍

创新是对传统的有效扬弃。如果将传统视为绝对完美、神圣和不可侵犯的事物，并且不敢超越，那么就永远不会有创新。要创新就必须解放思想，从事实中寻求真理，不要迷信信仰权威，不要坚持经验，不要坚持框架。只有具有创新精神和创新能力的人才会尊重知识，珍惜经验，依靠专家，但又不迷信。当这些事情与实践发生冲突时，作为领导者左右手的文秘必须有意识地摒弃旧思想和传统习惯，接受新思想和新事物，并有意识地克服"寻求通过，而不是过硬"的想法。始终坚持高标准，严格要求，追求高效、高质量，从最简单、最平凡、最普通的事情开始，对每一项任务都一丝不苟，以获取成功。

创新是对现实的超越，这是当下的客观现实。世界上的所有事物都有许多不同的方面。通过不寻常的角度检查和思考普通的事物通常会获得意想不到的收益，甚至产生奇迹般的效果。在培养创新思维的过程中，只要不局限于创新规则，勤学苦练，并将工作中对实际问题的经验和应用结合起来，在不久的未来一定会有所收获。

四、创新思维在文秘工作中所发挥的作用

1. 可以更好地发挥参谋作用

在当今经济全球化和信息不断发展的今天，文秘作为各级领导者的助手，

第九章　产教融合背景下文秘专业人才培养模式的实现途径

都想在领导者之前有所想法和行动。作为领导者的私人助理和企业信息传播的枢纽，他们必须加深角色意识，使文秘角色跳出传统的"做杂事"模式，真正发挥助理人员的作用。

在全球化的背景下，企业对文秘的基本能力提出了越来越高的要求。文秘在判断企业的发展方向和目标，为企业领导者提供服务时，要充分发挥思维和创造力。文秘思维的创造力是从工作实践中锻炼出来，并从商业学习中积累下来的。通过学习和培养创新思维，文秘工作人员将获得智慧并得到启发，以帮助他们参与相关事务，提供建议并成为优秀的领导者的助理。文秘能否在协助领导决策中扮演顾问的角色，关键在于他是否具有独立思考和创新的能力，以及他是否能够发表自己的见解。现代文秘必须具有创新意识、创新勇气和创新思想，以便充分发挥其应有的咨询作用。由于文秘职能的变化，创新能力是对文秘素质的迫切需求。

创新是社会发展的动力，创新思维是个人成长的关键。为了充分发挥其顾问的作用，文秘必须具有创新思维，主动接受新思想和新观念，并在书面材料中反映出创新思想和创新观念，这在一定程度上为领导成功决策开辟了新的思维空间。这就需要文秘具有较强的创新能力和勇气。

2. 提高工作效率

随着从经验决策到科学决策的转变，领导人对文秘协助的要求越来越高。他们不仅要求文秘提供信息、举办文化会议，而且还要求文秘参与事务和提供建议。

文秘要适应发展变化的新局面，大胆探索、实践，创新工作方法，改进工作方法，提高服务水平，积极探索"办文、办事、办会"工作的新思路、新方法。他们必须采用灵活多样的方法来提高服务质量和水平，以便领导人可以最大限度地减少一般娱乐活动。在思考以高质量和高效率完成更多工作的方法的过程中，灵活运用大脑，进行一些新尝试，开辟新的工作思路并掌握新的工作方式。

世界上到处都是各种各样的追随者和模仿者，他们总是喜欢沿着别人的脚步走，沿着别人的思路思考。不要以为走别人的路就可以省掉自己的烦恼和精力，这是成功和创造卓越生活的捷径。"模仿是死亡，创造是生命"。生活总是奖励那些善于创造、善于运用大脑、善于发现的人。

产教融合背景下高职文秘人才培养探析

第三节 文秘专业人才培养方式变革的具体路径

长期以来,高等职业院校的文秘专业倾向于将文秘培训目标定位在专业人才上,或者只专注于专业技能并强调技术培训,却忽略了综合素质的提高。因此,必须对培训方式进行实际的探索和改革。

一、文秘专业人才培养方式改革方向

1. 以社会需要为主导,改革人才培养目标

随着市场经济的飞速发展,社会对文秘专业人才素质的要求也在不断变化和提高。原来主要处理文本和正式文件的"秀才型"人才已经不能满足社会的需求。我国文秘专业的培训目标始终定位于为党政机关和机构提供专业人才,并据此建立教学体系和内容。企业必须生产市场需要的产品以实现商品的价值,否则无论生产多少产品,它们都不会成为商品。

同样,高等职业院校文秘专业的培训应紧跟社会发展的需要,否则就业将永远是高等职业院校文秘专业学生发展的瓶颈。应当指出,党政机关和事业单位对文秘工作者的需求非常有限。因此,有必要将市场扩大到包括私有企业在内的所有企业。显然,文秘专业的培训目标必须从传统的"有才华的"文秘转变为更全面的"助理类型"文秘。建立文秘能力和素质的基本要求,并使其适应现代社会。"助理类型"文秘的目标需求发生了变化。为了实现上述目标,在教学环节中,应当对办公自动化设备的使用、文档文件处理、文秘实际操作、语言和沟通等方面的实践环节进行培训,以培养学生的职业和人文素养,形成社会交往的氛围。与职业特征相联系的完整的职业技能评估系统已经发生了根本性的变化。

2. 以"应用导向"为目标,加强课程结构和内容的改革

人才培养目标的转变为文秘专业人才培养模式的改革确立了方向。应强调在教学中的应用和实践,禁止纯粹的理论形式主义教学,不要在听与讲的传统教学模式中忽视对学生能力的培养。所以说,文秘专业教师应加强与学生的互动,保持正确的态度、实践的技巧,使他们习惯于教学方式的转变,从而真正实现教学目标和学习目标。

二、文秘专业人才培养的具体对策

长期以来,高等职业院校往往只是将文秘专业的培训目标定位为专业人

第九章 产教融合背景下文秘专业人才培养模式的实现途径

才,只注重专业技能培训,却忽略了提高综合素质的做法;在质量培训方面,他们没有结合自己的特征,而只是追求简单的模型。对自我意识的无知导致文秘人才的"供过于求"和"供不应求"并存。究其原因是文秘人才的素质不符合用人单位的要求。因此,必须从培训机制上探索和改革高等职业院校的文秘人才教育。

1. 改变办学指导思想,明确职业目标取向

随着市场经济体制的逐步建立和完善,满足计划经济需求的原有文秘培训模式已不能适应新的发展形势。因此,高等职业院校必须转变办学指导思想,建立新的培训模式。培养满足社会需求的专业文秘是文秘人才培养的基本目标。高等职业院校必须以市场需求为导向,培养满足市场经济需要的人才。要培养高素质的文秘人才,有必要实现人才培养模式的转变,从应试教育到素质教育,要着眼于学生的五种素质(品德、知识、才能、学习和体育)和两种能力(语言能力和科学研究能力)。高等职业院校只有在相关教育体系的基础上转变自身教育的观念,并树立经济意识,强化素质教育的相关内容,才能培养高素质的文秘人才。

2. 建立合理完整的课程体系

现代文秘工作涉及领域广泛,文秘必须具备的知识和技能也应多样化。尽管学校不可能在短短几年内将专业人士所需的全部知识传授给学生,但通过合理的课程设置,完全有可能为学生素质的整体发展奠定良好的基础。

传统的文秘专业课程设置模式是基础课程与文秘专业课程结合,其中基础课程所占比例较大,而专业课程不足,结果导致学生的专业理论和技能水平相对较弱,因此他们无法做到对专业知识体系的整体掌握。例如,在文秘专业课程的教学中,由于许多学校目前仍然使用传统的文秘教科书来讲解党政机关的文秘工作,因此受过培训的文秘通常只能适应党政机关的文秘工作,而不能适应企业的文秘工作。这是从社会需求出发的课程表现。另外,社会对文秘人才的动手能力和实践能力提出了更高的要求,但是满足这一要求的课程很少,这使得培养高素质的专业文秘人才变得困难。

文秘工作的专业发展有效地促进了文秘教育向融合化、社会化、专业化和多元化发展。文秘专业的课程也应以此为指导,并不断提高。文秘专业学生不仅应学习公共基础课程和专业基础课程,而且还应掌握和理解反映时代特征的各种辅助知识和行业知识,如学习西方经济学、会计、市场营销、管理、经济法和社会学、领导科学与艺术、公共关系等。

3. 采用多元化的教学方法，加强实践教学环节

为了更好地培养具备创新精神，具备系统化能力和多种多样专业技能的复合型文秘优秀人才，务必采用灵活、多种多样的教学方式，凸显学生在教学主题活动中的关键影响力。这不但有益于提升学生分析问题和解决困难的能力，也有益于培养学生的独立精神和创新精神。

现阶段，案例教学、情景模拟教学、探讨教学、调查分析教学、实验操作教学等多种多样的教学方式已经被越来越多地运用到文秘专业教学中，学生解决难题的能力、口头表达能力、沟通协调能力、综合分析能力、灵活应变能力等获得了充足训练，学生的文秘人物角色观念也获得了提高和加强。要提升实践活动教学，院校务必创造必需的标准，这是完成教学方法多元化的有效保障。

4. 加强文秘教师队伍建设

现阶段，从事文秘教学的教师中有非常大一部分之前从事别的岗位或做兼职。他们几乎没有机关事业单位文秘工作的社会经验。要培养高质量的复合型秘书优秀人才，没有高质量的教学工作人员是肯定不行的。因而，一方面，教师应加强对基础知识和专业能力的学习，掌握文秘专业的最前沿信息内容，把握极强的专业能力；另一方面，应当参与实践活动，亲自感受和经历文秘工作，真正实现理论研究与实践的结合。

三、文秘专业职业素质的培养途径

1. 努力提高自身的职业素养

职业素养是指个人通过长期的培训，在思想道德素质和行为方面达到的水平。

（1）加强职业道德建设。文秘人员的职业道德规定了文秘工作人员从事文秘专业活动的行为守则，它是文秘职业中一般社会道德的具体体现。除了其他职业道德的基本特征外，它还具有自己的特殊性，如从属性、服务性、交易性、烦琐性和艰巨性，这决定了文秘必须具有高尚的人格并遵守职业道德。文秘的素质是指他们在政治、意识形态、作风、道德、知识、能力和心理上的综合素质。文秘的职业道德和素质要求文秘必须深入学习马克思列宁主义、毛泽东思想、邓小平理论、"三个代表"重要思想、科学发展观、习近平新时代中国特色社会主义思想，热爱自己的工作，树立自己的目标，乐于助人，同时必须谦虚谨慎，文明礼貌，公正，热情服务。文秘还应养成严格遵守保密纪律、遵守法律，不以上司的名义牟取私利的习惯。

第九章 产教融合背景下文秘专业人才培养模式的实现途径

（2）建立良好的个人形象。文秘工作的特殊性通常反映在这样的事实上：人们常常以某位领导的文秘来记住领导，但忽略了领导本人。大多数领导人都非常重视自己的形象，当然他们对文秘也有一定的要求。此外，文秘通常代表企业。因此，文秘必须注意自己的服饰、举止和精神面貌。

首先，文秘必须注意自己的着装，其穿着应受欢迎并与其个性相称。其次，文秘应该适当地讲话，举止得体。由于文秘的专业特长，文秘应注意说话清晰明快，学会倾听，并在日常生活中保持自然和适当的举止，不要自命不凡。同样，文秘一定要充满热情。文秘代表企业，文秘的精神是企业外部形象与内部形象统一的客观要求。乐观的态度和向上的动力能够显示出文秘的自我调节能力和吸引力。

2. 全面提升业务能力

现代经济的飞速发展对文秘工作提出了更高的要求。现代企业要求文秘工作人员"什么都会"，必须具有科学的远见和广泛的知识，整合多种能力，并建立自己的能力结构。由于文秘工作的复杂性和多样性以及文秘活动的丰富性和广泛性，如果要做好工作，文秘必须得"十八般武艺"样样精通。

首先，表达能力是文秘的基本技能和重要技能。表达能力包括文秘的口头表达能力和书面表达能力。尽管文秘人员没有很多发表演讲的机会，但他们需要经常进行交流。领导的大部分讲话都是在文秘工作中形成的，因此文秘必须具有良好的表达能力和高质量的写作技巧。

其次，文秘完成领导工作需要必不可少的组织协调能力。在企业的工作中，文秘需要在内部和外部进行协调，为领导的决策提供可行的预选计划。同时，文秘必须掌握工作范围，不能超出职权范围，必须巧妙地"做某事而不做某事"，以完成工作。

最后，社交活动的能力是文秘处理企业与客户之间的关系以及个人与他人之间的关系的能力。文秘人员必须参加一定的社交活动，了解各种场合的礼节，善于与人和事打交道，善于处理复杂的人际关系。

由于文秘工作的特点和功能及多样性，文秘还必须增强以下能力：聆听能力、阅读和归纳能力、观察和分析能力、适应能力、使用先进办公设备的能力、预测能力、记忆力、执行力等。

3. 培养新的工作技能

随着现代企业制度的建立，为了适应市场经济发展的需要，企业文秘工作必须向改革型、经济型和外向型发展。因此，现代企业文秘必须具备以下新型工作技能。

（1）较强的调查研究能力和创新能力。在市场经济条件下，企业文秘应当自觉、广泛地以"企业市场"为轴心开展研究活动。首先，找出企业与市场之间的联系，如对企业管理、企业改革、产品结构、市场营销等方面进行定期调查，为领导者做出正确的决策提供必要的信息。其次，有必要以使企业进入市场和参与竞争为主要目标，并对企业工作的重点和难点进行深入调查，以协助领导者做出正确的决定。最后，如果要考虑领导者的想法，则以企业领导者考虑的问题为主题，帮助领导者进行研究。另外，作为现代企业文秘，应该增强创新意识，提高在市场竞争中的创新能力，并努力在工作中有新的发明、新的发现和新的发展，应该能够为不同层次、行业和领域的客户提供持续的服务和新的想法。

（2）较强的综合分析和协调能力。为了更好地提升观察客观现实和剖析实际难题的能力，当代企业文秘务必以系统的理论为具体指导，不论是观察还是分析问题，必须根据整体标准，融合更多内部分析。将体现整体的多种要素串联起来，以获取能够体现整体精神实质的基础论点论据，并且以新的方法科学表述整体含义。全方位协调是当代企业文秘的基础职责，强劲的协调能力是企业文秘高效、迅速达到目标的前提。这类协调能力主要表现为协调的方法和具体技巧、实际效果和高效率。不论是对外开放关联的协调、各个部门工作中的协调、单位间的协调还是各个部门分歧的协调，都应在公平的基础上创建起来，善于应用简易的方式，并在短期内解决问题。为了更好地达到事半功倍的实际效果，掌握协调标准，既要自始至终坚持维护企业权益的标准，又要采用形式多样的协调方法，为企业发展造就优良的环境。

（3）现代信息工具的应用能力。随着现代企业中办公系统自动化的发展，以数据库查询为中心的办公系统软件的应用带来了企业办公方式的新转变。全自动信息专用工具的应用是提升信息效率的有效途径。除了诸如计算机、打字机等基本信息工具外，在计算机管理信息系统的基础上建立的决策支持系统还可以有效地提高领导者的决策能力，并协助领导者进行生产和管理决策。

（4）敏锐的信息捕获能力。是否能够应对复杂且不断变化的形势并及时作出决定，及时掌握核心信息，这一点对文秘来说非常重要。它要求文秘具有捕获信息的能力和对信息的敏感性，可以及时了解信息、收集信息，并使业务领导者不仅可以快速、准确地确定核心信息的价值，还可以及时地处理

第九章 产教融合背景下文秘专业人才培养模式的实现途径

和反馈核心信息。

随着社会的商业化,社会对文秘服务的要求也在不断提高。文秘工作不再局限于简单的本职工作,更多时候,文秘工作还包括会计、财务、翻译和管理等一项项辅助协调工作。因此,文秘必须不断提高自己的能力,继续学习并吸收不断出现的新知识。

第十章 产教融合背景下文秘专业人才培养模式的创新性与实施效果

高等教育人才培养模式可以分为三种：通识教育人才培养模式、专科教育人才培养模式和通才与专才相结合的人才培养模式。它也可以分为学术型人才培养模式、应用型人才培养模式、技术型人才培养模式、技能型人才培养模式四种。一般认为，高等职业教育的人才培养类型属于"技能型"。当前更公认的权威术语是"高端技能类型"，但是"高端"的具体含义和不同行业中"高端"的含义尚不清楚。本研究中提出的"文秘专业培训模式"就是为了探索这一问题。

"文秘专业人才培养模式"力求将通识教育与专业教育相结合，适应社会的要求，大大提高了人才的整体素质，为学生提供了更加人性化、合理化的教学模式。尊重每个学生的个体差异，为每个人创造良好的外部教学条件，遵循教育和教学规律，进行有效的指导和培训，使每个人都能得到充分发展，并以创新的精神培养具有高端文秘技能和实践能力的人才；充分发挥高职教育的专业性、技术性和应用性特点，为不同特点的学生创造多元化的成长空间。

第一节 文秘专业人才培养模式的创新性

一、教育观念创新

《国家中长期教育改革和发展规划纲要（2010—2020年）》指出："当今世界正处在大发展大变革大调整时期。"科技进步日新月异，人才竞争日趋激烈，我国正处于改革发展的关键时期，经济建设、政治建设、文化建设、社会建设和生态文明建设得到全面推进。信息化、城市化、市场化、国际化的

第十章　产教融合背景下文秘专业人才培养模式的创新性与实施效果

深入发展，环境压力的加大和经济发展方式的加快转变，突出了提高人民素质和培养创新型人才的重要性和紧迫性。中华民族的伟大复兴需要依靠人才，教育是基础。它反映了时代的特征：经济全球化、知识经济、知识爆炸、信息时代，教育和人才在世界范围内受到了前所未有的关注。发展取决于人才，而人才培训取决于教育。在这个瞬息万变的时代，什么样的教育可以培养社会需要的人才？在列出的教育的各个要素中，教育观念是第一位的。因为任何教育行为、教育方法、教育要素的配置和结构都是在教育观念的指导下进行的。

高等职业教育的概念经历了"能力为本的教育理念""开放式教育理念""终身学习教育理念""素质教育理念"和"可持续发展理念"等不同阶段。其中，"能力为本的教育理念"强调根据专业职位的需求确定人才的能力目标。以能力为基础的教育的核心是使学生具有某种职业所需的实际工作能力。

"开放式教育理念"强调开放的教育资源，供学习者免费参考和学习，并强调以学生为主导而不是以教师为主导。它有两个含义，一是学习资源的共享，二是学习者的自由。开放教育与封闭教育相对立。开放教育具有几个基本特征：强调校校合作、校企合作，而不是学校的"单一工作"；侧重于学生和学习，而不是教师、学校和教学；采用各种教与学的方法；取消并突破各种学习限制和障碍。

"终身学习教育理念"强调，应通过持续学习随时更新知识。它认为，随着科学技术的飞速发展，人们面临着前所未有的挑战，每个人都应深刻认识到，如果不想被社会淘汰，就必须建立终身学习的概念。一个人在一定时期内所学到的知识和技能不能终身使用，必须继续学习和发展自己。学习是"人们在一生中所受到的各种培养的总和"。它始于人类生命的开始，结束于人类生命的终结，包括人类发展的各个阶段以及教育活动的各个方面。它不仅包括从婴儿到老年的各个阶段接受的垂直教育，还包括从学校、家庭和社会各个领域获得的水平教育，其最终目标是"维持和改善个人的社会生活质量"。

"素质教育理念"是一种旨在全面提高受教育者素质的教育模式。它重视人们的思想道德素质、能力培养、人格发展、身体健康和心理健康教育。素质教育主要包括内在素质和外在素质。内在素质主要是人们对世界、环境和生活的看法，包括一个人的世界观、生活观、价值观、道德观等，即一个人对人、事物的看法，一个人的"心态"。外部素质是一个人的能力、行为和成就。1996年6月，在全国教育工作会议上，中共中央、国务院做出了《中共中央国务院关于深化教育改革全面推进素质教育的决定》。该决定指出：高等职业教育是高等教育的重要组成部分。要大力发展高等职业教育，培养大批具有一定理论知识和较强实践能力的技术应用人才。全面推进素质教育是我国顺应新时代世界教育改革的发展趋势，着力提高劳动者素质和人民素质的重要战略举措，是深刻的教育改革和重大实践。

"可持续发展理念"强调人才发展的持久力。可持续发展是一种注重长期发展的经济增长模式。它最初于20世纪80年代提出，指的是在不损害后代人，满足其需求的前提下满足当代人的需求。可持续发展的思想和原则不仅适用于经济生活领域，而且适用于高等职业教育。可持续发展的理念体现在人才培养上。应将纯粹技能的"工匠型"人才观念转变为具有一种专业和多种能力的"综合"人才观念，以使人才具有全面的专业素质，并且具有广泛的知识和基本技能，以及具有独立更新知识和技能的能力，并能够不断地整合新知识。

二、教育内容创新

教育内容的本质是传达人类通过长期实践和不断探索获得的客观世界的知识。随着人类对客观世界的认识逐步加深，知识体系变得越来越庞大，每个人都不可能掌握人类创造的所有知识。因此，如何选择知识、组织知识和提供知识变得非常重要。不同教育类别的差异通常是知识选择和提供方法的差异；人才培养方式的差异也是如此。教学内容是学校向学生传授的知识和技能、传递的思想观念、培养的习惯和行为等的总和。它是在教与学互动过程中刻意传达的主要信息，通常包括课程、教科书等。

21世纪是知识经济的时代，其特征是知识的创新和应用。随着科学技术的飞速发展，国际竞争日趋激烈。国家发展越来越依赖于高素质的工人和大量创新型人才，越来越依赖于教育发展的水平和质量。联合国教科文组织在1994年提交的《学习——财富蕴藏其中》的报告指出，在当前的信息时代，通过不断增加课程负担来满足无休止的教育需求既无可能也不恰当，必须改革基于学科和知识的课程和教材体制。

课程是学校培养未来人才的蓝图，反映了对受教育的人的基本要求，并影响到人才培养的规格和质量。课程改革是教育改革的核心内容，体现了教育理念，是实现教育培训目标的重要途径，是组织教育教学的基础。它直接影响教师的教学方式和学生的学习方式，从而直接影响教育质量。文秘专业

第十章　产教融合背景下文秘专业人才培养模式的创新性与实施效果

人才培养模式在课程改革中具有以下特点。

（1）调整培训目标，并着重于学生的整体发展。不仅要关注学生的学习目标，而且要注意他们的全面发展，并努力使他们不仅具有职业技能，而且具有适应当今社会技术和经济发展所必需的全面素质。

（2）调整人才培养方式，突出学生的主导地位。重视合作学习，从根本上改变学生的学习方式，以培养具有终身学习愿望和能力的长期竞争型人才。

（3）改革课程内容和评估方式。它强调课程的内容更接近于学生的生活和实际经验，反映文秘工作的最新进展，并为学生提供致力于可持续发展的评估系统，促进每个学生的全面和多元化发展。

三、教育方法创新

浙江金融职业学院针对高职学生开展了"合作学习"的实践。"合作学习"强调学生的主导地位，教师发挥了引导作用，激发了学生的参与积极性，增强了学习效果。

1. 合作学习的方法设计

根据实际教学，在课堂教学中采用了"小组探究法"，此方法的具体教学过程分为以下几个阶段。

（1）确定研究主题和分组。教师向班级提出一个探索性的课题（即合作学习的目标），以激发学生的参与意识，并根据文秘专业学生的兴趣和能力对学生进行分组，以确保平衡每个小组的能力。

（2）制订小组探索计划。团队应确定每个人在任务中应承担的责任以及如何划分任务。

（3）进行查询。团队成员实际执行了勘探计划，团队成员两两一组进行分析和评估并得出初步结论。最后，所有团队成员讨论，总结、共享知识并得出结论。

（4）提交最终报告。根据不同的任务，报告的呈现方式也不同。它可以是概况性质的文字描述，也可以是查询结果的直接表示。

2. 合作学习的环境设计

在合作学习教学过程中，教师创建了一个学习环境，并将每个学生放在自己的小组中。在这个小组中，每个学生都感到自己是受欢迎的，并可以从中获得更多帮助。

为了使学生成为积极独立的学习者，在合作学习过程中，教师要通过"环境监督"来监督和指导整个合作过程，适时制止合作学习过程中不良的合作行为的发生，并确保每个学生都有均等的学习机会。具体的监督过程分为五个级别：教师直接监督所有学生；教师面对小组负责人、小组负责人面对小组成员的逐级监督；团体之间的及时监督；成员间积极监督；成员的自我监督。良好的环境设计可确保合作学习的顺利进行。

3. 合作学习的课堂结构设计

（1）激发学生的合作学习动机和兴趣。在合作学习有关动机激发的内容中，教学人员主要关注文秘专业学生对参与合作学习的兴趣和好奇心，激发他们的探索和竞争意识。具体的运作强调群体之间的合作，增强了文秘学生的集体观念和群体凝聚力；强调小组之间的竞争，以提供合作学习的动力。随着合作学习的逐步深化，学生逐渐认识到合作在学习中的重要性，并从合作活动中认识到互助的好处和感受到同学的关怀，并对合作学习过程本身持积极态度。通过讨论和询问获得成就感，在不断获得成就感的过程中，逐渐激发学生对合作学习的兴趣。

（2）告知学生特定的合作学习目标。在课程开始时，教学人员会清楚地告诉学生他们要达到的目标。学生通过合作学习知道自己可以做什么，可以掌握哪些新知识和新能力。为了使目标有效，教学人员根据小组中不同成员的个人需求在不同阶段制定了分级教学目标。以"会议管理实务"为例，教学人员设计了一个多层目标：在"会议计划"部分中，目标是能够进行初步的会议宏观计划，这需要学生掌握会议策划的概念及两者的功能，掌握会议策划的过程。在"草拟会议议程和时间表"部分中，目标是能够根据会议的实际情况草拟会议议程和时间表，学生需要了解会议议程和时间表的概念及两者的主要内容，掌握准备会议议程和日程的方法。每个阶段都有特定的目标（有关详细信息，请参见教科书《会议管理实务》）。

（3）开始合作学习。教学人员的课堂教学过程分为以下几个阶段：

①课前准备。合作学习的课程载体都是操作和实践课程。在上课之前，教师会为学生的操作准备必要的知识，如知识点提醒、学习资料包、课程网站等，以指导学生的操作。教师讲课的重点是教给学生合作学习所需的技能，并为合作学习提供背景知识。这个过程所用时间应尽可能短，内容应尽可能多。

②分组。根据学习活动的规模来计划小组的规模，研究小组的成员通常为4~6人。

③成员调整与分工。学生先自由组合，然后教师会根据学生的性别差异等因素进行适当调整。每个小组的学生都推荐一个小组负责人来负责小组学

第十章 产教融合背景下文秘专业人才培养模式的创新性与实施效果

习活动的开展。

教学人员还广泛采用了项目教学、案例教学和情境教学等教学方法，注重学习与思维的结合，倡导启发式、探究式、讨论式和参与式教学，以帮助学生学习。激发学生的好奇心，培养他们的爱好，并为独立思考、自由探索和创新创造良好的环境。同时，教学人员要因材施教，关注学生的不同特点和个性差异，发展每一个学生的优势潜能。

四、教育评价创新

改革教育质量评价和人才评价体系，完善教育教学评价，开展政府、学校、父母和社会参与的教育质量评价活动，保持学生成长记录并改善综合质量评估是时代的要求。从本质上讲，教育质量评估是一种有目的的检测方法，该方法通过提出问题、回答问题和判断答案来获得个人科学和真实的判断。评估有四个主要功能：一是考核功能，即考核学生成绩，考核教学效果；二是督导职能，即督促学生认真学习，巩固所学知识；三是反馈功能，即帮助教师发现问题，改进教学工作，帮助学生总结经验，改进学习方法；四是指导功能，即指导教师教什么，怎么教，指导学生学习什么以及如何学习。

绩效评估方法是学生学习的指挥棒，课程绩效评估应以学生的培训目标为中心。高等职业教育的培训目标是培训具有综合素质，能够满足生产、建设、管理和服务等一线需求的高端技术技能型人才。因此，应根据培训目标和人才绩效评估系统实现此目标。建立科学且多样化的评估标准，并探索多种促进学生发展的评估方法。

1. 评估方法的多样化

更改以前的单项期末考试方式，并根据课程的性质和特定的评估目标采用不同的评估方法，包括基于项目的考试、基于证书的考试、论文和自命题考试等。例如，完成基于项目的评估和关键评估任务，并辅以面对面的测试；用证书代替考试，使学生获得专业资格证书；学生将课程学习与课外学习材料和讨论内容相结合，并撰写独立的论文（课程设计或培训报告）。一些课程也使用笔试方法，但也进行了相应的改革。例如，教师带头动员学生参与命题。学生参与命题也是积极思考和学习的过程。学生在学习中占主导地位，对知识点有更深刻的理解。针对合作学习的特点，采用多种绩效评估方法，如学生自我评价、小组内评价、小组间评价等评价方法。简而言之，对学生的表现进行评估不再是决定一切的试卷，而是诸如期末考试、日常的家庭作业、小组成绩和日常的表现等因素的组合。

2. 评估目标和内容的多样化

过去，考试目标相对简单，主要是评估学生的知识掌握程度。根据高职教育培训目标的要求，我们将其调整为知识掌握、能力评估和非学习质量评估。评估的内容也相应丰富。例如，对非学习质量的评估包括出勤率和团队合作精神，甚至知识评估也需要与能力的形成相结合。例如，一些具有操作意义的关键知识点应反映在能力评估过程中。企业实习的评估内容主要是关于学生任务的完成、实习周刊、实习报告、工作态度、组织纪律等情况。在具体的实施过程中，我们将成果评估改为过程评估，着重于学生能力的发展过程。在评价内容上，不仅评价学习成果，而且评价学习过程，评价学生在学习过程中的合作意识、合作行为和主动性，以促进实现合作学习效果。

3. 评估主体的多元化

过去，评估的主要对象是学校教师。现在，评估不仅吸收了企业的一线专家，还要求学生来进行某些学科的考试评估。这样一来，评估的主体更加丰富。在实习评估过程中，将企业教师的评估纳入学生评估系统。企业一线专家主要针对学生在工作学习交替和实习过程中在企业工作任务的完成情况、工作态度和组织纪律进行评估。学生参与评估的主要目的是在问题提出阶段吸收学生的意见并调动学生的主动性和积极性。

多元化的考试改革极大地调动了学生的学习积极性和主动性，培养了学生的创新和实践能力，使教育评价更加符合高职院校的人才培养目标，鼓励学生乐观向上、独立自主，努力成为人才。

第二节　文秘专业人才培养新模式实施效果评估

一、文秘人才需求调查工作扎实

为了更好地服务于本地社会经济发展，培养高质量的实用型、技能型文秘人才，推动以实践性教学为中心环节的教学改革，掌握各企事业单位所需要的人才规格、结构、学历层次，从而为文秘专业制定人才培养方案、进行教学改革等提供可靠依据，浙江金融职业学院进行了一次全省范围内的调研，主要调查内容为企业对文秘人才的需求状况。调查以问卷调查为主，共向企

第十章 产教融合背景下文秘专业人才培养模式的创新性与实施效果

业发放问卷 150 份，回收有效问卷 150 份。

1. 调查对象基本情况

此次调查的对象为 150 家企业，分布在浙江省各市，其中国有企业 25 家，占 16.7%；私营企业 99 家，占 66.0%；乡镇企业 7 家，占 4.7%；中外合资企业 6 家，占 4.0%；其他 13 家，占 8.6%。

2. 调查结果分析

（1）文秘需求分析。

①文秘人才基本需求分析。

a. 性别取向以女性为主。从调查结果来看，有 6 家企业选择男性文秘，占调查总数的 4%；有 73 家企业选择女性文秘，占调查总数的 48.7%；有 70 家企业不考虑性别因素，占调查总数的 46.7%。由此可见，半数企业对文秘性别的需求较为模糊，但是也可以看到，有半数企业对文秘人才的需求还是以女性为主。

b. 学历要求以大专和本科为主。从调查结果来看，企业对文秘人员的学历层次要求主要以大专和本科为主，选择这两项的企业占调查企业总数的 86.0%，其中对大专学历文秘的需求是排在第一位的（表 10-1）。

c. 招聘要求以有工作经验为主。根据调查结果显示，需要有工作经验的文秘的企业占了调查企业的 87.3%。由此可见，企业对文秘人员的工作经验是非常看重的（表 10-2）。

表 10-1 学历层次需求

类型	学历	频数	构成比/%	有效百分比/%	累计百分比/%
有效数据	高中及以下（包括中专）	10	6.7	7.1	7.1
	大专	70	46.7	50.0	57.1
	本科	59	39.3	42.1	99.3
	研究生	1	0.7	0.7	100.0
	小计	140	93.3	100.0	
缺失数据	其他	10	6.7		
总计		150	100.0		

表 10-2 工作经验需求

类型	选项	频数	构成比/%	有效百分比/%	累计百分比/%
有效数据	是	131	87.3	89.7	89.7
	否	15	10.0	10.3	100.0
	小计	146	97.3	100.0	
缺失数据	其他	4	2.7		
总计		150	100.0		

d. 年龄要求以 20~30 岁为主。从调查结果来看,企业对文秘人员年龄的要求主要在 20~30 岁,选择这个年龄段的企业占所调查企业总数的 92.0%(表 10-3)。

表 10-3 年龄段需求

类型	年龄	频数	构成比/%	有效百分比/%	应答例数百分比/%
有效数据	20~25 岁	74	49.3	50.7	50.7
	25~30 岁	64	42.7	43.8	94.5
	30~35 岁	8	5.3	5.5	100.0
缺失数据	小计	146	97.3	100.0	
总计	其他	4	2.7		

② 文秘的工作内容分析。

a. 文秘的主要工作内容分析。从调查结果来看,文秘的主要工作内容排在前五位的分别是接待、信息收集整理、文书写作、办公室日常管理和领导的日程安排。具体调查统计结果见表 10-4:

表 10-4 工作内容

主要工作内容	应答数		应答例数百分比/%
	频数	构成比/%	
接待	30	19.4	20.5
信息收集整理	30	19.4	20.5
领导的日程安排	20	12.9	13.7
会务工作	15	9.7	10.3

第十章 产教融合背景下文秘专业人才培养模式的创新性与实施效果

续表

主要工作内容	应答数		应答例数 百分比/%
	频数	构成比/%	
文书写作	24	15.5	16.4
文档管理	4	2.6	2.7
办公室日常管理	21	13.5	14.4
对外联络	8	5.2	5.5
处理领导私人事务	1	0.6	0.7
其他	2	1.3	1.4
总计	155	100.0	106.2

b. 文秘的辅助工作内容分析。从调查结果来看，企业认为文秘人员应该参与的辅助工作，排在前三位的是人事管理、后勤和会计。具体调查统计结果见表10-5：

表10-5 辅助工作内容

主要工作内容	应答数		应答例数 百分比/%
	频数	构成比/%	
会计	46	22.8	31.3
人事管理	73	36.1	49.7
后勤	55	27.2	37.4
司机	18	8.9	12.2
其他	10	5.0	6.8
总计	202	100.0	137.4

而这在不同性质的企业中的表现又有所区别。具体调查统计结果见表10-6：

表10-6 其他工作内容交叉表

企业性质	其他工作内容					总计
	会计	人事管理	后勤	司机	其他	
国有企业	9	13	12	0	1	35
私营企业	29	50	34	14	7	134

续表

企业性质	其他工作内容					总计
	会计	人事管理	后勤	司机	其他	
乡镇企业	5	4	4	1	0	14
中外合资企业	0	1	2	2	1	6
外商独资企业	0	1	0	0	0	1
其他	3	4	3	1	1	12
总计	46	73	55	18	10	202

③文秘的工作能力要求分析。从调查结果来看，企业认为文秘人员应具备的工作能力主要有沟通协调能力、灵活应变能力、文字处理能力、办公自动化设备使用能力等。其中，沟通协调能力是排在第一位的。具体所占比例见表10-7：

表10-7　工作能力

所需工作能力	应答数		应答例数百分比/%
	频数	构成比/%	
沟通协调能力	54	35.1	37.0
灵活应变能力	23	14.9	15.8
学习能力	7	4.5	4.8
语言表达能力	10	6.5	6.8
组织管理能力	12	7.8	8.2
文字处理能力	23	14.9	15.8
办公自动化设备使用能力	13	8.4	8.9
公关策划能力	8	5.2	5.5
其他	4	2.6	2.7
总计	154	100.0	105.5

④文秘的专业外知识需求分析。从调查结果来看，企业认为文秘人员除了掌握扎实的专业基础知识外，还应掌握计算机、外语、企业管理、财务会计、法律、经济等专业外知识，以提高文秘人员的综合素质。各专业外知识的重要性见表10-8：

第十章 产教融合背景下文秘专业人才培养模式的创新性与实施效果

表 10-8 其他知识

其他应掌握知识	应答数		应答例数 百分比/%
	频数	构成比/%	
财务会计	51	13.5	34.0
计算机	93	24.7	62.0
外语	81	21.5	54.0
经济	32	8.5	21.3
企业管理	63	16.7	42.0
法律	43	11.4	28.7
文史哲	6	1.6	4.0
其他	8	2.1	5.3
总计	377	100.0	251.3

⑤文秘的重要品质要求分析。从调查结果来看，企业认为文秘应具备的重要品质有认真、吃苦耐劳和忠诚等。具体见表10-9：

表 10-9 重要品质

重要品质	应答数		应答例数 百分比/%
	频数	构成比/%	
认真	105	30.6	70.5
忠诚	97	28.3	65.1
谦逊	30	8.7	20.1
宽厚	4	1.2	2.7
吃苦耐劳	101	29.4	67.8
其他	6	1.8	4.0
总计	343	100.0	230.2

（2）企业招聘途径分析。从调查结果来看，企业的主要招聘途径还是以人才市场为主，其次是网络招聘。具体统计结果见表10-10：

表 10-10　企业招聘途径

招聘途径	应答数		应答例数百分比/%
	频数	构成比/%	
网络	45	18.3	30.2
中介机构	28	11.4	18.8
人才市场	95	38.6	63.8
校园招聘	33	13.4	22.1
熟人推荐	36	14.6	24.2
其他	9	3.7	6.0
总计	246	100.0	165.1

（3）应开设课程分析。从调查结果来看，企业认为文秘专业应开设的主要课程排在前五位的有文秘文案、交际与口才、商务礼仪、文秘综合文化素质、办公自动化和文秘理论与实务。具体调查统计结果见表10-11：

表 10-11　课程

应开设课程	应答数		应答例数百分比/%
	频数	构成比/%	
文秘文案	78	14.7	52.0
文秘理论与实务	52	9.8	34.7
办公自动化	66	12.4	44.0
现代汉语	20	3.8	13.3
商务礼仪	72	13.5	48.0
公共关系理论与实务	42	7.9	28.0
文秘综合文化素质	67	12.5	44.7
交际与口才	78	14.7	52.0
文秘综合实训	36	6.8	24.0
电脑速记	15	2.8	10.0
其他	6	1.1	4.0
总计	532	100.0	354.7

第十章　产教融合背景下文秘专业人才培养模式的创新性与实施效果

3. 总结和建议

根据此调查，我们对企业对文秘人员的需求有了非常全面的了解，并有了宝贵的第一手信息。在此基础上，可以在专业建设中朝以下方向努力。

（1）提高学生的整体素质。从调查结果来看，企业重视文职人员的人文素养、人际沟通技巧和职业道德。因此，除了开设"文秘综合文化素养""演讲与口才"等课程外，还应加大工作力度，培养学生的文化底蕴，在人际交往能力的培养、职业道德和素质的形成等方面做出相应的努力，有效提高学生的综合素质。

（2）增加学生的实践经验。根据调查结果，企业重视应聘者的工作经验和实践能力。因此，院校应该全方位地进行课程改革，进一步突出教学的实用性，切实提高学生的动手和操作能力。

此外，除了学校规定的认知实习、专业实习和勤工俭学等实践活动外，还应鼓励和引导学生在业余时间参与更多的社会实践，积累更多的工作经验，并为将来的顺利工作打下坚实的基础。

（3）拓宽学生的专业视野。从调查结果来看，企业不仅要求文秘人员具备扎实的专业知识和能力，而且要求文秘人员具有计算机、外语、业务管理、财务会计、法律等专业知识，并且能够具备人员管理、会计和后勤服务甚至司机等技能，这要求高职院校在培养学生专业素养的同时，还要拓宽学生的专业视野。因此，应该有意识地要求学生通过专业模块课程、公共选修课和其他课程来增加这些领域知识的积累。

综上所述，文秘专业应与企事业单位密切配合，对文秘教育教学模式、课程结构、教学方法和人才培养方法进行全面改革。探索文秘专业职业教育的教学内容和方法的创新，有效推进"以能力为中心"的教学改革，根据实际教学需要设计学生的知识、能力和素质结构，构建课程体系，设计教学计划。探索适合社会和经济发展需要以及政府、企业和机构特征的文秘职业教育模式。

二、文秘人才培养方案科学合理

浙江金融职业学院文秘专业人才培训计划的制订是基于企业对文秘人才需求的研究结果，在行业专家的指导下，根据企业的相关工作能力，力求设计最佳的人才培训计划。

多年来人才需求的调查数据显示，文秘专业人才的需求量位居前五名。作为一项全球性的职业，文秘工作正变得越来越现代、科学和专业。它在协

产教融合背景下高职文秘人才培养探析

助各级领导人进行全面管理、树立企业形象、沟通内部和外部关系以及处理信息交换方面发挥着越来越重要的作用。

根据大量企业调查的结果，笔者得出了以下初步结论：文秘工作的主要内容是文书处理、接待、会议工作、办公室琐事、领导日程、单位外部事务等；文秘素质的基本要求是沟通协调、灵活性、学习能力、书面表达、条理性、勤奋等；文秘技能的基本要求是沟通和协调能力、写作和文字处理能力、组织能力、分析理解能力、办公自动化技能等。

高素质、高技能、以应用为导向是企业对当代文秘的基本要求。文秘必须实现"适应第一职位，迁移到多个职位以及可持续发展"的发展目标。企业文秘经常担任多个职务，因此未来文秘必须具有广泛的业务技能和全面的、可迁移的能力。他们必须能够担任企业办公室文员，同时又必须了解业务，能够参与管理和协调。

本着"为地方经济服务，充分发挥学校特色"的精神，浙江金融职业学院的文秘专业定位为懂金融、懂会计、具有较强"三能"水平的高级文秘专业人才。其中，"三能"指的是表达能力、文档编写能力和事务处理能力，为浙江省各种中小型工商企业培训能力综合的优秀文员。

三、构建校内外贯通的实践教学环节

为培养高端文秘技能人才，浙江金融职业学院高度重视文秘实践教学体系的建设，在校内外建立了两个实用教学平台，贯通了校内外的实用教学联系。学校是基础，校外是扩展。扎实的实践教学活动取得了显著成效，大大提高了文秘专业学生的专业能力和专业素质。

1. 校园平台

我们目前有两个校内实验室，其中一个是浙江省财政厅支持的"文秘综合职业技能培训中心"。我们还与学院的相关职能部门建立了合作关系，如党和政府办公室、团委、招生就业办公室、教师研究办公室、人事办公室和人文部门等。学生可以根据需要在这些部门实习，组织文档、录音和进行会议服务，大大提高了学生在写作、处理事务和组织会议方面的专业能力。

文秘专业学生也利用业余时间到学校办公室、科研部、宣传部、团委、人文艺术系等部门实习。这些活动得到了学院及相关部门领导的大力支持和热情指导。

"书香园"国学阅读活动是提升文秘专业学生核心竞争力的又一个平台。文秘专业学生的核心竞争力在于"文学"，即人文情怀，文笔艳丽，演说高

雅。这涉及文秘专业核心能力的"文、事、会"方面。从文秘综合能力的发展来看,"文"是各种能力的基础。一个人未来的职业发展是否顺利取决于基础是否牢固,牢固的基础必须从广泛而丰富的阅读开始。具体活动载体包括以下五个方面。

(1) 师生配对。教师和学生根据阅读主题进行配对,以帮助教师为学生提供具体指导。活动可以与课程结合,也可以在业余时间进行。配对形式可以是动态的。

(2) "书香园"阅读论坛。在师生们成对进行的阅读活动的基础上,不定期地以主题为基础举办各种类型的阅读论坛。除了文秘专业的教师和学生以外,参与者还可以扩展到其他专业。在适当的时候,可以邀请外部专家进行指导。

(3) 征文比赛。在论坛活动的基础上,开展征文比赛,建议将获奖作品发表在校报上。

(4) 阅读评价。根据阅读次数,将成绩分为 A、B、C、D 四个等级。对于达到一定阅读量的学生,适当结合各种评估活动,给予奖励。

(5) 阅读星评价。综合以上各类活动,产生学期、学年的"阅读之星"。

2. 校外平台

浙江金融职业学院的文秘专业现有 32 个校外实习基地,其中示范型 11 个、紧密型 10 个、常规型 11 个,签订了校外基地建设协议,并开展了密切合作,在工学交替、顶岗实习过程中,行业教师在为文秘专业学生授课、参与开发课程、提供企业人才需求信息等方面进行了密切合作,取得了丰硕成果。

参考文献

［1］王琼艳.产教融合视域下高等职业教育专业认证研究［D］.长沙：湖南师范大学，2020.

［2］周婷.产教融合背景下中职服装专业实践教学研究［D］.长沙：湖南师范大学，2020.

［3］岑霭芬.产教融合系统内涵体系及管理策略研究［D］.广州：广东技术师范大学，2019.

［4］袁梦.产教融合背景下中职汽车运用与维修专业课程体系构建［D］.广州：广东技术师范大学，2019.

［5］黄浩怡.产教融合在广州市中职学校人才培养模式中的应用研究［D］.广州：广东技术师范大学，2019.

［6］李欣怡.地方本科高校转型发展中的产教融合机制研究［D］.桂林：广西师范大学，2019.

［7］黎青青.产教融合背景下中职学校创新创业教育内涵式发展研究［D］.福州：福建师范大学，2019.

［8］李佳婷.产教融合背景下福建省中职教育服务区域经济发展研究［D］.福州：福建师范大学，2019.

［9］谢颖.基于产教融合的中职财经商贸类专业人才培养模式研究［D］.福州：福建师范大学，2019.

［10］冀晓琦.产教融合视角下中职学校金融事务专业人才培养研究［D］.福州：福建师范大学，2019.

［11］武伟丽.产教融合背景下西藏中职财经商贸类专业课程设置研究［D］.拉萨：西藏大学，2019.

［12］潘婷.产教融合视角下中职旅游管理专业校企协同育人协同度及对策研究［D］.长沙：湖南师范大学，2019.

［13］施琪.产教融合背景下中职旅游管理专业教学质量满意度研究［D］.长沙：湖南师范大学，2019.

［14］赵聪慧.新工科背景下产教融合育人模式研究［D］.西安：西安电子科技大学，2019.

［15］ 刘頔. 产教融合背景下中职财经商贸类专业人才培养研究［D］. 天津：天津职业技术师范大学，2018.

［16］ 王丹. 产教融合政策视域下职业技术学院创新平台体系建设案例研究［D］. 成都：电子科技大学，2018.

［17］ 马巧娜. 产教融合背景下中职教师人际交往现状及对策研究［D］. 广州：广东技术师范大学，2016.

［18］ 聂昭丹. 职教师资秘书学专业培养标准研究［D］. 昆明：云南大学，2015.

［19］ 张建锋. 中等职业学校产教融合模式研究［D］. 郑州：郑州大学，2015.

［20］ 郑雅君. 高职文秘专业人才培养现状分析及对策研究［D］. 秦皇岛：河北科技师范学院，2014.

［21］ 张东. 高职文秘专业"模块项目式"人才培养模式的探索与实践［J］. 秘书之友，2012（11）：31-34.

［22］ 洪树琼. 高等学校文秘教育专业复合型人才培养的探讨［J］. 出国与就业（就业版），2010（21）：57-59.

［23］ 韩玉芬，吴新化. 高职文秘专业校企合作人才培养模式研究［J］. 湖州职业技术学院学报，2010，8（1）：51-54.

［24］ 张福清，郭炎武. 当前文秘专业本科层次人才培养模式存在的问题——与高职高专比较［J］. 韩山师范学院学报，2008，29（5）：79-83.

［25］ 朱海蓉. 高职文秘专业课程设置探究［D］. 南昌：江西师范大学，2007.

［26］ Shujuan Xu. Construction of Guarantee System of "Industry-Education Integration, School-Enterprise Cooperation"——Taking Construction Engineering Management Major as an Example［J］. Advances in Higher Education，2020，4（2）.

［27］ Huang Li. Study on the "Three-in-one" Collaborative Education Model of Application-oriented Universities from the Perspective of Industry-education Integration［J］. Advances in Higher Education，2020，4（1）.

［28］ Ouyang Qing, Hongsheng Hu, Junbin Lou. Industry-education integration in the embodiment of "Mechatronics System Design" course: a case study of an application-oriented university［J］. International Journal of Computational and Engineering，2020，5（1）.

［29］ Xiuming Ma, Qian Wang. Music Teaching Practice Education and Characteristic Campus Culture Construction in Application-Oriented Universities from the Perspective of Integration of Production and Education and Project Management [J]. International Journal of Social Sciences in Universities, 2020, 3 (1).

[30] Yumiao Zhang. Preliminary Study on Teaching Reform of Facility Agriculture Specialty under the Model of "Industry–Education Integration and School–Enterprise Cooperation" [J]. International Journal of Social Science and Education Research, 2020, 2 (12): 64-69.

[31] LIN Hai-bo, ZHANG Ying, YANG Jian-xi, HU Zhe-guang, LIAN Ya-qi, WANG Jin-bao. Exploration of Sino-German Vocational Education Cooperative Education Mechanism—Take the Direction of "IHK mechatronics" Qualification Certification as the Starting Point [J]. International Journal of Education and Economics, 2019, 2 (4).

[32] Xiao Jing. A Study on the Reform of the "Innovation and Entrepreneurship" Teaching Model in the Context of the Integration of Production and Education for Students Majoring in Tourism English in the Vocational Schools [J]. International Journal of Education and Management, 2019, 4 (4).

[33] Fan Zongjian, Lu Lamei. Analysis on the Promotion Path of Teaching Competence of Tourism Vocational Education Teachers from the Perspective of Industry–Education Integration [J]. Advances in Higher Education, 2019, 3 (2): 47.

[34] Xiaoyan Liu, Yanlin Zhao. Research on Application Practice Ability Cultivation of Industrial Engineering Specialty of Panzhihua University Based on the Mode of Integration of Production and Education [J]. World Scientific Research Journal, 2019, 5 (7).

[35] Tonghua Yang, Qiaoxia Li. The Problems and Countermeasures in Higher Vocational Colleges "Integration of Production and Education, School–enterprise Cooperation" [J]. Academic Journal of Business & Management, 2019, 1 (1).

[36] Junpu Zhang. Exploration and Reflection on School-Enterprise Cooperation in Higher Vocational Colleges under the Background of Industry-Education Integration [J]. Open Journal of Social Sciences, 2019, 7 (1).

[37] Nwosu O. U., Nwoko C. O., Agu C. M, etc. Exploration and Analysis of Cross-border E-commerce Talents Training under the Mode of Industry-Edu-

cation Integration in Vocational Colleges [J]. Indian Journal of Public Health Research & Development, 2018, 1 (1).

[38] Dr Abdul Saheer P, Shabna V Basheer, Shabna M, etc . Research based on Constructing Multi-Learning Evaluation System of Secondary Vocational Marketing Courses from the Perspective of Integration of Production and Education [J]. Indian Journal of Public Health Research & Development, 2018, 1 (1).

[39] Dr Abdul Saheer P, Shabna V Basheer, Shabna M, etc. Research based on Constructing Multi-Learning Evaluation System of Secondary Vocational Marketing Courses from the Perspective of Integration of Production and Education [J]. Indian Journal of Public Health Research & Development, 2018, 1 (1).

[40] Guosheng Ma. Research on the teaching evaluation reform of agricultural eco-environmental protection specialties under the background of deep integration of production and education [J]. IOP Conference Series: Earth and Environmental Science, 2018, 113 (1).

[41] Jing Guo, Jian Zhao, Xiaoxu Fan, etc. Music Teaching Practice Education and Characteristic Campus Culture Construction in Application-Oriented Universities from the Perspective of Integration of Production and Education and Project Management [J]. Organic Chemistry: An Indian Journal, 2017, 14 (3).

[42] Bernardo C. Lunar. Quality Monitoring of English Learning Achievements of International Cruise Students in the Background of "Integration of Production and Education" [J]. Indian Journal of Public Health Research & Development, 2016, 2 (5).